会计之路
ACCOUNTING WAY

"会计之路"会计从业资格考试通过系列丛书

根据2014年最新考试大纲编写

十日通关
会计基础应试宝典

李建华　刘星辛◎编著

暨南大學出版社
JINAN UNIVERSITY PRESS
中国·广州

图书在版编目（CIP）数据

十日通关：会计基础应试宝典／李建华，刘星辛编著．—广州：暨南大学出版社，2015.5

（“会计之路”会计从业资格考试通过系列丛书）

ISBN 978－7－5668－1341－1

Ⅰ.①十… Ⅱ.①李…②刘 Ⅲ.①会计学—资格考试—自学参考资料 Ⅳ.①F230

中国版本图书馆 CIP 数据核字（2015）第 031852 号

出版发行：暨南大学出版社

地　址：中国广州暨南大学
电　话：总编室（8620）85221601
营销部（8620）85225284　85228291　85228292（邮购）
传　真：（8620）85221583（办公室）　85223774（营销部）
邮　编：510630
网　址：http：//www.jnupress.com　http：//press.jnu.edu.cn

责任编辑：暨南　汤慧君　林冬丽
责任校对：郑晓玲

排　版：广州良弓广告有限公司
印　刷：广东广州日报传媒股份有限公司印务分公司

开　本：787mm×960mm　1/16
印　张：22.25
字　数：411 千
版　次：2015 年 5 月第 1 版
印　次：2015 年 5 月第 1 次
印　数：1—3000 册

定　价：43.00 元

（暨大版图书如有印装质量问题，请与出版社总编室联系调换）

祝逢考必过
（代前言）

2014年4月财政部全面修订了新会计从业资格考试大纲，并从2015年起在全国推广、实施新考试大纲的统一题库，这让会计从业资格考试的备考学子们惶恐不安、无从下手。作为一名一直备受广大备考者信任和关注的会计老师，我秉承“题海无涯，方法是岸”的方针，尝试将有代表性的典型题目融合复习备考时间和指导方法，在去年编写并推出《十日通关——财经法规与会计职业道德应试宝典》一书。该书面世后广受好评，这鼓舞了我再接再厉，邀请和组织长期从事会计从业资格考试研究、培训的李建华老师，精心研究和打造了《十日通关——会计基础应试宝典》一书，希望能够给予考生们切实的帮助。

本书与《十日通关——财经法规与会计职业道德应试宝典》一脉相承，在以下方面作出了有益的尝试：

1. 科学布局，模块化知识体例，结合时间管理方法

会计基础课程的知识点相对稳定，尽管新大纲章节安排较以往略有出入，但总体知识结构不变，本书在系统梳理新大纲所涵盖的知识点的基础上，精心提炼对应经典题目，并辅以知识图表配合建议复习时间，能够帮助考生尽快梳理知识脉络，掌握考点。

经编写老师们反复斟酌，我们将《十日通关——会计基础应试宝典》的内容作出了如下的分配：第一天到第五天，摒弃考纲章节顺序，每天将关联的两到三章的内容有机结合，提供知识点详解及相应题目训练，第六天为难点专项突破，第七天到第十天为套题演练，如此更适合考生考前冲刺备考使用。

2. 考点把握精准，洞悉考题规律，针对性强

为了让考生能够充分地掌握考试的难度，逐个击破重点、难点，我们精心筛选和编写出能够举一反三、触类旁通的题目，并尽可能地覆盖全部的考点，帮助考生看透考试本质、抓住重点、突破难点。

3. 内容务实、形式简洁

本书将新大纲的核心知识点通过图表的形式展现给考生，化繁为简，直观实用，便于考生在短时间内参透备考方法和知识要点。

本书的完成，得到了家人和众多同人的支持和帮助，在此，我表示衷心的感谢。非常感谢与我一起编写本书的李建华高级讲师。感谢参与资料收集及编写的广东省财政职业技术学校张从容讲师、广州市财经职业学校林敏莉高级讲师、惠州市技师学院黄秀娥老师、广东湛江财贸中等职业学校符腾文讲师。感谢暨南大学石本仁教授、魏朗副教授、王虹副教授、孙先锦副教授等对晚辈的大力支持和帮助。

因作者水平有限，不妥之处，恳请读者批评指正，以期再版时完善。

最后，祝大家逢考必过，学霸上身！

刘星辛

2015 年 3 月

备考须知

不打无准备的仗，有备而战，方能胜券在握——你应该知道以下内容：

1. 考试形式

2014年4月，财政部修订、颁发了新会计从业资格考试大纲，此次修订使会计从业资格考试的知识结构更加科学合理。随着新大纲的颁发，从2014年10月起，在全国范围逐步推行以新大纲为依据的新题库，2015年1月起全面实行“统一大纲、统一题库、三科联考”的无纸化考试形式，考试时间为每科60分钟，共180分钟，中途不休息，这无疑增加了会计从业考试的难度。

2. 题型、题量及各题型时间分配建议

“会计基础”总分为100分，题型均为客观题：单项选择题，共20题，每题1分，共20分；多项选择题，共20题，每题2分，共40分；判断题，共20题，每题1分，共20分；计算分析题，共2大题，每大题有5小题，每小题2分，共20分。

“会计基础”考试时间为60分钟，考生应当合理分配时间，建议答题顺序为：先做多项选择题，再做单项选择题，然后做计算分析题，最后做判断题。每类题建议分配时间为：多项选择题不超过20分钟，计算分析题不超过15分钟，单项选择题不超过15分钟，判断题不超过10分钟，最后若还能余下5～10分钟查漏补缺为佳。切忌在一时不能作答或不能确定的题目上纠缠不休，可将题号标记为“待定”，最后再解决。

3. 考试报名

由国务院财政部门统一考试大纲、考试题库，各地区自行组织报名及划定考试及格线，考生可自行到报考所在地的财政部门网站了解最新考试动向。不管何地考取会计从业资格证，证书全国有效。

4. 本书使用说明

本书章节编排并未按照考试大纲章节顺序进行，而是依据“会计基础”各章节知识的关联性进行模块化编排，考生应按本书建议的时间和顺序进行复习备考，为保证复习质量及效果，做题时请在建议的答题时间内完成。

目　录

CONTENTS

下编　专项训练及模拟试题

上编

应试指导

第一天　第一章　总　论

第一环节　真题回顾　胸有成竹

一、多项选择题（共 10 题，建议学习时间为 8 分钟，应快速通读，对有疑问的题目重点阅读其解析，并做标记）

1. 下列企业内部部门中，可以作为一个会计主体单独进行核算的有（　　）

A. 事业部　　B. 营业部　　C. 生产车间　　D. 分公司

解析：选 ABCD。会计主体既可以是一个企业，也可以是由若干个企业组织起来的集团公司，既可以是法人，也可以是不具备法人资格的实体。

2. 本月收到上月销售产品的货款存入银行，下列表述中，正确的有（　　）

A. 收付实现制下，应当作为本月收入

B. 权责发生制下，不能作为本月收入

C. 收付实现制下，不能作为本月收入

D. 权责发生制下，应当作为本月收入

解析：选 AB。权责发生制要求，凡是当期已经实现的收入和已经发生或应当负担的费用，无论款项是否收付，都应当作为当期的收入和费用；凡是不属于当期的收入和费用，即使款项已在当期收付，也不作为当期的收入和费用。收付实现制要求，凡在本期实际收到的款项，无论其应否归属于本期，均应作为本期的收入处理；凡在本期实际支付的款项，无论其应否归属于本期，均应作为本期的费用处理。

3. 资金退出是资金运动的终点，下列属于资金退出的业务有（　　）

A. 支付发行债券的利息　　B. 偿还银行借款

C. 给股东分配现金股利　　D. 缴纳营业税

解析：选 ABCD。资金的退出是指资金退出企业的资金循环和周转，它包括按法定程序返回投资者的投资、偿还各项债务、上缴税费、向所有者分配利润等内容，是指一部分资金离开企业，游离于企业资金运动之外。

4. 下列各项中，属于事前监督的有（　　）

A. 编制预算　　B. 制定定额　　C. 签订合同　　D. 执行计划

解析：选 ABC。事前监督是对将要发生的经济活动进行会计监督。签订合同、制定定额、编制预算属于事前监督，而执行计划属于事中监督。

5. 下列各项中，作为会计核算职能需如实反映的信息有（　　）

A. 经营成果　　B. 现金流量

C. 财务状况　　D. 产品成长能力

解析：选 ABC。会计核算是指运用价值量对经济活动过程和结果进行连续、系统、综合的记录，计算、加工、整理、汇总并提供财务会计信息的过程。会计核算职能需如实反映的信息包括经营成果、现金流量、财务状况等。

6. 下列表述中，正确的有（　　）

A. 业务收支以外币为主的单位可以选择某种外币作为记账本位币

B. 我国企业的会计核算只能以人民币作为记账本位币

C. 会计核算过程中采用货币作为主要计量单位

D. 在境外设立的中国企业向国内报送的财务报告，应当折算为人民币

解析：选 ACD。会计是以货币为主要计量单位。《中华人民共和国会计法》规定，会计核算以人民币为记账本位币。业务收支以人民币以外的货币为主的单位，可以选定其中一种货币作为记账本位币，但是编报的财务会计报告应当折算为人民币。在境外设立的中国企业向国内报送的财务报告，应当折算为人民币。

7. 下列各项中，属于会计监督审查主要内容的有（　　）

A. 经济活动的合法性　　B. 经济活动的合理性

C. 经济活动的实用性　　D. 经济活动的真实性

解析：选 ABD。会计监督职能，又称会计控制职能，是指对特定主体经济活动和相关会计核算的真实性、合法性和合理性进行监督检查。

8. 下列业务中，属于资金循环过程的有（　　）

A. 销售商品　　B. 向投资者分配净利润

C. 购买原材料　　D. 将原材料投入产品生产

解析：选 ACD。资金从货币资金开始，经过供、产、销三个过程，依次由货币资金转化为固定资金、储备资金，再转化为生产资金、产品资金，最后又转化为货币资金的过程称为资金的循环。向投资者分配净利润属于资金退出。

9. 会计准则具有严密和完整的体系，我国已颁布的会计准则有（　　）

A.《事业单位会计准则》　　B.《小企业会计准则》

C.《事业单位财务通则》　　　　D.《企业会计准则》

解析： 选 ABD。我国虽然已经颁布执行了《事业单位财务通则》，但《事业单位财务通则》不是会计准则。

10. 会计信息质量要求主要包括（　　）等

A. 一贯性　　　　B. 可比性

C. 形式重于实质　　　　D. 谨慎性

解析： 选 BD。会计信息质量要求主要包括可靠性、相关性、可理解性、可比性、实质重于形式、重要性、谨慎性和及时性等。

题外话

应开始养成每次练习至少完成一类题型的习惯。

二、单项选择题（共 10 题，为保证复习效果，对不懂的题目应做标记，以便更好地复习巩固。建议学习时间为 5 分钟）

1. 下列各项中，属于会计在其核算中对特定主体经济活动的合法性和合理性进行审查的是（　　）

A. 会计控制　　B. 会计分析　　C. 会计核算　　D. 会计监督

解析： 选 D。会计监督是指会计人员在进行会计核算的同时，对特定主体经济活动的真实性、合法性和合理性进行审查。

2. 下列会计基本假设中，确立了会计核算时间范围的是（　　）

A. 会计主体　　B. 持续经营　　C. 货币计量　　D. 会计分期

解析： 选 D。会计分期是将一个企业持续经营的生产经营活动划分为一个个连续的、长短相同的期间，以便分期结算账目和编制财务会计报告。由此看来，会计分期确立了会计核算的时间范围。

3. 下列关于权责发生制的表述中，不正确的是（　　）

A. 权责发生制要求，凡是当期已经实现的收入和已经发生或应当负担的费用，无论款项是否收付，都应当作为当期的收入和费用

B. 权责发生制是以收入和费用是否归属本期为标准来确认本期收入和费用的一种方法

C. 权责发生制要求，凡是不属于当期的收入和费用，即使款项已在当期收付，也不作为当期的收入和费用

D．权责发生制要求，凡是本期收到的收入和付出的费用，无论是否属于本期，都应当作为本期的收入和费用

解析：选D。这道题考的是权责发生制的概念与收入、费用确认的标准，一定要与收付实现制区分开来，这也是本章知识学习的一个难点内容。

4．下列各项中，属于以货币表现的经济活动的是（　　）

A．资金运动　　B．营销活动　　C．货币运动　　D．资产运动

解析：选A。社会再生产过程中能以货币表现的经济活动都是会计核算的对象，即资金运动或价值运动是会计核算的对象，由此看来，能以货币表现的经济活动就是资金运动。

5．企业本期销售商品取得20万元，出租厂房收取租金5万元，出售不需要用的设备取得8万元，出售多余原材料取得3万元，转让商标使用权取得15万元，则企业本期应确认收入金额为（　　）万元

A．28　　B．23　　C．51　　D．43

解析：选D。根据我国会计法规定，我国企业会计核算基础为权责发生制。根据权责发生制要求，企业本期应确认收入金额为：$20+5+3+15=43$（万元）。其中出售不需要用的设备取得8万元，为企业偶然发生的利得，不属于本期收入。

6．下列各项中，属于会计监督中事中监督的事项是（　　）

A．编制预算　　B．对年度财务报表进行审核

C．制定定额　　D．纠正生产过程中的偏差

解析：选D。编制预算、制定定额为事前监督，对年度财务报表进行审核为事后监督。

7．年末，企业内部审计部门对财务部门编制的会计报表进行审查，下列表述中，正确的是（　　）

A．该审查属于社会监督和事中监督

B．该审查属于单位内部监督和事中监督

C．该审查属于社会监督和事后监督

D．该审查属于单位内部监督和事后监督

解析：选D。企业内部审计部门对财务部门编制的会计报表进行的审查，属于单位内部监督和事后监督。

8．使各有关会计期间损益的确定更为合理的会计基础是（　　）

A．现金制　　B．分类制

C．收付实现制　　D．权责发生制

解析：选D。权责发生制，也称应计制或应收应付制，是指收入、费用

的确认应当以收入和费用的实际发生作为确认的标准，合理确认当期损益的一种会计基础。

9. 下列各项中，既属于事后监督，又属于政府监督的是（　　）

A. 税务局对企业纳税情况进行审查

B. 注册会计师对企业会计报表进行审查

C. 注册会计师对年度报表进行审核

D. 公司主管部门对年度计划进行审核

解析：选 A。选项 B 和 C 是社会监督，选项 D 是单位内部监督。

10. 企业提供的会计信息应当反映与企业财务状况、经营成果和现金流量有关的所有重要交易或者事项，这是会计信息质量的（　　）要求

A. 相关性　　B. 谨慎性　　C. 重要性　　D. 及时性

解析：选 C。重要性要求企业提供的会计信息应当反映与企业财务状况、经营成果和现金流量有关的所有重要交易或者事项。

题外话

对对表，超时了吗？注意把握速度。

三、判断题（共 10 题，建议学习时间为 5 分钟。应快速通读，对有疑问的题目重点阅读其解析，并做标记）

1. 某公司 2014 年 6 月发生交通费 1 200 元并取得票据，经过企业内部审批程序，2014 年 8 月完成报销。则该笔交通费确认为 2014 年 6 月的费用。（　　）

解析：错。企业会计核算基础是权责发生制。权责发生制下，收入、费用的确认应当以收入和费用的实际发生作为确认的标准，合理确认当期损益。凡不应归属本期的费用，即使款项在本期支付，也不应作为本期的费用。权责发生时间，是以单位履行完审核手续后可以报销的时间为准。

2. 会计核算的三项工作指记账、对账、报账。（　　）

解析：错。会计核算的三项工作指记账、算账、报账。对账是会计记账工作的内容之一。

3. 会计主体假设明确界定了从事会计工作和提供会计信息的空间范围。（　　）

解析：对。会计主体是指会计核算和监督的特定单位或组织，即企业会计确认、计量和报告的空间范围。

4. 权责发生制和收付实现制两种不同会计基础的形成，是基于持续经营假设。（　　）

解析：错。权责发生制和收付实现制两种不同会计基础的形成，是基于会计分期假设。

5. 甲公司2014年9月售出一批商品给乙公司，合同规定乙公司应于当年12月支付货款，乙公司信用良好，甲公司确认该批商品销售收入的实际时间应为当年9月份。（　　）

解析：对。企业是按照权责发生制进行会计核算的。根据权责发生制，该批商品销售收入应确认为9月份。

6. 会计信息质量重要性要求企业在对交易或者事项进行会计确认、计量和报告时保持应有的谨慎，不应高估资产或者收益、低估负债或者费用。（　　）

解析：错。本题将会计信息质量重要性要求与谨慎性要求混淆。重要性要求企业提供的会计信息应当反映与企业财务状况、经营成果和现金流量有关的所有重要交易或者事项。谨慎性要求企业在对交易或者事项进行会计确认、计量和报告时保持应有的谨慎，不应高估资产或者收益、低估负债或者费用。

7. 社会公众是不需要使用会计信息的。（　　）

解析：错。会计信息的使用者主要包括投资者、债权人、企业管理者、政府及其相关部门和社会公众等。

8. 会计主体假设要求甲公司只能核算本公司的经济业务，包括甲公司股东投入甲公司的股本，但不能把甲公司股东个人的收入、支出作为甲公司的收入、支出核算。（　　）

解析：对。会计主体是指企业会计确认、计量和报告的空间范围，即会计核算和监督的特定单位或组织。

9. 会计监督职能是会计人员在进行会计核算的同时，对特定主体经济活动的真实性、合法性、合理性进行审查。（　　）

解析：对。会计监督职能就是单位会计人员实施的内部监督。

10. 甲公司2014年5月售出商品，7月才能收回货款。在收付实现制的基础下，甲公司5月份没有收到现金，就不能确认收入。（　　）

解析：对。收付实现制，也称现金制，是以收到或支付现金作为确认收入和费用的标准，是与权责发生制相对应的一种会计基础。

题外话

对于判断题，要相信第一感觉。

四、计算分析题（共1题，建议学习时间为5分钟）

海达公司7月份发生下列经济业务（不考虑相关税费）：

①销售材料一批，货款2 000元，当即存入银行。

②销售产品一批，货款5 000元，当即收到4 000元存入银行，其他货款暂欠。

③预付7—12月的固定资产租金3 000元。

④收到3月份的销货款2 000元。

⑤收到购货单位预付的购货款4 000元，10月份交货。

要求：根据资料完成下列计算。

（1）按收付实现制计算该公司7月份的收入。

（2）按收付实现制计算该公司7月份的费用。

（3）按权责发生制计算该公司7月份的收入。

（4）按权责发生制计算该公司7月份的费用。

（5）按权责发生制计算该公司7月份的利润。

解析：

（1）按收付实现制计算该公司7月份的收入为12 000元。按照收付实现制原则确认，以实际收到时间作为标准来确认当期收入。所以该公司7月份的收入为“业务①2 000 + 业务②4 000 + 业务④2 000 + 业务⑤4 000 = 12 000（元）”。

（2）按收付实现制计算该公司7月份的费用为3 000元。7—12月的固定资产租金已经实际预付，在收付实现制下属于当期的费用。

（3）按权责发生制计算该公司7月份的收入为7 000元。在权责发生制下，凡不属于当期的收入和费用，即使款项已在当期收付，也不应当作为当期的收入和费用。所以该公司7月份的收入为“业务①2 000 + 业务②5 000 = 7 000（元）”。

（4）按权责发生制计算该公司7月份的费用为500元。在权责发生制下，属于当期的费用是业务③中的预付租金，预付7—12月的固定资产租金3 000

元，每月应分摊3 000 ÷ 6 = 500（元），对应的7月份费用是500元。

（5）按权责发生制计算该公司7月份的利润为6 500元。在权责发生制下，根据会计等式“收入 - 费用 = 利润”，7月份的收入为7 000元，7月份的费用为500元，当期应确认的利润为6 500元。

第二环节　知识图表　面面俱到

第一节　会计的概念与目标

概念	会计是以货币为主要计量单位，运用专门的方法，核算和监督一个单位经济活动的一种经济管理工作
基本特征	（1）会计是一种经济管理活动 （2）会计是一个经济信息系统 （3）会计以货币作为主要计量单位 （4）会计具有核算和监督的基本职能 （5）会计采用一系列专门的方法
发展历程	古代会计、近代会计和现代会计三个阶段
对象	会计核算和监督的内容，具体是指社会再生产过程中能以货币表现的经济活动，即资金运动或价值运动
目标	又称会计目的，是要求会计工作完成的任务或达到的标准，即向财务会计报告使用者提供与企业财务状况、经营成果和现金流量等有关的会计信息，反映企业管理层受托责任履行情况。它有助于财务会计报告使用者作出经济决策

第二节　会计的职能与方法

<table>
<tr><td rowspan="3">会计的职能</td><td rowspan="2">基本职能</td><td>核算职能</td></tr>
<tr><td>监督职能（会计监督是一个过程，分为事前监督、事中监督和事后监督）</td></tr>
<tr><td>拓展职能</td><td>（1）预测经济前景
（2）参与经济决策
（3）评价经营业绩</td></tr>
<tr><td>会计核算方法</td><td colspan="2">对会计对象进行连续、系统、全面、综合的确认、计量和报告所采用的各种方法</td></tr>
</table>

第三节 会计基本假设与会计基础

会计基本假设	会计主体	企业会计确认、计量和报告的空间范围，即会计核算和监督的特定单位或组织
	持续经营	在可以预见的未来，企业将会按当前的规模和状态继续经营下去，不会停业，也不会大规模削减业务
	会计分期	将一个企业持续经营的经济活动划分为一个个连续的、长短相同的期间，以便分期结算账目和编制财务会计报告
	货币计量	会计主体在会计确认、计量和报告时以货币作为计量尺度，反映会计主体的经济活动
会计基础	权责发生制	又称应计制或应收应付制，是指收入、费用的确认应当以收入和费用的实际发生作为确认的标准，是合理确认当期损益的一种会计基础。在我国，企业会计核算采用权责发生制
	收付实现制	又称现金制，是以收到或支付现金作为确认收入和费用的标准，是与权责发生制相对应的一种会计基础。事业单位会计核算一般采用收付实现制；事业单位部分经济业务或者事项，以及行业事业单位的会计核算采用权责发生制的，由财政部在相关会计制度中具体规定

第四节 会计信息的使用者及其质量要求

会计信息的使用者	主要包括投资者、债权人、企业管理者、政府及其相关部门和社会公众等（不包括债务人）	
会计信息的质量要求	可靠性	要求企业应当以实际发生的交易或者事项为依据进行确认、计量和报告，如实反映符合确认和计量要求的各项会计要素及其他相关信息，保证会计信息真实可靠、内容完整
	相关性	要求企业提供的会计信息应当与财务会计报告使用者的经济决策需要相关，有助于财务会计报告使用者对企业过去和现在的情况作出评价，对未来的情况作出预测

（续上表）

会计信息的质量要求	可理解性	要求企业提供的会计信息应当清晰明了，便于财务会计报告使用者理解和使用
	可比性	要求企业提供的会计信息应当相互可比，保证同一企业不同时期可比、不同企业相同会计期间可比
	实质重于形式	要求企业应当按照交易或者事项的经济实质进行会计确认、计量和报告，不应仅以交易或者事项的法律形式为依据
	重要性	要求企业提供的会计信息应当反映与企业财务状况、经营成果和现金流量有关的所有重要交易或者事项
	谨慎性	要求企业在对交易或者事项进行会计确认、计量和报告时保持应有的谨慎，不应高估资产或者收益、低估负债或者费用
	及时性	要求企业对于已经发生的交易或者事项，应当及时进行确认、计量和报告，不得提前或者延后

第五节　会计准则体系

会计准则的构成	《企业会计准则》	我国的企业会计准则体系包括基本准则、具体准则、应用指南和解释公告等。2006 年 2 月 15 日，财政部发布了《企业会计准则》，自 2007 年 1 月 1 日起在上市公司范围内施行，并鼓励其他企业执行
	《小企业会计准则》	2011 年 10 月 18 日，财政部发布了《小企业会计准则》，要求符合适用条件的小企业自 2013 年 1 月 1 日起执行，并鼓励提前执行。《小企业会计准则》一般适用于在我国境内依法设立、经济规模较小的企业，具体标准参见《小企业会计准则》和《中小企业划型标准规定》
	《事业单位会计准则》	2012 年 12 月 6 日，财政部修订发布了《事业单位会计准则》，自 2013 年 1 月 1 日起在各级各类事业单位施行。该准则对我国事业单位的会计工作予以规范

第三环节 臻题强化 胜券在握

温馨提醒

因考试时多项选择题及计算分析题单位分值为2分/题，特别是多项选择题，不仅单题分值高，题量也多，多项选择题题型分值占40分，“得多选者得会从”，必须保证多项选择题的准确率，方能保证考试通关。因此，考前冲刺应多练多项选择题及计算分析题。

一、多项选择题（共10题，应在8分钟内完成）

1. 下列关于会计计量属性的应用表述中，正确的有（ ）

A. 可变现净值通常用于存货资产减值情况下的后续计量

B. 现值通常用于固定资产、无形资产等可收回金额的确定

C. 重置成本多用于盘盈固定资产的计量

D. 历史成本主要用于交易性金融资产、可供出售金融资产的计量

2. 下列各项中，属于会计职能的有（ ）

A. 实施会计监督　　B. 参与经济决策

C. 评价经营业绩　　D. 预测经济前景

3. 下列关于现值计量的表述中，正确的有（ ）

A. 在现值计量下，负债按照预计期限内需要偿还的未来净现金流出量的折现金额计量

B. 在现值计量下，资产按照预计从其持续使用和最终处置中所产生的未来净现金流入量的折现金额计量

C. 在现值计量下，资产按照现在购买相同或者相似资产所需支付的现金或现金等价物的金额计量

D. 在现值计量下，资产按照其取得时支付的现金或现金等价物的金额计量

4. 有关会计核算和会计监督关系的说法正确的表述有（ ）

A. 会计监督是会计核算的保障

B. 会计核算和会计监督没有什么必然的联系

C. 两者之间密切相关，相辅相成，辩证统一

D. 会计核算是会计监督的前提

5. 关于会计监督表述正确的有（　　）

A. 编制预算是事前监督

B. 分析判断未来的经济活动属于事前监督

C. 分析判断未来经济活动在经济上是否可行属于事后监督

D. 对预算执行情况进行评估属于事后监督

6. 关于重置成本的表述正确的是（　　）

A. 在重置成本计量下，负债按照现在偿付该项债务所需支付的现金或者现金等价物的金额计量

B. 在重置成本计量下，资产按照现在购买相同或者相似资产所需支付的现金或者现金等价物的金额计量

C. 重置成本是指按照当前市场条件，重新取得同样一项资产所需支付的现金或现金等价物金额

D. 在重置成本计量下，资产按照购置资产时所付出的对价的公允价值计量

7. 母公司在拥有若干子公司、分公司的情况下，下列各项中，可以作为会计主体的有（　　）

A. 企业集团　　B. 分公司　　C. 母公司　　D. 子公司

8. 以下关于事中监督的描述中，正确的有（　　）

A. 事中监督是对经济活动的日常监督和管理

B. 事中监督是指在日常会计工作中，对现发生的问题提出建议，促使有关部门和人员采取改进措施

C. 事中监督是指以事先制定的目标，利用会计核算提供的资料，对已发生的经济活动进行的考核和评价

D. 事中监督是对未来经济活动的指导

9. 会计核算的专门方法有（　　）

A. 聘请注册会计师对报表进行审核

B. 登记现金和银行存款日记账

C. 编制会计凭证

D. 编制资产负债表

10. 下列各项中，属于会计监督合理性审查的内容有（　　）

A. 是否符合单位内部管理要求

B. 是否有利于经营目标和预算目标的实现

C. 是否符合经济运行的客观规律

D. 是否执行了单位的财务收支计划

二、单项选择题（共 10 题，应在 5 分钟内完成）

1. 下列各项中，不属于企业资金循环和周转环节的是（　　）

A. 供应过程　　B. 分配过程　　C. 生产过程　　D. 销售过程

2. 企业购入的固定资产一般应该按照（　　）进行计量

A. 历史成本　　B. 公允价值　　C. 重置成本　　D. 现值

3. 企业收到某公司支付的款项 10 万元，其中 6 万元为已经实现的销售，4 万元为预收账款，会计人员确认预收账款为 4 万元而不是 10 万元，这个确定具体金额的过程属于（　　）

A. 会计计量　　B. 会计确认　　C. 会计报告　　D. 会计记录

4. 某公司计划在年底购买一批机器设备，8 月份与销售方达成购买意向，9 月份签订了购买合同，但实际购买的行为发生在 11 月份，则该公司应该在（　　）将该批设备确认为资产

A. 8 月　　B. 11 月　　C. 12 月　　D. 9 月

5. 下列关于会计监督职能的表述中，不正确的是（　　）

A. 会计的监督职能是指对特定主体经济活动的合法性、合理性进行审查

B. 会计监督可以分为事前、事中和事后监督

C. 会计监督是会计核算的基础

D. 会计监督是会计核算的质量保障

6. 某单位 6 月份销售甲产品一批，取得银行承兑汇票一张，价款 20 000 元；销售乙产品一批，取得转账支票一张，价款 80 000 元；收到 5 月份欠货款 70 000 元。根据权责发生制，该单位 6 月份销售收入为（　　）元

A. 20 000　　B. 100 000　　C. 150 000　　D. 90 000

7. 关于会计主体的概念，下列各项说法中，不正确的是（　　）

A. 可以是独立法人，也可以是非法人

B. 可以是一个企业，也可以是企业内部的某一个单位

C. 可以是一个单一的企业，也可以是由几个企业组成的企业集团

D. 会计主体所核算的生产经营活动也包括其他企业或投资者个人的其他生产经营活动

8. 下列各项中，属于会计在其核算中对特定主体经济活动的合法性和合理性进行审查的是（　　）

A. 会计核算　　B. 会计监督　　C. 会计分析　　D. 会计控制

9. 下列关于权责发生制的表述中，不正确的是（　　）

A. 凡是当期已经实现的收入和应当负担的费用，无论款项是否收付都应当作为当期的收入和费用

B. 凡是不属于当期的收入和费用，即使款项已在当期收付，也不应当作为当期的收入和费用

C. 款项已收到，但销售并未实现，收到款项时确认收入

D. 费用已经发生，但款项并没有支付，费用发生时确认费用

10. 下列不属于资金退出的是（　　）

A. 偿还各项债务　　B. 支付职工工资

C. 上交各项税金　　D. 向所有者分配利润

三、判断题（共10题，应在5分钟内完成）

1. 持续经营只是一个假定，一旦企业进入清算，就应当改为按清算会计处理。（　　）

2. 如果没有会计基本假设，就无法选择正确的核算方法；没有统一的计量标准，就很难及时地将某一特定单位的财务状况、经营成果和现金流量情况准确地体现出来。（　　）

3. 企业内部的部门因为不是法人，所以不可以作为一个会计主体单独进行核算。（　　）

4. 企业应当按照交易或者事项的经济实质进行会计确认、计量和报告，不应仅以交易或者事项的法律形式为依据，这反映了会计信息的质量要求谨慎性原则。（　　）

5. 我国的行政单位会计一般采用收付实现制，事业单位会计除经营业务可以采用权责发生制以外，其他大部分业务采用收付实现制。（　　）

6. 会计中期，是指短于一个完整的会计年度的报告期间，一般指半年度。（　　）

7. 某公司2014年3月发生交通费200元，并已取得票据，经过内部审批程序，2014年4月报销，则该费用属于3月份。（　　）

8. 会计人员只能核算和监督所在主体的经济业务，不能超越范围核算和监督其他主体的经济业务。（　　）

9. 聘请注册会计师对企业的年度财务报告进行审计属于会计监督中政府监督的范畴。（　　）

10. 折旧和摊销会计处理方法的出现，是基于会计分期假设。（　　）

四、计算分析题（共1题，应在5分钟内完成）

某公司6月份发生下列经济业务：

①用银行存款支付上月水电费580元。

②用银行存款660元预付下半年度报刊费。

③预提本月银行借款利息850元。

④计提本月固定资产折旧1 200元。

⑤收到上月销售产品的货款14 000元。

⑥收到销售产品价款13 000元，存入银行。

⑦销售产品价款8 000元，其中5 000元收到存入银行，余额暂欠（暂不考虑增值税）。

要求：（1）按照权责发生制计算该公司6月份的收入、费用和利润。

（2）按照收付实现制计算该公司6月份的收入、费用。

参考答案及解析

一、多项选择题

1. ABC【解析】历史成本，又称为实际成本，是指为取得或制造某项财产物资实际支付的现金或其他等价物。交易性金融资产、可供出售金融资产的计量主要采用公允价值。

2. ABCD【解析】会计的基本职能包括会计核算和会计监督，除此之外，还有预测经济前景、参与经济决策、评价经营业绩等拓展职能。

3. AB【解析】选项C是重置成本，选项D是历史成本。

4. ACD【解析】会计核算和会计监督是会计的两个基本职能，两者之间密切相关，相辅相成，辩证统一。

5. ABD【解析】选项C是会计分析，而不是会计监督。

6. ABC【解析】选项D是历史成本。

7. ABCD【解析】会计主体是指企业会计确认、计量和报告的空间范围，既可以是一个企业，也可以是由若干个企业组织起来的集团公司，既可以是法人，也可以是不具备法人资格的实体。

8. AB【解析】事中监督是指对正在发生的经济活动过程及其核算资料进行审查。选项C属于事后监督，选项D属于事前监督。

9. BCD【解析】选项A是会计监督的方法之一。

10. ABCD【解析】所有选项都属于会计监督合理性审查的内容。

二、单项选择题

1. B【解析】分配过程属于资金退出。

2. A【解析】企业购入的固定资产一般应该按照历史成本进行计量。

3. A【解析】企业按照规定的会计计量属性进行计量，确定相关金额。

4. B【解析】在权责发生制的前提下，该公司应该在发生实际行为的时候确认收入或费用。

5. C【解析】会计核算与会计监督是会计的两个基本职能，两者相辅相成，会计核算是会计监督的基础，会计监督保证会计核算的正确性。

6. B【解析】在权责发生制下，5 月份的欠款不能确认为 6 月份的收入，所以 6 月份应确认的收入为 20 000 + 80 000 = 100 000（元）。

7. D【解析】会计主体既可以是一个企业，也可以是由若干个企业组织起来的集团公司，既可以是法人，也可以是不具备法人资格的实体。同时，会计主体核算的只是主体本身的生产经营活动，不包括主体之外的其他企业或投资者个人的其他生产经营活动。

8. B【解析】会计监督职能，又称会计控制职能，是指对特定主体经济活动和相关会计核算的真实性、合法性和合理性进行监督检查。

9. C【解析】在权责发生制下，凡不应归属本期的收入，即使款项在本期收到，也不应作为本期的收入。款项已收到，但销售并未实现，应该在实现销售时确认收入。

10. B【解析】支付职工工资属于资金的循环与周转过程。

三、判断题

1. 对【解析】持续经营是指在可以预见的未来，企业将会按当前的规模和状态继续经营下去，不会停业，也不会大规模削减业务。一旦企业进入清算，就应当改为按清算会计处理。

2. 对【解析】会计基本假设是企业会计确认、计量和报告的前提，是对会计核算所处时间、空间环境等所作的合理假定。

3. 错【解析】会计主体既可以是一个企业，也可以是由若干个企业组织起来的集团公司，既可以是法人，也可以是不具备法人资格的实体。

4. 错【解析】这个要求应该是实质重于形式。实质重于形式要求企业应当按照交易或者事项的经济实质进行会计确认、计量和报告，不应仅以交易或者事项的法律形式为依据。

5. 对【解析】在我国，企业会计核算采用权责发生制，事业单位会计核算一般采用收付实现制；事业单位部分经济业务或者事项，以及行业事业单位的会计核算采用权责发生制的，由财政部在相关会计制度中具体规定。

6. 错【解析】会计中期是指短于一个完整的会计年度的报告期间，一般指月度、季度、半年度。

7. 错【解析】在我国，企业会计核算采用权责发生制。权责发生制，也称应计制或应收应付制，是指收入、费用的确认应当以收入和费用的实际发生作为确认的标准，是合理确认当期损益的一种会计基础。权责发生时间是以单位履行完审核手续后可以报销的时间为准。

8. 对【解析】会计主体是会计核算和监督的特定单位或组织。会计主体核算的只是主体本身的生产经营活动，不包括主体之外的其他企业或投资者个人的其他生产经营活动。

9. 错【解析】聘请注册会计师对企业的年度财务报告进行审计属于会计监督中社会监督的范畴。

10. 对【解析】会计分期是指将一个企业持续经营的经济活动划分为一个个连续的、长短相同的期间，以便分期结算账目和编制财务会计报告。

四、计算分析题

【解析】

（1）权责发生制下的收入＝13 000＋8 000＝21 000（元）。

权责发生制下的费用＝850＋1 200＝2 050（元）。

权责发生制下的利润＝21 000－2 050＝18 950（元）。

（2）收付实现制下的收入＝14 000＋13 000＋5 000＝32 000（元）。

收付实现制下的费用＝580＋660＝1 240（元）。

第四环节　错题重温　查漏补缺

回顾一下今天完成的习题中的错误部分，并在下方写出对于你来说第一章中最难把握的是哪些内容，如“权责发生制与收付实现制”等。

第二章　会计要素与会计等式

第一环节　真题回顾　胸有成竹

一、多项选择题（共 10 题，建议学习时间为 8 分钟，应快速通读，对有疑问的题目重点阅读其解析，并做标记）

1. 下列关于历史成本计量的表述中，正确的有（　　）

A. 在历史成本计量下，资产按照当前市场条件，重新取得同样一项资产所需支付的现金或现金等价物的金额计量

B. 在历史成本计量下，资产按照其购置时支付的现金或者现金等价物的金额计量

C. 在历史成本计量下，负债按照其因承担现时义务而实际收到的款项或者资产的金额计量

D. 历史成本就是取得或制造某项财产物资时所实际支付的现金或其他等价物

解析：选 BCD。历史成本，又称为实际成本，是指为取得或制造某项财产物资实际支付的现金或其他等价物。

2. 下列选项中，以“资产 = 负债 + 所有者权益”这一会计恒等式为理论依据的有（　　）

A. 成本计算　　　　B. 复式记账

C. 编制资产负债表　　　　D. 平行登记

解析：选 BC。“资产 = 负债 + 所有者权益”是复式记账法的理论基础，也是编制资产负债表的依据。

3. 下列关于收入的表述中，正确的有（　　）

A. 收入可能表现为资产的增加，也可能表现为负债的减少

B. 收入会导致所有者权益的增加

C. 收入是企业在日常活动中形成的

D. 收入可能同时表现为资产的增加和负债的减少

解析：选 ABC。收入是指企业在日常活动中形成的、会导致所有者权益增加的、与所有者投入资本无关的经济利益的总流入。

4. 下列表述中，正确的有（　　）

A. 制造费用属于费用要素　　B. 生产成本属于资产要素

C. 本年利润属于所有者权益要素　　D. 管理费用属于费用要素

解析：选 AD。费用包括生产费用与期间费用。生产成本属于费用要素，本年利润属于利润要素。

5. 下列各项中，属于流动负债的有（　　）

A. 一年内到期的长期借款　　B. 应交税费

C. 应付职工薪酬　　D. 应付利息

解析：选 ABCD。流动负债是指预计在一个正常营业周期中偿还，或者主要为交易目的而持有，或者自资产负债表日起一年内（含一年）到期应予以清偿，或者企业无权自主地将清偿推迟至资产负债表日以后一年以上的负债。

6. 下列各项中，影响利润确认的因素有（　　）

A. 直接记入当期利润的利得　　B. 直接记入当期利润的损失

C. 直接记入当期损益的收入　　D. 直接记入当期损益的费用

解析：选 ABCD。利润反映收入减去费用、直接记入当期利润的利得减去损失后的净额。利润的确认主要依赖于收入和费用，以及直接记入当期利润的利得和损失的确认，其金额的确定也主要取决于收入、费用、利得、损失金额的计量。

7. 收入按照性质不同，可分为（　　）

A. 销售商品收入　　B. 让渡资产使用权收入

C. 提供劳务收入　　D. 出售固定资产所有权的收入

解析：选 ABC。收入是指企业在日常活动中形成的、会导致所有者权益增加的、与所有者投入资本无关的经济利益的总流入。收入按性质不同，可分为销售商品收入、提供劳务收入、让渡资产使用权收入等。出售固定资产所有权的收入不是日常活动中形成的，属于利得。

8. 下列关于费用的表述中，正确的有（　　）

A. 费用可能表现为资产的减少或者负债的增加

B. 费用会导致所有者权益的减少

C. 费用可能同时表现为资产的减少和负债的增加

D. 费用是企业在日常活动中发生的

解析：选 ABD。费用是指企业在日常活动中发生的、会导致所有者权益减少的、与向所有者分配利润无关的经济利益的总流出。

9. 据《企业会计准则》，下列六大会计要素的划分正确的有（　　）

A. 资产、负债、所有者权益、收入、费用和利润

B. 资产、负债、权益、收入、利得和利润

C. 资产、负债、净资产、收入、支出和结余

D. 资产、负债、股东权益、收入、费用和利润

解析：选 AD。我国《企业会计准则》将会计要素划分为资产、负债、所有者权益、收入、费用和利润六类。公司的所有者权益又称为股东权益。

10. 下列各项中，属于企业生产经营过程中形成的债务项目有（　　）

A. 应付职工薪酬　　B. 应付账款

C. 应交税费　　D. 短期借款

解析：选 ABCD。企业生产经营过程包括供应过程、生产过程和销售过程三个阶段，以上四个选项都是在生产经营过程中形成的债务。

二、单项选择题（共 10 题，为保证复习效果，对不懂的题目应做标记，以便更好地复习巩固。建议学习时间为 5 分钟）

1. 下列关于收入和利得的表述中，正确的是（　　）

A. 收入会影响企业的利润，利得不一定会影响企业的利润

B. 收入会导致所有者权益的增加，利得不一定会导致所有者权益的增加

C. 收入会导致经济利益的流入，利得不一定会导致经济利益的流入

D. 收入源于日常活动，利得源于非日常活动

解析：选 D。收入是指企业在日常活动中形成的、会导致所有者权益增加的、与所有者投入资本无关的经济利益的总流入。利得是指收入以外的其他收益，通常从偶发的经济业务中取得，属于那种不经过经营过程就能取得或不曾期望获得的收益。

2. 某公司资产总额为 8 万元，负债总额为 4 万元，以银行存款 3 万元偿还短期借款，并以银行存款 2.5 万元购买设备。上述业务入账后，该公司的资产总额为（　　）万元

A. 8　　B. 5　　C. 3　　D. 2.5

解析：选 B。以银行存款 3 万元偿还短期借款，引起资产减少 3 万元；以银行存款 2.5 万元购买设备，引起资产内部项目一增一减，资产总额不变。该公司的资产总额为 8 - 3 = 5（万元）。

3. 下列各项中，通常采用可变现净值计量属性的是（　　）

A. 非流动资产可收回全部的计算

B. 以摊余成本计量的金融资产价值的确定

C. 存货资产减值情况下的后续计量

D. 盘盈固定资产的计量

解析：选C。可变现净值是指在正常的生产经营过程中，以预计售价减去进一步加工成本和预计销售费用以及相关税费后的净值。

4. 下列业务发生后，会直接增加所有者权益的有（　　）

A. 收到他人捐赠资金　　B. 支付货款

C. 从银行借入资金　　D. 股东投入资金

解析：选D。所有者权益的来源包括所有者投入的资本、直接记入所有者权益的利得和损失、留存收益等，具体表现为实收资本（或股本）、资本公积（含资本溢价或股本溢价、其他资本公积）、盈余公积和未分配利润。

5. 某公司本月收入总额为12万元，费用总额6万元，发生不直接记入所有者权益的利得和损失分别为3万元、2万元。则该公司本月的利润为（　　）万元

A. 6　　B. 5　　C. 7　　D. 8

解析：选C。利润包括收入减去费用后的净额、直接记入当期损益的利得和损失等。该公司本月的利润为12－6＋3－2＝7（万元）。

6. 下列交易或事项中，应确认为长期负债的是（　　）

A. 企业购买一批家电产品，货款未付

B. 企业计提五年期借款利息

C. 企业预付材料款

D. 企业向银行借入五年期借款，借款已到账

解析：选D。流动负债是指预计在一个正常营业周期中偿还，或者主要为交易目的而持有，或者自资产负债表日起一年内（含一年）到期应予以清偿，或者企业无权自主地将清偿推迟至资产负债表日以后一年以上的负债。长期负债是指流动负债以外的负债。

7. 某经济业务发生仅涉及负债这一会计要素时，下列选项中，能正确反映该要素中相关项目变动的是（　　）

A. 一增一减　　B. 不增不减　　C. 同增　　D. 同减

解析：选A。企业经济业务按其对财务状况等式的影响不同，可以分为九种基本类型，其中包括一项负债增加、另一项负债等额减少的经济业务。

8. 下列有关会计要素的表述中，正确的是（　　）

A. 资产预期能给企业带来经济利益

B. 负债是企业承担的潜在义务

C. 利润是企业在一定期间内收入减去费用后的净额

D. 收入是导致所有者权益增加的经济利益的总流入

解析：选A。资产是指企业过去的交易或者事项形成的、由企业拥有或

控制的、预期会给企业带来经济利益的资源。

9. 下列经济业务不会引起会计等式两边总额发生变化的是（　　）

A. 银行存款购买材料　　　　B. 投入资本存入银行

C. 借入短期借款存入银行　　D. 银行存款偿还债务

解析：选 A。银行存款购买材料，只会引起等式左边的资产内部一项资产（原材料）增加，另一项资产（银行存款）减少，不会引起等式右边的负债和所有者权益变动。

10. 下列关于会计等式变化的说法中，正确的是（　　）

A. 一项资产余额等于一项所有者权益的余额

B. 资产总额等于权益总额

C. 一项资产余额等于一项负债的余额

D. 部分资产余额等于部分权益余额

解析：选 B。会计等式“资产 = 负债 + 所有者权益”。负债和所有者权益统称为权益。

三、判断题（共 10 题，建议学习时间为 5 分钟。应快速通读，对有疑问的题目重点阅读其解析，并做标记）

1. 企业发生的支出不产生经济利益的，或者即使能够产生经济利益但不符合或者不再符合资产确认条件的，应当在发生时确认为费用或损失。（　　）

解析：对。资产确认必须符合资产的概念和资产确认条件，否则不予确认资产。

2. 资产必须是由企业过去的交易或事项形成的、由企业拥有所有权的经济资源。（　　）

解析：对。资产是指由企业过去的交易或者事项形成的、由企业拥有或控制的、预期会给企业带来经济利益的资源。

3. 企业将闲置不用的五间办公室临时租给其他单位使用，这五间办公室是企业的资产。（　　）

答案：对。

4. 收入是指企业在日常活动中发生的、会导致所有者权益增加的、与所有者投入资本无关的经济利益的总流入。（　　）

答案：对。

5. 支出既包括企业日常活动的各项开支，也包括日常经营活动以外的支出和损失。（　　）

答案：对。

6. 对于某一项财产，要成为企业的资产，其所有权必须属于企业。(　　)

解析：错。资产是指由企业过去的交易或者事项形成的、由企业拥有或控制的、预期会给企业带来经济利益的资源。为企业控制的资源也可以称为企业的资产。

7. 可变现净值是指在正常生产经营过程中，以预计售价减去进一步加工成本和预计销售费用以及相关税费后的净值。(　　)

答案：对。

8. "资产 = 负债 + 所有者权益"体现了企业资金运动过程中某一特定时期的资产分布和权益构成。(　　)

解析：错。"资产 = 负债 + 所有者权益"体现了企业资金运动过程中某一特定日期的资产分布和权益构成，是静态的表现，而不是某一特定时期。

9. 按照我国的《企业会计准则》，负债不仅指现时已经存在的债务责任，还包括某些将来可能发生的、偶然事项形成的债务责任。(　　)

解析：错。负债必须是现时义务，将来可能承担的义务不是负债。

10. 企业的债权指的就是应收票据、应收账款、预付账款等。(　　)

答案：对。

第二环节 知识图表 面面俱到

第一节 会计要素

一、会计要素的含义与分类

会计要素	含义	根据交易或者事项的经济特征所确定的财务会计对象的基本分类	
	分类	反映财务状况，在资产负债表中列示的	资产、负债、所有者权益
		反映经营成果，在利润表中列示的	收入、费用、利润

二、会计要素的确认

资产	含义	由企业过去的交易或者事项形成的、由企业拥有或控制的、预期会给企业带来经济利益的资源	
	特征	（1）资产是由企业过去的交易或者事项形成的 （2）资产是由企业拥有或者控制的资源 （3）资产预期会给企业带来经济利益	
	确认条件	需符合资产的定义，并同时满足以下两个条件：①与该资源有关的经济利益很可能流入企业；②该资源的成本或者价值能够可靠地计量	
	按流动性分类	流动资产	预计在一个正常营业周期（一般指一年）中变现、出售或耗用，或者主要为交易目的而持有，或者预计在资产负债表日起一年内（含一年）变现的资产，以及自资产负债表日起一年内交换其他资产或清偿负债的能力不受限制的现金或现金等价物
		非流动资产	指流动资产以外的资产
负债	含义	由企业过去的交易或者事项形成的，预期会导致经济利益流出企业的现时义务	
	特征	（1）负债是由企业过去的交易或者事项形成的 （2）负债是企业承担的现时义务 （3）负债预期会导致经济利益流出企业	

（续上表）

负债	确认条件	需要符合负债的定义，并同时满足以下两个条件：①与该义务有关的经济利益很可能流出企业；②未来流出的经济利益的金额能够可靠地计量	
	按偿还期限的长短分类	流动负债	预计在一个正常营业周期中偿还，或者主要为交易目的而持有，或者自资产负债表日起一年内（含一年）到期应予以清偿，或者企业无权自主地将清偿推迟至资产负债表日以后一年以上的负债
		非流动负债	又称长期负债，指流动负债以外的负债
所有者权益	含义	企业资产扣除负债后由所有者享有的剩余权益。公司的所有者权益又称为股东权益	
	特征	(1) 除非发生减资、清算或分派现金股利，否则企业不需要偿还所有者权益 (2) 企业清算时，只有在清偿所有的负债后，所有者权益才返还给所有者 (3) 所有者凭借所有者权益能够参与企业利润的分配	
	确认条件	所有者权益的确认、计量主要取决于资产、负债、收入、费用等其他会计要素的确认和计量。所有者权益在数量上等于企业资产总额扣除债权人权益后的净额，即企业的净资产。它反映所有者（股东）在企业资产中享有的经济利益	
	按来源分类	所有者投入的资本	所有者投入企业的资本部分，既包括构成企业注册资本（实收资本）或者股本部分的金额，也包括投入资本超过注册资本或者股本部分的金额，即资本溢价或者股本溢价，这部分投入资本在我国企业会计准则体系中被记入了资本公积，并在资产负债表中的资本公积项目反映
		直接记入所有者权益的利得和损失	不应记入当期损益、会导致所有者权益发生增减变动的、与所有者投入资本或者向所有者分配利润无关的利得或者损失
		留存收益	是盈余公积和未分配利润的统称
收入	含义	企业在日常活动中形成的、会导致所有者权益增加的、与所有者投入资本无关的经济利益的总流入（日常活动是指企业为完成其经营目标所从事的经常性活动以及与之相关的活动）	

（续上表）

<table>
<tr><td rowspan="6">收入</td><td>特征</td><td colspan="2">（1）收入是企业在日常活动中形成的
（2）收入会导致所有者权益的增加
（3）收入是与所有者投入资本无关的经济利益的总流入</td></tr>
<tr><td>确认条件</td><td colspan="2">除了应当符合定义外，至少还应符合以下条件：①与收入相关的经济利益应当很可能流入企业；②经济利益流入企业的结果会导致资产的增加或者负债的减少；③经济利益的流入额能够可靠地计量</td></tr>
<tr><td rowspan="3">分类</td><td>主营业务收入</td><td>由企业的主营业务所带来的收入</td></tr>
<tr><td>其他业务收入</td><td>除主营业务活动以外的其他经营活动所实现的收入</td></tr>
<tr><td colspan="2">具体来说，按性质不同，可分为销售商品收入、提供劳务收入、让渡资产使用权收入等</td></tr>
<tr style="display:none"></tr>
<tr><td rowspan="5">费用</td><td>含义</td><td colspan="2">指企业在日常活动中发生的、会导致所有者权益减少的、与向所有者分配利润无关的经济利益的总流出</td></tr>
<tr><td>特征</td><td colspan="2">（1）费用是企业在日常活动中发生的
（2）费用会导致所有者权益的减少
（3）费用是与向所有者分配利润无关的经济利益的总流出</td></tr>
<tr><td>确认条件</td><td colspan="2">除了应当符合定义外，至少还应符合以下条件：①与费用相关的经济利益应当很可能流出企业；②经济利益流出企业的结果会导致资产的减少或者负债的增加；③经济利益的流出额能够可靠地计量</td></tr>
<tr><td rowspan="2">分类</td><td>生产费用</td><td>与企业日常生产经营活动有关的费用，按其经济用途可分为直接材料、直接人工和制造费用</td></tr>
<tr><td>期间费用</td><td>企业本期发生的、不能直接或间接归入产品生产成本，而应直接记入当期损益的各项费用，包括管理费用、销售费用和财务费用</td></tr>
<tr><td rowspan="2">利润</td><td>含义</td><td colspan="2">企业在一定会计期间的经营成果</td></tr>
<tr><td>特征</td><td colspan="2">是评价企业管理层业绩的指标之一，也是投资者等财务会计报告使用者进行决策时的重要参考依据</td></tr>
</table>

（续上表）

利润	确认条件	利润的确认主要依赖于收入和费用，以及直接记入当期利润的利得和损失的确认，其金额的确定也主要取决于收入、费用、利得、损失金额的计量	
	分类	收入减去费用后的净额	反映企业日常活动的经营业绩
		直接记入当期利润的利得和损失	反映企业非日常活动的业绩

三、会计要素的计量

会计计量属性	历史成本	又称为实际成本，是指为取得或制造某项财产物资实际支付的现金或其他等价物
	重置成本	又称现行成本，是指按照当前市场条件，重新取得同样一项资产所需要支付的现金或者现金等价物金额
	可变现净值	在正常的生产经营过程中，以预计售价减去进一步加工成本和预计销售费用以及相关税费后的净值
	现值	对未来现金流量以恰当的折现率进行折现后的价值，是考虑货币时间价值的一种计量属性
	公允价值	市场参与者在计量日发生的有序交易中，出售一项资产所能收到或者转移一项负债所需支付的价格
计量属性的运用原则	一般应当采用历史成本	

第二节　会计等式

会计等式的定义	又称会计恒等式、会计方程式或会计平衡公式，它是表明各会计要素之间基本关系的等式	
会计等式的表现形式	财务状况等式 （基本会计等式和静态会计等式）	资产 = 负债 + 所有者权益 （复式记账法的理论基础，也是编制资产负债表的依据）
	经营成果等式 （动态会计等式）	收入 – 费用 = 利润 （反映利润的实现过程，是编制利润表的依据）

（续上表）

经济业务对会计等式的影响	（1）一项资产增加、另一项资产等额减少的经济业务 （2）一项资产增加、一项负债等额增加的经济业务 （3）一项资产增加、一项所有者权益等额增加的经济业务 （4）一项资产减少、一项负债等额减少的经济业务 （5）一项资产减少、一项所有者权益等额减少的经济业务 （6）一项负债增加、另一项负债等额减少的经济业务 （7）一项负债增加、一项所有者权益等额减少的经济业务 （8）一项所有者权益增加、一项负债等额减少的经济业务 （9）一项所有者权益增加、另一项所有者权益等额减少的经济业务

第三环节　臻题强化　胜券在握

温馨提醒

因考试时多项选择题及计算分析题单位分值为2分/题，特别是多项选择题，不仅单题分值高，题量也多，多项选择题题型分值占40分，“得多选者得会从”，必须保证多项选择题的准确率，方能保证考试通关。因此，考前冲刺应多练多项选择题及计算分析题。

一、多项选择题（共10题，应在8分钟内完成）

1. 下列关于利润的表述中，正确的有（　　）

A. 通常情况下，如果企业实现了利润，则表明企业的所有者权益将增加，业绩得到提升

B. 利润包括收入减去费用后的净额、直接记入当期利润的利得和损失等

C. 利润是企业在一定会计期间的经营成果

D. 利润的确认只依赖于收入和费用的确认

2. 企业发生费用时，可能影响到的会计要素有（　　）

A. 收入　　B. 利润　　C. 负债　　D. 资产

3. 企业收入增加可能会导致（　　）

A. 应收账款增加　　B. 库存现金增加

C. 银行存款增加　　D. 预收账款减少

4. 下列各项中，可对利润总额产生影响的有（　　）

A. 营业利润　　B. 营业外支出

C. 投资收益　　D. 营业外收入

5. 下列经济业务中，同时涉及两个资产类科目，其中一个记增加，另一个记减少的是（　　）

A. 从银行提取现金　　B. 收到其他单位还来前欠货款

C. 以银行存款购买原材料　　D. 以银行存款归还前欠货款

6. 下列关于会计要素变动关系的说法中，正确的是（　　）

A. 某一项资产增加和另一项资产减少

B. 某一项资产增加和某一项权益减少

C. 某一项权益增加和另一项权益减少

D. 某一项资产减少和某一项权益增加

7. 将一项现时义务确认为负债，需要符合负债的定义，同时还应满足以下条件（　　）

A. 与该资源有关的经济利益很可能流入企业

B. 未来流出的经济利益的金额能够可靠地计量

C. 该资源的成本或价值能够可靠地计量

D. 与该义务有关的经济利益很可能流出企业

8. 下列关于重置成本的表述中，正确的有（　　）

A. 在重置成本计量下，资产按照现在购买相同或者相似资产所需支付的现金或者现金等价物的金额计量

B. 重置成本是指按照当前市场条件，重新取得同样一项资产所需支付的现金或现金等价物金额

C. 在重置成本计量下，资产按照购置资产时所付出的对价的公允价值计量

D. 在重置成本计量下，负债按照现在偿付该项债务所需支付的现金或者现金等价物的金额计量

9. 下列所有者权益项目中，由企业净利润形成的有（　　）

A. 资本公积　　B. 未分配利润

C. 实收资本　　D. 盈余公积

10. 下列关于会计要素的计量的表述中，正确的有（　　）

A. 可变现净值通常应用于存货资产减值情况下的后续计量

B. 历史成本计量，应当基于经济业务的实际交易成本，而不考虑随后市场价格变动的影响

C. 公允价值主要应用于交易性金融资产、可供出售金融资产的计量等

D. 现值通常应用于表述非流动资产可收回金额和以摊余成本计量的金融资产价值

题外话

本章知识点理论性强，需把握概念。

二、单项选择题（共 10 题，应在 5 分钟内完成）

1. 下列经济业务中，会引起企业资产和所有者权益同时增加的是（　　）

A. 从银行取得一笔短期借款

B. 预收购货单位货款

C. 自当期净利润中提取盈余公积

D. 收到外单位作为资本投入的机器设备

2. 下列资产中，流动性最强的是（　　）

A. 应收账款　B. 货币资金　C. 预付账款　D. 存货

3. 某银行将短期贷款 20 万元转为对某公司的投资。下列关于某公司资产要素发生变化的表述中，正确的是（　　）

A. 所有者权益内部一增一减　B. 负债减少，资产增加

C. 资产减少，所有者权益增加　D. 负债减少，所有者权益增加

4. 下列各项中，应记入营业收入的是（　　）

A. 接受投资者资本投入　B. 商品销售收入

C. 非流动资产处置利得　D. 捐赠利得

5. 下列关于负债的表述中，正确的是（　　）

A. 负债是由企业过去的交易或事项形成的，预期会导致经济利益流出企业的未来义务

B. 负债是由企业过去的交易或事项形成的，预期会导致经济利益流出企业的现时义务

C. 负债是由企业现在的交易或事项形成的，预期会导致经济利益流出企业的现时义务

D. 负债是由企业现在的交易或事项形成的，预期会导致经济利益流出企业的未来义务

6. 某公司月初资产总额为 300 万元，本月发生下列经济业务：①赊购材料 10 万元；②用银行存款偿还短期借款 20 万元；③收到购货单位偿还欠款 15 万元存入银行。月末资产总额为（　　）万元

A. 395　B. 290　C. 305　D. 310

7. 下列关于历史成本计量的表述中，正确的是（　　）

A. 历史成本就是某项财产物资的账面价值

B. 历史成本就是取得某项财产物资时考虑资金时间价值的成本

C. 历史成本就是公平交易中，熟悉情况的交易双方自愿认可的成本

D. 历史成本就是取得或制造某项财产物资时所实际支付的现金或其他等价物

8. 企业以银行存款偿还所欠购货款。下列表述中，正确的是（ ）

A. 资产项目和权益项目同增　B. 资产项目和负债项目同减

C. 权益项目之间此增彼减　D. 资产项目之间此增彼减

9. 某公司年初资产总额为12.6万元，负债总额为4.8万元。本年取得收入共计8.9万元，发生费用共计9.3万元，年末负债总额为5万元。该公司年末资产总额为（ ）万元

A. 12.4　B. 12.8　C. 13.1　D. 12.2

10. 下列经济业务中，会导致资产和负债同时增加的是（ ）

A. 以银行存款偿还欠款　B. 结算职工工资

C. 从银行取得借款　D. 生产车间领用材料

三、判断题（共10题，应在5分钟内完成）

1. 凡是在日常活动中形成的经济利益的总流入都应确认为收入。（ ）

2. 历史成本计量，应当基于经济业务的实际交易成本，考虑随后市场价格变动的影响。（ ）

3. 工业企业出租固定资产取得的收入应确认为营业外收入。（ ）

4. 企业发生的支出不产生经济利益的，或者即使能够产生经济利益但不符合或者不再符合资产确认条件的，应当在发生时确认为费用或损失。（ ）

5. 在可变现净值计量下，资产按照预计从其持续使用和最终处置中所产生的未来净现金流入量的折现金额计量。（ ）

6. 企业的利得和损失包括直接记入所有者权益的利得和损失以及直接记入当期利润的利得和损失。（ ）

7. 收入、费用和利润三项会计要素反映企业的财务状况。（ ）

8. 非流动资产的可收回金额按照未来现金流量以恰当的折现率进行折现后的价值计量，这就是现值属性。（ ）

9. 会计要素为企业财务会计报表构筑了基本框架，因而会计要素也可能称为会计报表要素。（ ）

10. 可变现净值是指在正常生产经营过程中，以预计售价减去进一步加工成本和预计销售费用以及相关税费后的净值。（ ）

参考答案及解析

一、多项选择题

1. ABC【解析】利润是指企业在一定会计期间的经营成果，反映收入减去费用、直接记入当期利润的利得减去损失后的净额。通常情况下，如果企业实现了利润，表明企业的所有者权益将增加。

2. BCD【解析】费用是指企业在日常活动中发生的、会导致所有者权益减少的、与向所有者分配利润无关的经济利益的总流出。经济利益流出企业的结果会导致资产的减少或者负债的增加，利润是所有者权益的内容之一。

3. ABCD【解析】收入是指企业在日常活动中形成的、会导致所有者权益增加的、与所有者投入资本无关的经济利益的总流入。而经济利益流入企业的结果会导致资产的增加或者负债的减少。

4. ABCD【解析】利润是反映收入减去费用、直接记入当期利润的利得减去损失后的净额。利润的确认主要依赖于收入和费用，以及直接记入当期利润的利得和损失的确认，其金额的确定也主要取决于收入、费用、利得、损失金额的计量。

5. ABC【解析】以银行存款归还前欠货款是一项资产和负债同时减少的经济业务。

6. AC【解析】会计要素的变动有九种情况，无论怎样变化，会计等式都保持不变。选项A属于资产内部项目一增一减，总额不变。选项C属于权益内部项目一增一减，总额不变。选项B和D中的会计等式一边增加、另一边减少的情况是不存在的。

7. BD【解析】将一项现时义务确认为负债，需要符合负债的定义，还应当同时满足以下两个条件：①与该义务有关的经济利益很可能流出企业；②未来流出的经济利益的金额能够可靠地计量。

8. ABD【解析】重置成本，又称现行成本，是指按照当前市场条件，重新取得同样一项资产所需要支付的现金或者现金等价物金额。

9. BD【解析】实收资本是所有者投入的资本，资本公积是企业收到投资者投入的超出其在企业注册资本（或股本）中所占份额的投资，以及直接记入所有者权益的利得和损失等。它们都是企业所有者权益的重要组成部分。

10. ABCD【解析】历史成本，又称为实际成本，是指为取得或制造某项财产物资实际支付的现金或其他等价物。可变现净值是指在正常的生产经营过程中，以预计售价减去进一步加工成本和预计销售费用以及相关税费后的净值。现值是指对未来现金流量以恰当的折现率进行折现后的价值，是考虑货币时间价值的一种计量属性。公允价值是指市场参与者在计量日发生的有序交易中，出售一项资产所能收到或者转移一项负债所需支付的价格。

二、单项选择题

1. D【解析】收到外单位作为资本投入的机器设备，引起了固定资产增加和投入资本的增加，表现为资产和所有者权益同时增加。

2. B。

3. D【解析】该项经济业务使得某银行的实收资本增加，即所有者权益增加；同时，短期贷款转为投资，减少了负债。

4. B【解析】收入是指企业在日常活动中形成的、会导致所有者权益增加的、与所有者投入资本无关的经济利益的总流入。选项 A 是所有者投入资本，选项 C 与 D 都不属于企业的日常经营活动。唯有商品销售收入属于营业收入。

5. B【解析】负债是指由企业过去的交易或者事项形成的，预期会导致经济利益流出企业的现时义务。

6. B【解析】业务①引起一项资产增加和一项负债增加，资产增加 10 万元；业务②引起一项资产减少和一项负债减少，资产减少 20 万元；业务③引起资产内部一增一减，资产总额不变；由此，期末资产总额为 300 + 10 − 20 = 290（万元）。

7. D【解析】历史成本，又称为实际成本，是指为取得或制造某项财产物资实际支付的现金或其他等价物。

8. B【解析】银行存款是资产，偿还货款，引起资产减少；所欠购货款是负债，偿还时，引起负债的减少。

9. A【解析】根据会计等式"资产 = 负债 + 所有者权益"，该公司年初所有者权益 = 资产 − 负债 = 12.6 − 4.8 = 7.8（万元）；年末资产为 5 + 7.8 + 8.9 − 9.3 = 12.4（万元）。本题有一定难度，一定要搞清楚会计等式关系以及年初数与年末数的关系。

10. C【解析】选项 A 引起资产和负债同时减少，选项 B 引起负债和费用同时增加，选项 D 引起费用增加和资产减少。

三、判断题

1. 错【解析】收入是指企业在日常活动中形成的、会导致所有者权益增加的、与所有者投入资本无关的经济利益的总流入。

2. 错【解析】历史成本，又称为实际成本，是指为取得或制造某项财产物资实际支付的现金或其他等价物，是不考虑随后市场价格变动的影响的。

3. 错【解析】工业企业出租固定资产取得的收入是企业在日常活动中形成的，属于收入范畴。

4. 对【解析】不符合或者不再符合资产确认条件的，不能确认为资产。

5. 错【解析】可变现净值是指在正常的生产经营过程中，以预计售价减去进一步加工成本和预计销售费用以及相关税费后的净值。

6. 对。

7. 错【解析】收入、费用和利润是反映企业的经营成果。

8. 对【解析】现值是指对未来现金流量以恰当的折现率进行折现后的价值，是考虑货币时间价值的一种计量属性。

9. 对。

10. 对【解析】可变现净值是指在正常的生产经营过程中，以预计售价减去进一步加工成本和预计销售费用以及相关税费后的净值。

第四环节 错题重温 查漏补缺

回顾一下今天完成的习题中的错误部分，并在下方写出对于你来说第二章中最难把握的是哪些内容，如“会计要素与会计等式”等。

第二天 第三章 会计科目与账户

第一环节 真题回顾 胸有成竹

一、多项选择题（共 10 题，建议学习时间为 8 分钟，应快速通读，对有疑问的题目重点阅读其解析，并做标记）

1. 下列选项中，属于本期发生额的有（ ）

A. 本期减少金额　　B. 本期增加金额

C. 期末余额　　D. 期初余额

解析：选 AB。会计要素在特定会计期间增加和减少的金额，分别称为账户的“本期增加发生额”和“本期减少发生额”，二者统称为账户的“本期发生额”。

2. 下列关于“生产成本”科目的表述中，正确的有（ ）

A. 借方反映所发生的各项生产费用

B. 期末一般无余额

C. 可按成本核算对象设置基本生产成本和辅助生产成本明细账

D. 贷方反映完工转出的产品成本

解析：选 ACD。“生产成本”账户属于成本类账户，借方登记应记入产品生产成本的各项费用，贷方登记完工入库产成品应结转的生产成本。期末余额在借方，反映企业期末尚未加工完成的在产品成本，该账户可按基本生产成本和辅助生产成本进行明细分类核算。

3. 与“主营业务收入”账户的贷方有对应关系的有（ ）账户

A. 库存商品　　B. 银行存款

C. 应交税费——应交增值税　　D. 应收账款

解析：选 BD。与“主营业务收入”账户的贷方有对应关系，指的是与其对应的借方账户，一般有银行存款、库存现金和应收账款。

4. 下列各项中，属于会计科目分类的方法的有（ ）

A. 按其核算的具体内容分类

B. 按其提供信息的详细程度及其统驭关系分类

C. 按其企业内部管理与外部信息需要分类

D. 按其归属的会计要素分类

解析：选 BD。会计科目可按其反映的经济内容（即所属会计要素）、所提供信息的详细程度及其统驭关系分类。

5. 会计科目与会计账户的一致性表现在（　　）

A. 结构一致　　B. 名称一致

C. 反映的经济内容一致　　D. 会计科目是设置账户的依据

解析：选 BCD。会计科目没有结构。

6. 下列关于所得税费用账户的表述中，正确的有（　　）

A. 该账户的余额期末结账时应转入本年利润账户

B. 它是损益类账户

C. 该账户的余额一般在贷方

D. 该账户于属负债类账户

解析：选 AB。所得税费用科目核算企业负担的所得税，是损益类科目；期末，应将本科目的余额转入本年利润科目，结转后本科目无余额。

7. 下列账户中，属于双重性账户的有（　　）

A. 预提费用　　B. 应收账款　　C. 待摊费用　　D. 资本公积

解析：选 ABC。双重性账户，又称共同类账户，是既有资产性质又有负债性质的账户。

8. 下列会计科目中，属于资产类科目的有（　　）

A. 长期应收款　　B. 营业外收入

C. 预收账款　　D. 存货跌价准备

解析：选 AD。选项 B 属于损益类科目，选项 C 属于负债类科目。

9. 下列项目中，通过营业外支出科目核算的是（　　）

A. 计提的存货跌价损失　　B. 出售无形资产净损失

C. 债务重组损失　　D. 非常损失

解析：选 BCD。选项 A 计提的存货跌价损失应该记入资产减值损失。

10. 属于财务费用账户的贷方登记的有（　　）

A. 汇兑收益

B. 期末结转本年利润的本期各项筹资费用

C. 应冲减财务费用的利息收入

D. 发行股票溢价收入

解析：选 ABC。选项 D 属于资本公积。

二、单项选择题（共10题，为保证复习效果，对不懂的题目应做标记，以便更好地复习巩固。建议学习时间为5分钟）

1. 下列表述中，正确的是（　　）

A. 存货跌价准备不属于资产类科目

B. 生产成本下可设劳务成本明细科目

C. 利润分配不必设明细科目

D. 制造费用是成本类科目

解析：选D。存货跌价准备属于资产类科目，劳务成本为总分类科目，利润分配需设明细科目核算计提盈余公积、应付利润、未分配利润等。

2. 企业发生的罚款支出，应记入的科目是（　　）

A. 销售费用　　B. 制造费用

C. 管理费用　　D. 营业外支出

解析：选D。企业发生的罚款支出是与企业日常经营业务无直接关系的支出，属于营业外支出。

3. 下列各项中，不属于企业应收账款的是（　　）

A. 其他应收款　B. 预收账款　C. 应收账款　D. 应收票据

解析：选B。应收账款是债权，是资产。预收账款是负债。

4. "生产成本"账户的期末借方余额反映的是（　　）

A. 尚未加工完成的各项在产品的成本

B. 当期发生的各项生产费用

C. 完工产品的实际成本

D. 累计发生的各项生产费用

解析：选A。"生产成本"账户属于成本类账户，借方登记应记入产品生产成本的各项费用，贷方登记完工入库产成品应结转的生产成本。期末余额在借方，反映企业期末尚未加工完成的在产品成本。

5. 企业2013年10月1日销售一批产品给甲公司，货已发出，专用发票上注明的销售收入为10万元，增值税额1.7万元。收到甲公司交来的商业承兑汇票一张，期限为4个月，票面利率为5%。下列选项中，能正确反映2013年12月31日"应收票据"科目余额的是（　　）元

A. 118 950　　B. 118 462.5

C. 117 000　　D. 100 000

解析：选B。2013年12月31日"应收票据"科目余额为票面面值+票据利息=117 000+117 000×5%÷12×3=118 462.5（元）。

6. 下列选项中，不能通过“其他货币资金”科目核算的是（　　）

A. 库存现金　　B. 银行汇票

C. 信用证存款　　D. 银行本票

解析：选 A。其他货币资金是指企业除库存现金和银行存款以外的其他各种货币资金，包括外埠存款、银行汇票存款、银行本票存款、信用证存款和在途货币资金等。

7.“财务费用”科目按其所归属的会计要素分类，属于（　　）类科目

A. 资产　　B. 所有者权益

C. 成本　　D. 损益

解析：选 D。“财务费用”科目属于损益类科目。

8. 下列表述中正确的是（　　）

A.“生产成本”和“制造费用”都是反映劳务成本的科目

B.“生产成本”和“劳务成本”都是反映劳务成本的科目

C.“劳务成本”和“制造费用”都是反映制造成本的科目

D.“生产成本”和“制造费用”都是反映制造成本的科目

解析：选 D。生产成本和制造费用是核算企业为了生产产品而发生的各项直接和间接的生产费用，属于制造成本；而劳务成本是核算企业对外提供劳务发生的成本。

9.“研发支出”科目按其所归属的会计要素分类，属于（　　）类科目

A. 资产　　B. 负债

C. 所有者权益　　D. 成本

解析：选 D。成本类会计科目包括生产成本、制造费用、劳务成本和研发支出。

10. 总分类科目一般按（　　）进行设置

A. 会计核算的需要　　B. 统一会计制度的规定

C. 企业管理的需要　　D. 经济业务的种类不同

解析：选 B。总分类科目也叫总账科目或一级科目，一般是按照财政部门制定的统一会计制度规定设置的。

三、判断题（共 10 题，建议学习时间为 5 分钟。应快速通读，对有疑问的题目重点阅读其解析，并做标记）

1. 生产车间管理人员的福利费用记入管理费用中核算。（　　）

解析：错。生产车间管理人员的福利费用记入制造费用中核算。

2. 费用按性质不同，可分为营业成本和期间费用。(　　)

解析：错。费用分为生产费用和期间费用两大类。

3. 总分类科目对明细分类科目起着补充说明和统驭控制的作用。(　　)

解析：错。总分类账户对所属明细分类账户起着控制和统驭作用，是明细分类账户的综合化；明细分类账户对其应属的总分类账户起着详细的补充说明作用，是总分类账户的具体化。

4. 总分类账户根据总分类科目设置，为了保持会计信息的一致性、可比性，目前总分类账户一般根据财政部门制定的统一的会计制度规定的总分类科目设置。(　　)

解析：对。总分类科目也叫总账科目或一级科目，一般是按照财政部门制定的统一会计制度规定设置的。

5. “制造费用”属于费用类要素，同时属于损益类科目。(　　)

解析：错。“制造费用”属于费用类要素，同时属于成本类科目。

6. “累计折旧”账户核算企业固定资产的累计折旧，是“固定资产”账户的调整账户。(　　)

解析：对。“累计折旧”是“固定资产”账户的抵减调整账户。

7. 会计科目设置应当遵循的相关性原则，是指所有会计科目应符合单位自身特点，满足单位实际需要。(　　)

解析：错。设置会计科目相关性原则，是指所设置的会计科目应当为提供有关各方所需要的会计信息服务，满足对外报告与对内管理的要求。

8. 账户是根据会计六要素设置的，具有一定的格式和结构。(　　)

解析：错。账户是根据会计科目设置的，具有一定的格式和结构。

9. 会计账户就是会计科目。(　　)

解析：错。会计科目与会计账户是两个不同的概念。二者既有联系，又有区别。两者核算内容一致，性质相同。会计科目是账户的名称，也是设置账户的依据；账户是会计科目的具体运用，具有一定的结构和格式，并通过其结构反映某项经济内容的增减变动情况及其余额。

10. 企业生产经营管理所需的会计核算资料是多方面的，不仅要求会计核算能够提供总括的会计核算资料，而且要求会计核算能够提供详细的经济指标。因此，企业对每个设置的总分类账户都应设置明细分类账户，进行明细分类核算。(　　)

解析：错。企业可以根据自身的需要来设置明细科目，并不是所有总账科目都需要设置明细科目。

第二环节 知识图表 面面俱到

第一节 会计科目

<table>
<tr><td>概念</td><td colspan="3">简称科目，是对会计要素的具体内容进行分类核算的项目</td></tr>
<tr><td rowspan="8">分类</td><td rowspan="6">按反映的经济内容分类</td><td>资产类科目</td><td>按资产的流动性分为反映流动资产的科目和反映非流动资产的科目</td></tr>
<tr><td>负债类科目</td><td>按负债的偿还期限分为反映流动负债的科目和反映非流动负债的科目</td></tr>
<tr><td>共同类科目</td><td>是既有资产性质又有负债性质的科目，主要有“清算资金往来”、“外汇买卖”、“衍生工具”、“套期工具”、“被套期项目”等科目</td></tr>
<tr><td>所有者权益类科目</td><td>按所有者权益的形成和性质可分为反映资本的科目和反映留存收益的科目</td></tr>
<tr><td>成本类科目</td><td>按成本的内容和性质可分为反映制造成本的科目和反映劳务成本的科目</td></tr>
<tr><td>损益类科目</td><td>对收入、费用等的具体内容进行分类核算的项目</td></tr>
<tr><td rowspan="2">按提供信息的详细程度及其统驭关系分类</td><td>总分类科目</td><td>又称总账科目或一级科目，是对会计要素的具体内容进行总括分类，提供总括信息的会计科目</td></tr>
<tr><td>明细分类科目</td><td>又称明细科目，是对总分类科目作进一步分类，并提供更为详细和具体会计信息的科目。如果某一总分类科目所属的明细分类科目较多，即可在总分类科目下设置二级明细科目，在二级明细科目下设置三级明细科目</td></tr>
<tr><td>会计科目的设置</td><td>原则</td><td colspan="2">（1）合法性原则
（2）相关性原则
（3）实用性原则</td></tr>
</table>

第二节 账户

概念	根据会计科目设置的，具有一定格式和结构，用于分类、反映会计要素增减变动情况及其结果的载体	
分类	根据核算的经济内容	资产类账户、负债类账户、共同类账户、所有者权益类账户、成本类账户和损益类账户
	根据提供信息的详细程度及其统驭关系	总分类账户和明细分类账户
功能	在于连续、系统、完整地提供企业经济活动中各会计要素增减变动及其结果的具体信息	
结构	账户的组成部分及其相互关系。账户通常由以下内容组成：①账户名称，即会计科目；②日期，即所依据记账凭证中注明的日期；③凭证字号，即所依据记账凭证的编号；④摘要，即经济业务的简要说明；⑤金额，即增加额、减少额和余额	
账户与会计科目的关系	从理论上讲，会计科目与账户是两个不同的概念，二者既有联系，又有区别。会计科目与账户都是对会计对象具体内容的分类，两者核算内容一致，性质相同。会计科目是账户的名称，也是设置账户的依据；账户是会计科目的具体运用，具有一定的结构和格式，并通过其结构反映某项经济内容的增减变动及其余额	

第三环节 臻题强化 胜券在握

温馨提醒

因考试时多项选择题及计算分析题单位分值为2分/题，特别是多项选择题，不仅单题分值高，题量也多，多项选择题题型分值占40分，"得多选者得会从"，必须保证多项选择题的准确率，方能保证考试通关。因此，考前冲刺应多练多项选择题及计算分析题。

一、多项选择题（共10题，应在8分钟内完成）

1. 下列账户中属于资产账户的有（　　）

A. 银行存款　　B. 坏账准备　　C. 在途物资　　D. 在建工程

2. 账户的基本结构包括（　　）

A. 账户名称和经济业务发生的日期

B. 增加金额、减少金额和余额

C. 交易或事项内容摘要

D. 所依据记账凭证的编号

3. 从会计科目分类的角度看，下列各项中不属于所有者权益的有（　　）

A. 营业外收入　　B. 盈余公积

C. 长期投资　　D. 投资收益

4. 企业会计中的"库存商品"账户属于（　　）

A. 一级账户　　B. 资产类账户

C. 明细分类账户　　D. 总分类账户

5. 下列会计科目中，属于资产类的是（　　）

A. 预付账款　　B. 持有至到期投资

C. 预收账款　　D. 应收账款

6. 设置会计科目应考虑的原则包括（　　）

A. 满足会计信息使用者的需要

B. 保持相对的稳定性

C. 会计科目的确定要简明扼要，通俗易懂

D. 全面地反映会计主体、会计对象的内容和特点

7. 下列账户中，属于负债的有（　　）

A. 累计摊销　　B. 预收账款　　C. 研发支出　　D. 短期借款

8. 下列账户中，（　　）属于调整类账户

A. 累计折旧　　　　B. 本年利润

C. 坏账准备　　　　D. 材料成本差异

9. 关于损益类账户的表述，正确的有（　　）

A. 损益类账户反映企业发生的收入和成本

B. 损益收入类账户结构类似所有者权益类账户

C. 损益费用类账户借方登记费用的减少数

D. 无论是损益类、收入类账户，还是损益支出类账户，期末结转后，账户无余额

10. 关于会计科目，以下说法中正确的是（　　）

A. 会计科目是对会计要素的进一步分类

B. 会计科目是复式记账和编制记账凭证的基础

C. 会计科目可以根据企业的具体情况自行设定

D. 会计科目按其所提供信息的详细程度及其统驭关系，可分为总分类科目和明细分类科目

二、单项选择题（共10题，应在5分钟内完成）

1. 企业的工会购买办公用品，应记入的借方科目是（　　）

A. 制造费用　　B. 营业费用　　C. 管理费用　　D. 财务费用

2. 下列会计科目中，用以核算企业收到投资者出资额超过其在注册资本中所占份额的部分的是（　　）

A. 盈余公积　　　　B. 营业外收入

C. 资本公积　　　　D. 实收资本

3. 根据会计科目所属会计要素分类，下列各项中，至少有两个科目归属于资产要素的是（　　）

A. 本年利润，应付职工薪酬，制造费用，营业外收入

B. 盈余公积，其他应付款，待处理财产损溢，主营业务成本

C. 预付账款，预收账款，应收股利，生产成本

D. 应交税费，资本公积，劳务成本，投资收益

4. 如果某一科目的左方登记增加，右方登记减少，期初余额在左方，而

期末余额在右方，下列表述中，正确的是（　　）

A. 本期增加发生额超过本期减少发生额的差额小于期初余额

B. 本期增加发生额低于本期减少发生额的差额大于期初余额

C. 本期增加发生额超过本期减少发生额的差额大于期初余额

D. 本期增加发生额低于本期减少发生额的差额小于期初余额

5. 某资产类科目的本期期初余额为 5 600 元，本期期末余额为 5 700 元，本期减少额为 800 元。该科目本期增加额为（　　）元

A. 700　　B. 1 600　　C. 12 100　　D. 900

6. 下列各项中，表述正确的是（　　）

A. “制造费用”和“劳务成本”都是反映制造成本的科目

B. “生产成本”和“劳务成本”都是反映劳务成本的科目

C. “生产成本”和“制造费用”都是反映制造成本的科目

D. “生产成本”和“制造费用”都是反映劳务成本的科目

7. 下列不属于会计科目的是（　　）

A. 应收票据　　B. 库存现金

C. 坏账准备　　D. 所有者权益

8. 不单独设置“预收账款”的企业，下列科目中，可用于核算预收货款的是（　　）

A. 其他应收款　　B. 应收账款

C. 应付账款　　D. 预付账款

9. 既是费用类要素，又是损益类科目的是（　　）

A. 销售费用　　B. 制造费用　　C. 生产成本　　D. 劳务成本

10. 某公司盘点中发现因自然灾害损失一台设备，原始价值 50 000 元，已计提折旧 10 000 元。根据事先签订的保险合同，保险公司赔偿 30 000 元，则扣除保险公司赔偿后剩余净损失 10 000 元，这应记入（　　）科目

A. 累计折旧　　B. 营业外支出

C. 管理费用　　D. 所有者权益

三、判断题（共 10 题，应在 5 分钟内完成）

1. 所有的总账科目都应该设置明细科目，进行明细核算。（　　）

2. 对于国家统一的会计制度规定的会计科目，企业可以根据自身的生产经营需要，自行增设、减少或合并某些会计科目。（　　）

3. 所有者权益类会计科目中，对所有者权益要素的具体内容进行分类核算的项目，包括实收资本、资本公积、盈余公积和未分配利润四个会计科目。（　　）

4. 科目一般分到三级，不是越多越好。(　　)

5. 财政部统一规定会计科目是为了保证会计信息的合法性。(　　)

6. “资本公积”、“盈余公积”都是反映企业留存收益的科目。(　　)

7. 账户的本期发生额反映的是该类经济内容在本期内变动的情况，期末余额则反映变动的结果。(　　)

8. 企业根据自己的需要设置某会计科目，这体现了相关性原则。(　　)

9. 某账户本期期初余额为3 000元，本期期末余额为4 000元，本期减少发生额为2 500元，则该账户本期增加发生额为3 500元。(　　)

10. “制造费用”、“销售费用”、“管理费用”账户均属于损益类账户，期末一般无余额。(　　)

参考答案及解析

一、多项选择题

1. ABCD【解析】考点在于“坏账准备”账户，该账户属于资产账户的备抵账户。

2. ABCD【解析】账户的结构是指账户的组成部分及其相互关系。账户通常由以下内容组成：账户名称、日期、凭证字号、摘要、金额。

3. ACD【解析】长期投资是资产。

4. ABD【解析】企业会计中的“库存商品”账户属于资产类账户、一级账户、总分类账户，可以根据库存商品的名称设置明细分类账户。

5. ABD【解析】预收账款是负债，注意与预付账款区别开来。

6. ABCD。

7. BD【解析】“累计摊销”属于资产类账户，“研发支出”属于成本类账户。

8. ACD【解析】“累计折旧”账户是“固定资产”账户的调整账户，“坏账准备”账户是“应收账款”账户的调整账户，“材料成本差异”账户是“原材料”账户的调整账户。

9. BD【解析】选项A损益类账户反映企业发生的收入和费用，不是成本；选项C损益费用类账户借方登记费用的增加数。

10. ABD【解析】会计科目，简称科目，是对会计要素的具体内容进行分类核算的项目，是复式记账和编制记账凭证的基础，会计科目按其提供信息的详细程度及其统驭关系，可以分为总分类科目和明细分类科目。

二、单项选择题

1. C【解析】工会属于行政管理部门，其购买办公用品，按照受益原则，应记入“管理费用”账户的借方。

2. C【解析】“资本公积”账户属于所有者权益类账户，用以核算企业收到投资者出资额超过其在注册资本或股本中所占份额的部分，以及直接记入所有者权益的利得和损失等。

3. C。

4. B。

5. D【解析】资产类账户期末余额为期初余额 + 本期增加额 - 本期减少额，所以，本期增加额为 5 700 - 5 600 + 800 = 900（元）。

6. C【解析】生产成本和制造费用是核算企业为了生产产品而发生的各项直接和间接生产费用，属于制造成本。而劳务成本是核算企业对外提供劳务发生的成本。

7. D【解析】所有者权益属于会计要素。

8. B【解析】对于预收货款业务不多的企业，可以不单独设置“预收账款”账户，其发生的预收货款通过“应收账款”账户核算。

9. A【解析】其他三个都是资产类要素、成本类科目。

10. B【解析】“营业外支出”账户属于损益类账户，用以核算企业发生的各项营业外支出，包括非流动资产处置损失、非货币性资产交换损失、债务重组损失、公益性捐赠支出、非常损失、盘亏损失等。

三、判断题

1. 错【解析】企业可以根据自身的需要来设置明细科目，并不是所有总账科目都需要设置明细科目。

2. 错【解析】在不影响会计核算要求和会计报表指标汇总，以及对外提供统一的财务会计报告的前提下，可以根据实际情况自行增设、减少或合并某些会计科目。

3. 错【解析】未分配利润是利润分配的二级科目。

4. 对【解析】会计科目的分级核算应根据企业的需要来设计，不是越多越好。

5. 错【解析】在我国，总分类科目原则上由财政部统一制定，主要是为了保证会计信息的可比性。

6. 错【解析】“资本公积”、“盈余公积”都是反映企业所有者权益的科目。

7. 对。

8. 错【解析】企业设置会计科目应符合单位自身特点，满足单位实际需要，同时还应当为提供有关各方所需要的会计信息服务，满足对外报告与对内管理的要求。

9. 对【解析】因为账户期末余额 = 期初余额 - 本期减少发生额 + 本期增加发生额，所以，账户本期增加发生额 = 期末余额 - 期初余额 + 本期减少发生额 =4 000 -3 000 +2 500 =3 500（元）。

10. 错【解析】“制造费用”账户属于成本类账户。

第四环节 错题重温 查漏补缺

回顾一下今天完成的习题中的错误部分，并在下方写出对于你来说第三章中最难把握的是哪些内容，如“总分类会计科目”等。

第四章　会计记账方法

第一环节　真题回顾　胸有成竹

一、多项选择题（共10题，建议学习时间为8分钟，应快速通读，对有疑问的题目重点阅读其解析，并做标记）

1. 下列会计科目中，贷记银行存款，同时借记的可能有（　　）

A. 应交税费　　B. 本年利润　　C. 管理费用　　D. 库存现金

解析： 选ACD。"银行存款"账户与"本年利润"账户没有对应关系。

2. 某公司销售一批商品，开具的增值税专用发票上注明的售价为100 000元，增值税额为17 000元，该批商品已发出，实际生产成本为70 000元，款项尚未收到。该公司应编制的会计分录有（　　）

A. 借：主营业务成本　　70 000
　　贷：库存商品　　70 000

B. 借：主营业务成本　　70 000
　　贷：主营业务收入　　70 000

C. 借：银行存款　　117 000
　　贷：主营业务收入　　100 000
　　　　应交税费——应交增值税（销项税额）　　17 000

D. 借：应收账款　　117 000
　　贷：主营业务收入　　100 000
　　　　应交税费——应交增值税（销项税额）　　17 000

解析： 选AD。各项经济业务的发生，一方面要确认销售收入，另一方面还要确认该批商品的销售成本。

3. 下列财务处理错误中，不会影响借贷双方平衡关系的有（　　）

A. 重记某项经济业务　　B. 记错有关账户

C. 漏记某项经济业务　　D. 记错方向，把借方记入贷方

解析： 选ABCD。试算平衡，主要是根据借贷记账法的记账规则和资产与权益的恒等关系，通过汇算所有账户的发生额和余额，来检查记录是否正确；但它无法检验出重记、漏记经济业务和记错应借应贷方向、记错有关账户等错误。

4. 某投资者决定从甲公司退出，甲公司以银行存款退还其原投资 80 万元，同时注销等额的注册资本。下列表述中，正确的有（　　）

A. 借记“实收资本”科目　　B. 借记“银行存款”科目

C. 贷记“实收资本”科目　　D. 贷记“银行存款”科目

答案： 选 AD。

5. 下列账户中期末余额在贷方的有（　　）

A. 预收账款　B. 应收账款　C. 应付账款　D. 累计折旧

解析： 选 ACD。应收账款属于资产，期末余额是在借方的。累计折旧虽然也属于资产类账户，但该账户是资产账户的备抵调整账户，贷方登记增加，借方登记减少，期末余额在贷方。

6. 下列会计分录中属于复合会计分录的有（　　）

A. 一借一贷　B. 一借多贷　C. 一贷多借　D. 多借多贷

解析： 选 BCD。复合会计分录指由两个以上（不含两个）对应账户组成的会计分录，即一借多贷、多借一贷或多借多贷的会计分录。

7. 某小规模纳税人 A 公司购入原材料一批，增值税专用发票上注明货款 10 000 元，增值税额 1 700 元，款项已用银行存款支付，材料已验收入库。下列对于该单位的会计处理中，正确的有（　　）

A. 借记“原材料”10 000 元

B. 借记“原材料”11 700 元

C. 借记“应交税费——应交增值税（销项税额）”1 700 元

D. 贷记“银行存款”11 700 元

解析： 选 BD。小规模纳税人购入原材料时，按税法规定，尽管已取得增值税专用发票，但仍不能抵扣增值税进项税额。由此，原材料入账价值包括材料卖价和增值税进项税额。

8. 记账方法是在账簿中登记经济业务的方法。记账方法有（　　）

A. 单式记账法　　B. 收付记账法

C. 复式记账法　　D. 增减记账法

解析： 选 AC。会计记账方法有两种，一种是单式记账法，一种是复式记账法。复式记账法可分为借贷记账法、增减记账法和收付记账法等。

9. 关于借贷记账法的试算平衡，下列说法中正确的有（　　）

A. 全部会计账户本期借方发生额之和等于全部会计账户本期贷方发生额之和

B. 试算平衡分为发生额试算平衡和余额试算平衡两种

C. 全部会计账户借方期初余额合计等于全部会计账户贷方期初余额合计

D. 如果试算平衡，则说明账户金额记录一定正确

解析： 选 ABC。试算不平衡，账户金额记录一定不正确；但即使试算平衡了，账户金额记录也不一定完全正确。因为一些错账如重复记账、漏记等，试算平衡是查不出来的。

10. 企业确认应交的营业税，可能借记的会计科目是（　　）

A. 营业税金及附加　　B. 其他业务成本

C. 应交税费　　D. 固定资产清理

解析： 选 AD。企业日常活动中发生的营业税记入营业税金及附加科目的借方；出售固定资产发生的营业税记入固定资产清理的借方。

二、单项选择题（共 10 题，为保证复习效果，对不懂的题目应做标记，以便更好地复习巩固。建议学习时间为 5 分钟）

1. 企业外购一项商标，应借记的科目是（　　）

A. 无形资产　　B. 固定资产

C. 持有至到期投资　　D. 原材料

解析： 选 A。商标是无形资产，购入商标，企业拥有的无形资产增加，资产增加记借方。

2. 下列各项中，符合成本类科目记账规则的是（　　）

A. 期末余额在贷方　　B. 增加额记借方

C. 减少额记借方　　D. 增加额记贷方

解析： 选 B。成本类科目与资产类账户相同，借方登记增加，贷方登记减少。

3. 在试算平衡表中，如果试算平衡，下列表述中，正确的是（　　）

A. 说明本期增加数一定等于本期减少数

B. 不一定说明账簿记录正确

C. 说明每一个账户的借方数一定等于贷方数

D. 说明期初余额一定等于期末余额

解析： 选 B。通过试算平衡表来检查账簿记录是否正确并不是绝对的，从某种意义上讲，如果借贷不平衡，就可以肯定账户的记录或者是计算有错误。但是如果借贷平衡，我们也不能肯定账户记录没有错误，因为有些错误并不影响借贷双方的平衡关系。如果在有关账户中重记或漏记某项经济业务，或者将经济业务的借贷方向记反，我们就不一定能够通过试算平衡发现错误。

4. 通过银行转账偿付所欠原材料采购款，下列会计分录中，正确的是（　　）

A. 借：银行存款　贷：应收账款　B. 借：应收账款　贷：银行存款

C. 借：银行存款　贷：应付账款　D. 借：应付账款　贷：银行存款

解析：选D。银行转账偿付所欠原材料采购款，引起资产项目“银行存款”的减少，记贷方；同时也引起负债项目“应付账款”的减少，记借方。

5. 在借贷记账法下，借方登记（　　）

A. 资产减少或权益增加　　B. 资产增加或权益增加

C. 资产减少或权益减少　　D. 资产增加或负债增加

解析：选C。在借贷记账法下，借方登记资产的增加和负债、所有者权益的减少。

6. 以银行存款缴纳所得税 30 000 元。应编制的正确的会计分录为（　　）

A. 借：本年利润　　30 000
　　贷：所得税费用　　530 000

B. 借：所得税费用　　30 000
　　贷：本年利润　　30 000

C. 借：所得税费用　　30 000
　　贷：应交税费　　30 000

D. 借：应交税费——应交所得税　　30 000
　　贷：银行存款　　30 000

解析：选D。以银行存款缴纳所得税，引起应交税费和银行存款的减少。

7. 甲公司月初“应付账款”科目贷方余额为400万元。本月发生下列业务：①赊购原材料一批并已验收入库，取得增值税专用发票上记载的价款为100万元，增值税额为17万元；②偿付上月所欠货款280万元。月末甲公司“应付账款”科目余额为（　　）万元

A. 借方237　B. 贷方237　C. 贷方563　D. 借方563

解析：选B。“应付账款”账户是负债类账户，期末贷方余额＝期初贷方余额＋本期贷方发生额－本期借方发生额＝400＋117－280＝237（万元）。

8.（　　）是复式记账的理论基础，也是设置账户、试算平衡和编制资产负债表的理论依据

A. 会计科目　　B. 账户

C. 资产＝负债＋所有者权益　　D. 收入－费用＝利润

解析：选C。“资产＝负债＋所有者权益”是会计恒等式，是复式记账的

理论基础，也是设置账户、试算平衡和编制资产负债表的理论依据。

9. A公司月末编制的试算平衡表中，全部账户的本月贷方发生额合计为90万元，除“原材料”账户外的本月借方发生额合计为75万元，则“原材料”账户（　）

A. 本月借方余额为15万元　　B. 本月贷方余额为15万元

C. 本月贷方发生额为15万元　　D. 本月借方发生额为15万元

解析：选D。发生额试算平衡公式为全部账户的本月借方发生额合计＝全部账户的本月贷方发生额合计，所以，“原材料”账户本月借方发生额为90－75＝15（万元）。

10. 某公司工会购买办公用品，应记入的借方科目是（　）

A. 制造费用　　B. 管理费用　　C. 财务费用　　D. 营业费用

解析：选B。企业工会属于企业行政管理部门，所发生的相关费用记入“管理费用”。

三、判断题（共10题，建议学习时间为5分钟。应快速通读，对有疑问的题目重点阅读其解析，并做标记）

1. “借方期末余额＝借方期初余额＋本期借方发生额－本期贷方发生额”，这一公式适用于任何性质账户的结账。（　）

解析：错。仅适用于资产类、成本类账户。

2. 为核算各种商品的收发和使用情况，企业应当设置“库存商品”科目，其期末余额通常在借方，反映各种库存商品的实际成本或计划成本。（　）

解析：对。“库存商品”账户属于资产类账户，其期末余额通常在借方，反映各种库存商品的实际成本或计划成本。

3. “应收账款”账户的余额必须在借方，表示尚未收回的应收账款数。（　）

解析：错。应收账款的余额可以在借方，表示尚未收回的应收账款数；应收账款的余额也可以在贷方，表示多收了货款，相当于预收账款。

4. 编制试算平衡表时，也应该包括只有期初余额而没有本期发生额的账户。（　）

解析：对。试算平衡表中包含本期发生额平衡和余额平衡。

5. 工会经费和职工教育经费用于工会活动和职工培训，支付时，借记“其他应付款”科目，贷记“银行存款”等科目。（　）

解析：错。支付工会经费和职工教育经费用于工会活动和职工培训时，借记“应付职工薪酬”科目，贷记“银行存款”等科目。

6. 全部总分类账的月末借方余额合计数应当同月末贷方余额合计数核对相符。（　　）

解析：对。这是试算平衡中余额平衡的要求。

7. 记账时，将借贷方向记反了，不会影响借贷双方的平衡关系。（　　）

解析：对。账户借贷方向记反了，对借贷方余额的影响相同，不会影响借贷双方的平衡关系。

8. 对于借贷记账法下的账户期末余额的计算，在实际工作中采用的简单方法为：相同方向相减，相反方向相加，结出余额，并放在多的那一边。（　　）

解析：错。对于借贷记账法下的账户期末余额的计算，在实际工作中采用的简单方法为：相同方向相加，相反方向相减，结出余额，并放在多的那一边。

9. 会计分录中的账户之间的相互依存关系被称为账户的对应关系。（　　）

解析：对。账户的对应关系是指在采用借贷记账法对每笔交易或事项进行记录时，相关账户之间形成的应借、应贷的相互关系。存在对应关系的账户称为对应账户。

10. 本期发生的经济业务通过试算如果已平衡，也不能说明业务的记录绝对正确。（　　）

解析：对。因为试算平衡检查不出漏记、重复记录、记错会计科目、记错记账方向等错误。

四、计算分析题（共 2 题，建议学习时间为 17 分钟）

1. 某公司 2014 年 8 月发生部分经济业务及登记的总账和明细账如下：

① 4 日，向 A 公司购入甲材料 1 000 公斤，单价 17 元，价款 17 000 元；购入乙材料 2 500 公斤，单价 9 元，价款 22 500 元。货物已验收入库，款项 39 500 元尚未支付（不考虑增值税，下同）。

② 8 日，向 B 公司购入甲材料 2 000 公斤，单价 17 元，价款 34 000 元，货物已验收入库，款项尚未支付。

③ 13 日，生产车间为生产产品领用材料。其中领用甲材料 1 400 公斤，单价 17 元，价值 23 800 元；领用乙材料 3 000 公斤，单价 9 元，价值 27 000 元。

④ 23 日，向 A 公司偿还前欠货款 20 000 元，向 B 公司偿还前欠货款 40 000 元，用银行存款支付。

⑤ 26 日，向 A 公司购入乙材料 1 600 公斤，单价 9 元，价款 14 400 元，已用银行存款支付，货物同时验收入库。

要求：根据资料和总账与明细账的关系，将总账中空缺的数字填上。

总分类账户

会计科目：应付账款　　单位：元

月	日	凭证编号	摘要	借方	贷方	借或贷	余额
8	1	（略）	月初余额			贷	（1）
	4		购入材料		（2）	贷	82 500
	8		购入材料		34 000	贷	（3）
	23		归还前欠货款	60 000		贷	（4）
	31		本月合计	（5）	73 500	贷	56 500

解析：

（1）43 000。要先确定（2）的金额 39 500，才可计算应付账款月初余额 = 82 500 − 39 500 = 43 000（元）。

（2）39 500。根据经济业务①，购入材料款项 39 500 元尚未支付，形成应付账款增加。

（3）116 500。8 月 8 日应付账款贷方余额为 82 500 + 34 000 = 116 500（元）。

（4）56 500。8 月 23 日应付账款贷方余额为 116 500 − 60 000 = 56 500（元）。

（5）60 000。

2. 八达公司 2013 年 12 月末结账前的余额试算表如下：

八达公司结算前余额试算表

2013 年 12 月　　单位：元

账户名称	借方余额	贷方余额
库存现金	500	
银行存款	85 000	
应收账款	45 500	
库存商品	170 000	
固定资产	200 000	
累计折旧		5 000

（续上表）

账户名称	借方余额	贷方余额
短期借款		20 000
应付账款		50 000
实收资本		200 000
盈余公积		2 000
利润分配		8 000
本年利润		40 000
主营业务收入		206 000
销售费用	10 000	
管理费用	20 000	
合　计	531 000	531 000

月末，八达公司的会计人员对以下经济事项做了结账处理：

①计提本月办公用固定资产折旧 1 000 元。

②结账本月已售商品成本，共计 100 000 元。

③结账本月的损益类账户至“本年利润”账户。

④按 25% 的所得税率计算本月应交所得税。

⑤将本月所得税结转至“本年利润”账户。

⑥结转“本年利润”账户。

要求：根据上述资料，完成下列八达公司 12 月份的结账后试算平衡表的编制。

八达公司结算后余额试算表

2013 年 12 月　　　　单位：元

账户名称	借方余额	贷方余额
库存现金	500	
银行存款	85 000	
应收账款	（1）	
库存商品	（2）	
固定资产	200 000	

（续上表）

账户名称	借方余额	贷方余额
累计折旧		6 000
短期借款		20 000
应付账款		50 000
应交税费		（3）
实收资本		200 000
盈余公积		2 000
利润分配		（4）
合　计		（5）

解析（不要被这么长的题目吓到，耐心地读题，你会发现其实题目并不难）：

（1）45 500。未涉及结账调整业务，保持原有金额。

（2）70 000。本金额计算涉及结账调整业务②，账务处理为：借：主营业务成本 100 000；贷：库存商品 100 000。“库存商品”账户调整后金额为 170 000 – 100 000 = 70 000（元）。

（3）18 750。本金额计算涉及结账调整业务①、③和④。业务①的账务处理为：借：管理费用 1 000；贷：累计折旧 1 000。业务③：结转收入账户的账务处理为：借：主营业务收入 206 000；贷：本年利润 206 000。结转费用账户的账务处理为：借：本年利润 131 000；贷：主营业务成本 100 000、管理费用 21 000、销售费用 10 000。业务④：所得税费用 =（主营业务收入 206 000 – 主营业务成本 100 000 – 销售费用 10 000 – 管理费用 21 000）×25% = 18 750（元）。账务处理为：借：所得税费用 18 750；贷：应交税费——应交所得税 18 750。

（4）104 250。本金额计算涉及结账调整业务⑤和⑥。业务⑤的账务处理为：借：本年利润 18 750；贷：所得税费用 18 750。业务⑥的账务处理为：借：本年利润 96 250；贷：利润分配——未分配利润 96 250。则调整后“利润分配”金额 = 调整前金额（8 000）+96 250 = 104 250（元）。

（5）401 000。将贷方金额合计计算得来。

第二环节 知识图表 面面俱到

第一节 会计记账方法的种类

<table>
<tr><td>单式记账法</td><td colspan="2">对发生的每一项经济业务，只在一个账户中加以登记的记账方法</td></tr>
<tr><td rowspan="3">复式记账法</td><td>概念</td><td>对于每一笔经济业务，都必须用相等的金额在两个或两个以上相互联系的账户中进行登记，全面系统地反映会计要素增减变化情况的一种记账方法。现代会计运用复式记账法</td></tr>
<tr><td>优点</td><td>①能够全面反映经济业务内容和资金运动的来龙去脉
②能够进行试算平衡，便于查账和对账</td></tr>
<tr><td>种类</td><td>借贷记账法（是目前国际上通用的记账方法，我国《企业会计准则》规定企业应当采用借贷记账法记账）
增减记账法
收付记账法</td></tr>
</table>

第二节 借贷记账法

一、借贷记账法概述

<table>
<tr><td>概念</td><td colspan="2">是以“借”和“贷”作为记账符号的一种复式记账法</td></tr>
<tr><td>结构</td><td>基本结构</td><td>账户的左方称为借方，右方称为贷方。所有账户的借方和贷方按相反方向记录增加数和减少数，即一方登记增加额，另一方就登记减少额。至于“借”表示增加，还是“贷”表示增加，则取决于账户的性质与所记录经济内容的性质
通常而言，资产、成本和费用类账户的增加用“借”表示，减少用“贷”表示；负债、所有者权益和收入类账户的增加用“贷”表示，减少用“借”表示。备抵账户的结构与所调整账户的结构正好相反</td></tr>
</table>

（续上表）

结构	资产和成本类账户的结构		借方登记增加额；贷方登记减少额；期末余额一般在借方，有些账户可能无余额。其余额计算公式为： 期末借方余额＝期初借方余额＋本期借方发生额－本期贷方发生额
	负债和所有者权益类账户的结构		借方登记减少额；贷方登记增加额；期末余额一般在贷方，有些账户可能无余额。其余额计算公式为： 期末贷方余额＝期初贷方余额＋本期贷方发生额－本期借方发生额
	损益类账户的结构	收入类账户的结构	借方登记减少额；贷方登记增加额。本期收入净额在期末转入“本年利润”账户，用以计算当期损益，结转后无余额
		费用类账户的结构	借方登记增加额；贷方登记减少额。本期费用净额在期末转入“本年利润”账户，用以计算当期损益，结转后无余额
记账规则	“有借必有贷，借贷必相等”		

二、借贷记账法下的账户对应关系与会计分录

账户的对应关系	采用借贷记账法对每笔交易或事项进行记录时，相关账户之间形成的应借、应贷的相互关系。存在对应关系的账户称为对应账户	
会计分录	含义	简称分录，是对每项经济业务列示出应借、应贷的账户名称及其金额的一种记录。会计分录由应借应贷方向、相互对应的科目及其金额三个要素构成。在我国，会计分录记载于记账凭证中
	分类	简单会计分录和复合会计分录

三、借贷记账法下的试算平衡

试算平衡	含义	根据借贷记账法的记账规则和资产与权益的恒等关系，通过对所有账户的发生额和余额的汇总计算和比较，来检查记录是否正确的一种方法分类

（续上表）

<table>
<tr><td rowspan="3">试算平衡</td><td rowspan="2">分类</td><td>发生额试算平衡</td><td>全部账户本期借方发生额合计与全部账户本期贷方发生额合计保持平衡，即
全部账户本期借方发生额合计 = 全部账户本期贷方发生额合计
发生额试算平衡的直接依据是借贷记账法的记账规则</td></tr>
<tr><td>余额试算平衡</td><td>全部账户借方期末（初）余额合计与全部账户贷方期末（初）余额合计保持平衡，即
全部账户借方期末（初）余额合计 = 全部账户贷方期末（初）余额合计
余额试算平衡的直接依据是财务状况等式</td></tr>
<tr><td>编制</td><td colspan="2">通过编制试算平衡表进行</td></tr>
</table>

试算平衡表（样表）

2014 年 9 月　　　　单位：元

总账科目	期初余额		本期发生额		期末余额	
	借方余额	贷方余额	借方余额	贷方余额	借方余额	贷方余额

第三环节　臻题强化　胜券在握

温馨提醒

因考试时多项选择题及计算分析题单位分值为 2 分/题，特别是多项选择题，不仅单题分值高，题量也多，多项选择题题型分值占 40 分，“得多选者得会从”，必须保证多项选择题的准确率，方能保证考试通关。因此，考前冲刺应多练多项选择题及计算分析题。

一、多项选择题（共 10 题，应在 8 分钟内完成）

1. 以下关于借贷记账法的表述中，正确的有（　　）

A. “借”、“贷”只作为记账符号使用，用以表明记账方向

B. 借贷记账法源于 13 世纪的美国

C. 借贷记账法是以“借”、“贷”为记账符号，分别作为账户的左方和右方

D. “借”表示增加还是“贷”表示增加，取决于账户的内容

2. 在编制试算平衡表时，下列表述中，正确的有（　　）

A. 如果试算平衡，说明科目记录正确无误

B. 即使试算平衡，也不能说明科目记录绝对正确

C. 如果试算不平衡，科目记录肯定有错误，应该认真查找，直到平衡为止

D. 必须保证所有科目的余额均已记录试算平衡表

3. 乙公司从天地公司购进材料 7 吨，发生运杂费 400 元，支付材料价款 11 200 元。材料已验收入库，款项已用银行存款支付（本题不考虑增值税）。下列说法中，正确的有（　　）

A. 该业务账务处理为：

借：原材料　　11 200

　　销售费用　　400

　贷：银行存款　　11 600

B. 该业务账务处理为：

借：原材料　　11 600

　贷：银行存款　　11 600

C. 入库后该批材料的实际单价为 1 600 元/吨

D. 入库后该批材料的实际单价为 1 657 元/吨

4. 会计分录的基本要素包括（　　）

A. 记账符号　　B. 记账时间　　C. 记账金额　　D. 科目名称

5. 某公司月末编制试算平衡表时，因“库存现金”账户的余额计算不正确，导致试算平衡表中月末借方余额合计为 168 000 元，而全部账户月末贷方余额合计为 160 000 元，则“库存现金”账户（　　）

A. 为借方余额　　B. 为贷方余额

C. 贷方余额多记 8 000 元　　D. 借方余额多记 8 000 元

6. 与单式记账法相比，复式记账法的优点是（　　）

A. 有一套完整的账户体系

B. 可以清楚地反映经济业务的来龙去脉

C. 可以对记录的结果进行试算平衡，以检查账户记录是否正确

D. 记账手续简单

7. 借贷记账法下，正确的试算平衡公式有（　　）

A. 全部账户的期初借方余额合计 = 全部账户的期初贷方余额合计

B. 全部账户的期末借方余额合计 = 全部账户的期末贷方余额合计

C. 全部账户的期初借方余额合计 + 全部账户本期借方发生额合计 = 全部账户的期末借方余额合计

D. 全部账户的期初贷方余额合计 + 全部账户本期贷方发生额合计 = 全部账户的期末贷方余额合计

8. 下列各项记账差错中，运用余额试算平衡法可查出其错误的有（　　）

A. 一笔业务的记录全部被漏记

B. 在过账时误将借方金额过入贷方

C. 某一账户借方或贷方本期发生额的计算有误

D. 过账时误将某账户发生额过入另一账户的同一方向

9. 下列表述不符合借贷记账法的记账规则的是（　　）

A. 借方反映资产类账户和损益类账户的增加

B. 借方反映所有者权益类账户和负债类账户的增加

C. 贷方反映所有者权益类账户和资产类账户的减少

D. 贷方反映成本类账户和资产类账户的减少

10. 下列会计处理中，反映企业筹集资金业务的有（　　）

A. 借：固定资产
　　贷：银行存款

B. 借：银行存款
　　贷：实收资本

C. 借：银行存款
　　贷：主营业务收入

D. 借：银行存款
　　贷：长期借款

二、单项选择题（共 10 题，应在 5 分钟内完成）

1. 单位职工小于出差预借差旅费 2 000 元，应记入的借方科目是（　　）

A. 预付账款　　B. 短期借款

C. 应收账款　　D. 其他应收款

2. 应收账款科目的期初余额为借方 2 000 元，本期借方发生额 1 000 元，本期贷方发生额 8 000 元。下列选项中，该科目期末余额为（　　）元

A. 借方 5 000　B. 借方 3 000　C. 贷方 5 000　D. 贷方 8 000

3. 向银行申请借入 9 个月的借款 80 000 元，存入银行。正确的会计分录是（　　）

A. 借：银行存款　80 000
　　贷：应付账款　80 000

B. 借：银行存款　80 000
　　贷：长期借款　80 000

C. 借：短期借款　80 000
　　贷：银行存款　80 000

D. 借：银行存款　80 000
　　贷：短期借款　80 000

4. 企业计提坏账准备。下列会计分录中，正确的是（　　）

A. 借：管理费用
　　贷：坏账准备

B. 借：坏账准备
　　贷：资产减值损失

C. 借：资产减值损失
　　贷：坏账准备

D. 借：坏账准备
　　贷：应收账款

5. 下列关于会计分录的表述中，不正确的是（　　）

A. 应借应贷方向、科目名称和金额构成了会计分录的三要素

B. 会计分录按有科目多少，可以分为简单会计分录和复合会计分录

C. 复合会计分录是指由两个以上（不含两个）对应科目所组成的会计分录

D. 会计实际工作中，最常用的会计分录为一借一贷、多借多贷分录

6. 某项经济业务的会计分录为：借：盈余公积 300 000；贷：实收资本 300 000。则该分录表示（　　）

A. 一个资产项目减少 300 000 元，一个所有者权益项目增加 300 000 元

B. 一个所有者权益项目增加 300 000 元，另一个所有者权益项目减少 300 000 元

C. 一个资产项目增加 300 000 元，一个所有者权益项目增加 300 000 元

D. 一个所有者权益项目增加 300 000 元，另一个所有者权益项目也增加 300 000 元

7. 下列关于借贷记账法的表述中，正确的是（　　）

A. 漏记一项经济业务，通过试算平衡可以发现

B. 借贷记账法是复式记账法的一种

C. 在借贷记账法下，负债增加记借方，减少记贷方

D. 在借贷记账法下，“借”表示增加，“贷”表示减少

8. 下列关于会计账户内部的关系，正确的是（　　）

A. 期初余额 = 期末余额 + 本期增加数 − 本期减少数

B. 期末余额 = 期初余额 + 本期增加数 − 本期减少数

C. 期末余额 = 期初余额 − 本期增加数 + 本期减少数

D. 期初余额 = 期末余额 − 本期增加数 + 本期减少数

9. 月末试算平衡要求总账借方余额合计数与贷方余额合计数相等。这核对的依据是（　　）

A. 收入 − 费用 = 利润

B. 资产 = 负债 + 所有者权益

C. 总账的本期发生额 = 所属明细账本期发生额的合计数

D. 总账的期末余额 = 所属明细账期末余额的合计数

10. 在借贷记账法下账户的哪一方登记增加数、哪一方登记减少数，取决于（　　）

A. 采用何种会计核算方法

B. 采用何种记账形式

C. 增加记借方、减少记贷方的记账规则

D. 账户所要反映的经济内容

三、判断题（共 10 题，应在 5 分钟内完成）

1. 固定资产清理净收益，属于生产经营期间的日常业务，贷记“其他业务收入”账户。(　　)

2. 各种复式记账法的根本区别在于记账规则不同，如增减记账法是指以“增”、“减”为记账符号。目前我国已普遍采用增减记账法。(　　)

3. 在借贷记账法中，“贷”字表示收入的增加、费用的减少和负债的增加。(　　)

4. 借贷记账法的记账规则为：有借必有贷，借贷必相等。即对于每一笔经济业务都要在两个或两个以上相互联系的会计科目中以借方和贷方相等的金额进行登记。(　　)

5. 所有者权益与企业特定的、具体的资产并无直接关系，不与企业任何具体的资产项目发生对应关系。(　　)

6. “负债和所有者权益”账户的期末余额一定在贷方。(　　)

7. 任何只在借方登记或贷方登记而无对应的贷方或借方记录，或者借贷金额不相等的记录，都是错误的会计记录。(　　)

8. 企业为全面、集中地反映经济业务的全貌，简化记账手续，提高工作效率，可以将同类的经济业务合并、编制为复合会计分录。(　　)

9. 账户的本期发生额是动态资料，而期初和期末余额是静态资料。(　　)

10. 发生额试算平衡是根据资产与权益的恒等关系，检验本期发生额记录是否正确的方法。(　　)

四、计算分析题（共 2 题，应在 17 分钟内完成）

1. 甲公司 2013 年发生如下经济业务：

(1) 公司购入一台不需要安装的设备，价款为 20 000 元，增值税额为 3 400 元（可以抵扣），支付运费 500 元，保险费 150 元。款项以银行存款支付。

(2) 计提本月固定资产折旧基本生产车间 5 000 元，行政管理部门 2 000 元，专设销售机构 3 000 元。

(3) 报废设备一台，设备原值为 50 000 元，已计提折旧 40 000 元。清理中以银行存款支付清理费用 200 元，残值收入为 3 000 元，款项存入银行。

(4) 对管理用固定资产进行维修，支付维修费用 1 000 元，已付款。

(5) 收取出租固定资产租金 15 000 元，款项已存入银行。

要求：根据上述给定资料（1）~（5），编制甲公司的会计分录。

2. 根据下列表中各账户的已知数据计算每个账户的未知数据。

单位：元

账户名称	期初余额		本期发生额		期末余额	
	借方	贷方	借方	贷方	借方	贷方
预收账款		15 000	6 000	9 000		（1）
预付账款	25 000		10 000	（2）	5 000	
应付账款		（3）	14 000	12 000		40 000
应收账款	70 000		40 000	（4）	80 000	
——K 公司	10 000		10 000	15 000	（5）	
——Y 公司	60 000		30 000	15 000	75 000	

参考答案及解析

一、多项选择题

1. AD【解析】借贷记账法源于13世纪的意大利。“借”表示增加还是“贷”表示增加，取决于账户的内容，通常而言，资产、成本和费用类账户的增加用“借”表示，减少用“贷”表示；负债、所有者权益和收入类账户的增加用“贷”表示，减少用“借”表示。

2. BCD【解析】如果试算不平衡，说明科目记录肯定有错。但尽管试算平衡了，科目记录也不一定正确，因为可能存在重复记录、漏记或记录时借贷颠倒等错误。

3. BD【解析】入库后该批材料的实际单价 =11 600/7≈1 657（元/吨）。

4. ACD【解析】会计分录由应借应贷方向、相互对应的科目及其金额三个要素构成。会计分录中不需要记录记账的时间。

5. AD【解析】库存现金为资产类账户，期末余额在借方，因为库存现金账户记录不正确，全部账户借方余额大于全部账户贷方余额8 000元，所以借方余额多记了8 000元。

6. ABC【解析】与单式记账法相比，复式记账法的优点主要有：①能够全面反映经济业务内容和资金运动的来龙去脉；②能够进行试算平衡，便于查账和对账。记账手续简单是单式记账法的优点。

7. AB【解析】试算平衡包括发生额试算平衡和余额试算平衡。发生额试算平衡公式为：全部账户本期借方发生额合计 = 全部账户本期贷方发生额合计；余额试算平衡为：全部账户借方期末（初）余额合计 = 全部账户贷方期末（初）余额合计。

8. BCD【解析】试算平衡法查不出一笔业务的记录全部被漏记的错误。

9. ABC【解析】借贷记账法下，账户的左方称为借方，右方称为贷方。所有账户的借方和贷方按相反方向记录增加数和减少数，即一方登记增加额，另一方就登记减少额。通常而言，资产、成本和费用类账户的增加用“借”表示，减少用“贷”表示；负债、所有者权益和收入类账户的增加用“贷”表示，减少用“借”表示。

10. BD【解析】选项 A 属于企业的采购固定资产业务。选项 C 属于销售业务。

二、单项选择题

1. D【解析】单位个人借款，属于“其他应收款”核算范畴。

2. C【解析】“应收账款”账户期末余额 = 期初借方余额 + 本期借方发生额 - 本期贷方发生额 = 2 000 + 1 000 - 8 000 = -5 000（元），为贷方余额。

3. D【解析】向银行申请借入 9 个月的借款 80 000 元，存入银行，引起银行存款增加，短期借款增加。

4. C【解析】企业计提坏账准备时坏账准备和资产减值损失同时增加。

5. D【解析】会计实际工作中，最常用的会计分录为一借一贷、一借多贷和多借一贷分录。

6. B【解析】本题的会计分录反映的经济业务为：企业用盈余公积 300 000 元转增实收资本，两个项目都属于所有者权益。

7. B【解析】借贷记账法是复式记账法的一种。通常而言，资产、成本和费用类账户的增加用“借”表示，减少用“贷”表示；负债、所有者权益和收入类账户的增加用“贷”表示，减少用“借”表示。

8. B【解析】会计账户的期末余额 = 期初余额 + 本期增加数 - 本期减少数。

9. B【解析】余额试算平衡的直接依据是财务状况等式，即资产 = 负债 + 所有者权益。

10. D【解析】在借贷记账法下账户的哪一方登记增加数、哪一方登记减少数，取决于账户所要反映的经济内容。

三、判断题

1. 错【解析】固定资产清理净收益应贷记“营业外收入”账户。

2. 错【解析】各种复式记账法的根本区别在于记账符号不同。目前我国已普遍采用借贷记账法。

3. 对【解析】在借贷记账法中，“贷”字表示负债的增加、所有者权益的增加、收入的增加和资产的减少、费用的减少。

4. 对【解析】借贷记账法是以“借”、“贷”为记账符号，对于每一笔经济业务，都必须用相等的金额在两个或两个以上相互联系的账户中进行登记，全面系统地反映会计要素增减变化情况的一种记账方法。借贷记账法的记账规则是“有借必有贷，借贷必相等”。

5. 对【解析】所有者权益与企业特定的、具体的资产并无直接关系，它并不与企业任何具体的资产项目发生对应关系。例如，一定数额的所有者权益并不代表相应数额的货币资产或存货。所有者权益只是在整体上、在抽象的意义上与企业的资产保持数量关系。

6. 错【解析】负债和所有者权益账户的期末余额一般在贷方。

7. 对【解析】借贷记账法是以“借”、“贷”为记账符号，对于每一笔经济业务，都必须用相等的金额在两个或两个以上相互联系的账户中进行登记，全面系统地反映会计要素增减变化情况的一种记账方法。借贷记账法的记账规则是“有借必有贷，借贷必相等”。

8. 错【解析】复合会计分录指由两个以上（不含两个）对应账户组成的会计分录，即一借多贷、多借一贷或多借多贷的会计分录，是根据同一笔经济业务编制的。

9. 对。

10. 错【解析】发生额试算平衡的直接依据是借贷记账法的记账规则，即“有借必有贷，借贷必相等”。

四、计算分析题

1.【解析】

（1）借：固定资产	20 650	
应交税费——应交增值税（进项税额）	3 400	
贷：银行存款		24 050
（2）借：制造费用	5 000	
管理费用	2 000	
销售费用	3 000	

贷：累计折旧 10 000

(3) 借：固定资产清理 10 000

累计折旧 40 000

贷：固定资产 50 000

借：固定资产清理 200

贷：银行存款 200

借：银行存款 3 000

贷：固定资产清理 3 000

借：营业外支出 7 200

贷：固定资产清理 7 200

(4) 借：管理费用 1 000

贷：银行存款 1 000

(5) 借：银行存款 15 000

贷：其他业务收入 15 000

2.【解析】

(1) 18 000。“预收账款”期末贷方余额 = 15 000 + 9 000 - 6 000 = 18 000（元）。

(2) 30 000。“预付账款”本期贷方发生额 = 25 000 + 10 000 - 5 000 = 30 000（元）。

(3) 42 000。“应付账款”期初贷方余额 = 40 000 - 12 000 + 14 000 = 42 000（元）。

(4) 30 000。“应收账款”本期贷方发生额 = 70 000 + 40 000 - 80 000 = 30 000（元）。

(5) 5 000。“应收账款——K公司”期末借方余额 = 10 000 + 10 000 - 15 000 = 5 000（元）。

第四环节 错题重温 查漏补缺

回顾一下今天完成的习题中的错误部分，并在下方写出对于你来说第四章中最难把握的是哪些内容，如“发生额试算平衡”等。

第三天　第五章　借贷记账法下主要经济业务的账务处理

第一环节　真题回顾　胸有成竹

一、多项选择题（共 20 题，建议学习时间为 16 分钟，应快速通读，对有疑问的题目重点阅读其解析，并做标记）

1. 下列各项中，应记入营业外支出的有（　　）

A. 公益性捐赠支出　　B. 非流动资产处置损失

C. 非常损失　　D. 罚款支出

解析： 选 ABCD。营业外支出是指与企业日常经营活动无直接关系的支出。

2. 本月出售产品一批，价款 5 000 元（已预收），产品生产成本为 4 000 元，不考虑增值税因素。下列会计分录中，正确的有（　　）

A. 借：主营业务成本　　4 000
　　贷：库存商品　　4 000

B. 借：预收账款　　5 000
　　贷：主营业务收入　　5 000

C. 借：银行存款　　5 000
　　贷：主营业务收入　　5 000

D. 借：主营业务成本　　4 000
　　贷：生产成本　　4 000

解析： 选 AB。本业务既要核算销售收入，还要核算销售成本。

3. 工业企业结转发出材料成本时，下列会计分录中，正确的有（　　）

A. 属于车间管理部门领用材料的：借记“制造费用”科目，贷记“原材料”科目

B. 属于生产车间领用材料的：借记“生产成本”科目，贷记“原材料”科目

C. 属于对外销售材料的：借记“其他业务成本”科目，贷记“原材料”科目

D. 属于公司总部行政管理部门领用材料的：借记“管理费用”科目，贷记“原材料”科目

解析：选 ABCD。各项费用按照受益原则进行核算，谁受益，谁承担。

4. 下列各项中，属于企业货币资金的有（　　）

A. 银行存款　　B. 现金

C. 银行汇票存款　　D. 信用卡存款

解析：选 ABCD。货币形态表现的资金，是流动资产，包括库存现金、银行存款和其他货币资金。其他货币资金主要包括外埠存款、银行汇票存款、银行本票存款、信用证保证金和信用卡存款等。

5. 下列关于“生产成本”科目的表述中，正确的有（　　）

A. 期末一定无余额

B. 借方反映所发生的各项生产费用

C. 贷方反映完工转出的产品成本

D. 可按成本核算对象设置基本生产成本和辅助生产成本明细账

解析：选 BCD。“生产成本”账户属于成本类账户，用以核算企业生产各种产品（产成品、自制半成品等）、自制材料、自制工具、自制设备等发生的各项生产成本。该账户借方登记应记入产品生产成本的各项费用，贷方登记完工入库产成品应结转的生产成本。期末余额在借方，反映企业期末尚未加工完成的在产品成本。该账户可按基本生产成本和辅助生产成本进行明细分类核算。

6. 下列各项职工薪酬中，能够记入产品成本的有（　　）

A. 专设销售机构人员薪酬　　B. 车间管理人员薪酬

C. 车间生产工人薪酬　　D. 企业管理部门人员薪酬

解析：选 BC。专设销售机构人员薪酬记入销售费用，企业管理部门人员薪酬记入管理费用。

7. 下列各项中，应记入营业收入的有（　　）

A. 无形资产使用费收入　　B. 固定资产租金收入

C. 原材料销售收入　　D. 商品销售收入

解析：选 ABCD。收入包括主营业务收入和其他业务收入。收入按性质不同，可分为销售商品收入、提供劳务收入、让渡资产使用权收入等。

8. 下列各项中，可对利润总额产生影响的有（　　）

A. 营业外支出　　B. 营业利润

C. 投资收益　　D. 营业外收入

解析：选 ABCD。利润反映收入减去费用、直接记入当期利润的利得减去

损失后的净额。利润的确认主要依赖于收入和费用，以及直接记入当期利润的利得和损失的确认，其金额的确定也主要取决于收入、费用、利得、损失金额的计量。

9．甲公司购入不需要安装即可投入使用的生产设备一台，取得的增值税专用发票上注明的设备价款为30万元，增值税额为5.1万元（根据税法有关规定允许抵扣），款项通过银行转账支付。下列相关会计处理中，正确的有（　　）

A．借记“固定资产”科目30万元

B．贷记“银行存款”科目35.1万元

C．借记“固定资产”科目35.1万元

D．借记“应交税费”科目5.1万元

解析：选ABD。公司购入不需要安装的生产设备应直接记入“固定资产”账户，涉及的增值税进项税额应单独核算。

10．下列各项中，属于企业支出的有（　　）

A．因地震损失的财物　　B．因违反税法规定形成的罚款支出

C．给职工发放生日礼金　　D．购买A公司股票10万股

解析：选ABCD。支出包括经营性支出、投资性支出和营业外支出三类，正常生产经营活动的支出就是经营性支出，购置长期资产的支出就是投资性支出，非正常的损失就是营业外支出。

11．下列各项税费中，通过“营业税金及附加”科目核算的有（　　）

A．营业税　　B．城市维护建设税

C．增值税　　D．教育费附加

解析：选ABD。“营业税金及附加”账户属于损益类账户，用以核算企业经营活动发生的营业税、消费税、城市维护建设税、资源税和教育费附加等相关税费。需注意的是，房产税、车船使用税、土地使用税、印花税通过“管理费用”账户核算，但与投资性房地产相关的房产税、土地使用税通过该账户核算。

12．期末结平各损益类账户时，“本年利润”账户贷方的对应账户有（　　）

A．营业税金及附加　　B．投资收益

C．主营业务收入　　D．主营业务成本

解析：选BC。期末主营业务收入、投资收益等收入类账户转入“本年利润”账户贷方，营业税金及附加、主营业务成本等费用支出类账户转入“本年利润”账户借方。

13. 下列各项中，工业企业应确认为其他业务收入的有（　　）

A. 转让商标使用权收入　　B. 对外销售材料收入

C. 处置固定资产净收益　　D. 出售专利所有权收入

解析：选 AB。主营业务收入是由企业的主营业务所带来的收入，如产品销售；其他业务收入是除主营业务活动以外的其他经营活动实现的收入，如销售材料、让渡资产使用权收入等。

14. 下列所有者权益项目中，由企业净利润形成的有（　　）

A. 资本公积　　B. 盈余公积

C. 实收资本　　D. 未分配利润

解析：选 BD。所有者权益是指企业资产扣除负债后由所有者享有的剩余权益。所有者权益的来源包括所有者投入的资本、直接记入所有者权益的利得和损失、留存收益等。

15. 下列各项中，属于制造费用的有（　　）

A. 产品销售人员薪酬　　B. 车间管理人员薪酬

C. 车间生产设备折旧费　　D. 企业总部行政管理人员薪酬

解析：选 BC。费用按照受益原则核算，凡生产车间使用的各项费用，均记入制造费用，包括人员工资、机物料耗费、水电费、办公费等。选项 A 记入销售费用，选项 D 记入管理费用。

16. 下列各项中，属于企业生产经营过程中形成的债务项目有（　　）

A. 应付职工薪酬　　B. 应付账款

C. 应交税费　　D. 短期借款

解析：选 ABCD。选项均属于企业生产经营过程中形成的债务项目。

17. 下列各项中，通过“其他货币资金”科目核算的有（　　）

A. 外埠存款　　B. 银行汇票存款

C. 信用卡存款　　D. 银行本票存款

解析：选 ABCD。其他货币资金主要包括外埠存款、银行汇票存款、银行本票存款、信用证保证金和信用卡存款等。

18. 下列各项中，应当记入产品成本的有（　　）

A. 产品促销广告费　　B. 生产产品耗用的直接材料

C. 生产产品用机器设备计提折旧　　D. 直接从事产品生产的工人工资

解析：选 BCD。选项 A 应记入销售费用。

19. 2014 年 3 月 12 日，思茅公司与火星公司签订原材料采购合同，并向火星公司预付货款 72 万元；4 月 30 日，思茅公司收到火星公司发来的材料并验收入库，取得的增值税专用发票上记载的价款为 180 万元，增值税额为

30.6 万元，思茅公司当即以银行存款补付剩余款项 138.6 万元。下列会计分录中，正确的有（　）

A. 借：应收账款——火星公司　72
　　贷：银行存款　72

B. 借：预付账款——火星公司　138.6
　　贷：银行存款　138.6

C. 借：预付账款——火星公司　72
　　贷：银行存款　72

D. 借：原材料　180
　　　应交税费——应交增值税（进项税额）　30.6
　　贷：预付账款——火星公司　210.6

解析：选 BCD。该公司采用预付账款方式采购材料，应通过“预付账款”账户核算。

20. 固定资产报废会计处理中，最终的净损益应作为（　）处理

A. 资本公积　　B. 营业外收入
C. 其他业务收入　　D. 营业外支出

解析：选 BD。固定资产报废会计处理中，净收益记入营业外收入，净损失记入营业外支出。

二、单项选择题（共 20 题，为保证复习效果，对不懂的题目应做标记，以便更好地复习巩固。建议学习时间为 10 分钟）

1. 企业向银行借入 2 年期的借款 120 000 元，存入银行，正确的会计分录是（　）

A. 借：银行存款　120 000
　　贷：长期借款　120 000

B. 借：短期借款　120 000
　　贷：银行存款　120 000

C. 借：银行存款　120 000
　　贷：短期借款　120 000

D. 借：银行存款　120 000
　　贷：应付账款　120 000

解析：选 A。企业借入期限 2 年的银行借款是长期借款，引起企业银行存款和长期借款同时增加。

2．“预付账款”账户的期末借方余额反映的是（　　）

A．本期向供应单位支付的款项

B．应付账款

C．向供应单位预付、现已收到货物的款项

D．向供应单位预付、尚未收到货物的款项

解析：选 D。“预付账款”账户是核算企业按照购货合同规定预付给供应单位的款项预付账款。该账户期末如为借方余额，则反映企业预付的款项；期末如为贷方余额，则反映企业尚未补付的款项。

3．下列各项中，应当贷记“坏账准备”科目的是（　　）

A．冲减多计提的坏账准备　　　　B．计提坏账准备

C．冲销无法支付的应付账款　　　D．确认实际发生的坏账损失

解析：选 B。“坏账准备”科目是核算应收账款的坏账准备计提、转销等情况。“坏账准备”科目的贷方登记当期应计提的坏账准备金额，借方登记实际发生的坏账损失金额和冲减的坏账准备金额，期末余额一般在贷方，反映企业已经计提但尚未转销的坏账准备。

4．2014 年 4 月 1 日，甲公司因生产经营的临时性需要从银行取得借款 400 000 元，借款期限 6 个月，年利率为 6%，到期还本，按月计提利息，按季付息。该公司确认 4 月份利息费用的会计分录为（　　）

A．借：管理费用　　2 000

　　贷：应付利息　　2 000

B．借：应付利息　　2 000

　　贷：银行存款　　2 000

C．借：财务费用　　2 000

　　贷：短期借款　　2 000

D．借：财务费用　　2 000

　　贷：应付利息　　2 000

解析：选 D。生产经营的临时性借款，期限 6 个月，为短期借款。在计提应付未付借款利息时，应记入“财务费用”账户及“应付利息”账户。4 月份利息费用 $=400\ 000 \times 6\% \div 12 = 2\ 000$（元）。

5．某公司出售不需要使用的设备一台，发生的相关经济业务，应通过（　　）科目进行核算

A．待处理财产损溢　　　　B．长期股权投资

C．固定资产清理　　　　　D．固定资产

解析：选 C。出售机器设备等固定资产，应通过“固定资产清理”账户汇算收入和支出，最后计算出售产生的净收益或净损失。

6. 丙公司盈余公积年初余额为50万元，本年利润总额为600万元，所得税费用为150万元，按当年净利润的10%提取法定盈余公积，按当年净利润的5%提取任意盈余公积。该公司盈余公积年末余额为（　　）万元

A. 50　　B. 117.5　　C. 140　　D. 67.5

解析：选B。该公司盈余公积年末余额 = 50 +（600 − 150）×10% +（600 −150）×5% =117.5（万元）。

7. 企业期末结转利润时，下列各项中，不应将其科目转入“本年利润”科目的是（　　）

A. 销售费用　　B. 财务费用　　C. 管理费用　　D. 制造费用

解析：选D。企业期末结转利润时，应将损益类账户发生额结转入“本年利润”账户。选项D是成本类账户，不应将其科目转入“本年利润”科目。

8. 某公司购买了一项特许权，成本为600万元，合同规定受益年限为5年。该公司每月应摊销的金额为（　　）万元

A. 50　　B. 40　　C. 10　　D. 120

解析：选C。无形资产按照收益年限摊销，该公司每月应摊销的金额 = 600 ÷5 ÷12 =10（万元）。

9. 下列会计科目中，企业在计提固定资产折旧时不可能涉及的是（　　）

A. 制造费用　　B. 累计折旧　　C. 固定资产　　D. 管理费用

解析：选C。企业在计提固定资产折旧时，将折旧费按照受益原则记入相关成本、费用账户，不直接冲销固定资产价值。

10. 分配生产车间直接参加产品生产工人的职工薪酬时，应借记的账户是（　　）

A. 应付职工薪酬　　B. 生产成本

C. 制造费用　　D. 管理费用

解析：选B。生产车间直接参加产品生产工人的职工薪酬是生产产品的直接费用，应记入“生产成本”账户。

11. 企业计提固定资产折旧时，下列会计分录中，不正确的是（　　）

A. 计提专设销售机构固定资产折旧：借记“销售费用”科目，贷记“累计折旧”科目

B. 计提公司总部行政管理部门固定资产折旧：借记“管理费用”科目，贷记“累计折旧”科目

C. 计提生产车间固定资产折旧：借记“生产成本”科目，贷记“累计折旧”科目

D. 计提自建工程使用的固定资产折旧：借记“在建工程”科目，贷记“累计折旧”科目

解析：选 C。企业计提固定资产折旧时，计提生产车间固定资产折旧应记入“制造费用”账户。

12. 某公司只生产和销售甲产品，5 月份发生如下费用：生产领用材料 6 万元，生产工人工资 2 万元，制造费用 1 万元，总部行政管理部门物料消耗 1.5 万元，专设销售机构固定资产折旧费 0.8 万元。假定甲产品全部当月投产当月完工，该公司 5 月份完工甲产品的生产成本为（　　）万元

A. 11.3　　B. 10.5　　C. 8　　D. 9

解析：选 D。该公司 5 月份完工甲产品的生产成本 = 生产领用材料 + 生产工人工资 + 制造费用 = 6 + 2 + 1 = 9（万元）。

13. 企业期末计算确定当期应交所得税，下列会计分录中，正确的是（　　）

A. 借记“所得税费用”科目，贷记“应交税费”科目

B. 借记“应交税费”科目，贷记“银行存款”科目

C. 借记“本年利润”科目，贷记“所得税费用”科目

D. 借记“所得税费用”科目，贷记“本年利润”科目

解析：选 A。选项 B 为上交所得税，选项 C 为结转所得税费用，选项 D 的账户对应关系是错误的。

14. 下列各项中，不应记入产品成本的是（　　）

A. 生产成品用机器设备折旧　　B. 直接从事产品生产的工人工资

C. 厂部管理人员工资　　D. 生产产品耗用的直接材料

解析：选 C。厂部管理人员工资应记入管理费用。

15. 某公司当年应纳税所得额为 200 000 元，适用企业所得税率为 25%，假定不存在其他调整事项，该公司计算确定当年应交企业所得税的会计分录是（　　）

A. 借：营业税金及附加　　50 000
　　贷：应交税费　　50 000

B. 借：所得税费用　　50 000
　　贷：应交税费　　50 000

C. 借：管理费用　　50 000
　　贷：应交税费　　50 000

D. 借：应交税费　　50 000
　　贷：所得税费用　　50 000

解析：选 B。计算确定企业所得税的会计分录应为：借：所得税费用；贷：应交税费。

16. 已经确认收入的销售商品发生销售折让的时候应该（　　）

A. 记入当期的财务费用　　B. 冲减主营业务收入

C. 冲减其他业务收入　　D. 记入其他业务支出

解析：选 B。发生销售折让的时候应该冲减主营业务收入，发生现金折扣的时候应该记入财务费用。

17. 某公司2014年3月初“应付账款”科目贷方余额30 000元，当月预收购货单位订金1 000元，欠供货商货款23 400元（含增值税额3 400元），已归还原欠货款20 000元，当月“应付账款”科目期末余额为（　　）元

A. 33 400　　B. 29 000　　C. 31 000　　D. 34 400

解析：选 A。“应付账款”账户期末余额 = 30 000 + 23 400 − 20 000 = 33 400（元）。

18. 某公司本期有应收账款200万元，预计未来净现金流入量的现值是180万元，原有“坏账准备”贷方余额2万元，本期应补提坏账准备贷方（　　）万元

A. 18　　B. 2　　C. 20　　D. 1

解析：选 A。应补提的坏账准备 = 应计提的坏账准备 − 坏账准备的贷方余额（或 + 坏账准备的借方余额） = （200 − 180） − 2 = 18（万元）。

19. 某公司2013年12月5日购入一台不需要安装的生产设备，设备的买价为10 000元（不考虑增值税），采购过程中发生运费、保险费300元。该设备预计使用年限为10年，采用平均年限法计提折旧。2014年该设备计提的折旧额为（　　）元

A. 1 000　　B. 1 050　　C. 1 030　　D. 1 020

解析：选 C。固定资产入账价值 = 10 000 + 300 = 10 300（元）。2014年应该计提的折旧额 = 10 300 ÷ 10 = 1 030（元）。

20. 下列各项中，属于款项的是（　　）

A. 可转换债券　　B. 商业承兑汇票

C. 银行汇票存款　　D. 银行承兑汇票

解析：选 C。款项是作为支付手段的货币资金，主要包括库存现金、银行存款以及其他视同库存现金或银行存款使用的外埠存款、银行汇票存款、银行本票存款、信用卡存款和信用证存款等。

三、判断题（共 20 题，建议学习时间为 10 分钟。应快速通读，对有疑问的题目重点阅读其解析，并做标记）

1. 年度终了，企业应将“本年利润”科目的本年累计月转入“利润分配——未分配利润”科目。(　　)

答案：对。

2. 投资者投入的固定资产，应按投资方原有账面价值作为入账价值。(　　)

解析：错。投资者投入的固定资产，应按投资合同或协议约定价值确定成本，但合同或协议约定价值不公允的，应按固定资产的公允价值确定。若涉及国有企业或外资企业的，则必须经过专业评估公司评估，以评估结果入账。

3. 发生销货退回的，除填制退货发票外，还必须有退货验收证明：退款时，必须取得对方的收款收据或者汇款银行的凭证，不得以退货发票代替收据。(　　)

答案：对。

4. 委托收款结算方式同城异地均可使用，不受金额起点限制。(　　)

答案：对。

5. 企业收到投资者出资额超过其在注册资本中所占份额的部分，应当记入盈余公积。(　　)

解析：错。企业收到投资者出资额超过其在注册资本中所占份额的部分，应当记入资本公积。

6. 对于材料已收到，但月末结算凭证仍然未到的业务，不能记入“原材料”账户核算。(　　)

解析：错。这种情况下材料应暂估入账，仍然通过“原材料”账户进行核算。

7. 营业利润是以营业收入为基础的，减去营业成本、营业税金及附加、销售费用、管理费用、财务费用、资产减值损失，加上公允价值变动收益（或减去公允价值变动损失），加上投资收益（或减去投资损失）计算出来的。(　　)

答案：对。

8. 通常情况下，如果企业发生了亏损，表明企业的所有者权益将减少，业绩下滑。(　　)

答案：对。

9. 年数总和法计提折旧的特点是计提的折旧额逐年递增。(　　)

解析：错。年数总和法是一种加速折旧方法，前期计提的折旧多，后期计提的折旧少，即计提的折旧额是逐年递减的。

10. 企业为取得交易性金融资产发生的交易费用应当在发生时直接记入当期损益。(　　)

解析：错。企业为取得交易性金融资产发生的交易费用应当在发生时直接记入投资收益。

11. 交易性金融资产主要是指企业为了近期内出售而持有的金融资产，如企业以取得控制权为目的从二级市场购入的股票、债券、基金等。(　　)

解析：错。交易性金融资产主要是指企业为了近期内出售而持有的金融资产，如企业以赚取差价为目的从二级市场购入的股票、债券、基金等。

12. 企业如果发生亏损，可以用以后年度实现的利润弥补，但不可以用以前年度提取的盈余公积弥补。企业以前年度亏损未弥补完，不能提取法定盈余公积和任意盈余公积。(　　)

解析：错。企业如果发生亏损，可以用以后年度实现的利润弥补，也可以用以前年度提取的盈余公积弥补。

13. 某公司以 1 260 万元购入了一项特许权，合同规定受益年限为 6 年。该特许权每月应摊销 17.5 万元。(　　)

解析：对。每月应摊销金额 $=1\,260\div6\div12=17.5$（万元）。

14. 企业开立的一般存款账户，主要用于办理日常转账结算和现金收付。(　　)

解析：错。办理日常转账结算和现金收付是基本存款账户。

15. 预付账款可以在“应付账款”账户核算，因此，预付账款是企业的一项负债。(　　)

解析：错。预付账款是企业的一项债权，是资产。

16. 资本公积的形成与企业净利润无关。(　　)

解析：对。资本公积是指企业收到投资者出资额超出其在注册资本或股本中所占份额的部分，以及直接记入所有者权益的利得和损失等，它的形成与企业净利润无关。

17. 计划成本法下，企业已经支付货款，但尚在运输途中或尚未验收入库的材料，应该通过“在途物资”账户进行核算。(　　)

解析：错。计划成本法下，应通过“材料采购”账户核算。

18. 企业在提取法定盈余公积前不得向投资者分配利润。(　　)

解析：对。企业向投资者分配利润，应按一定的顺序进行。按照我国《公司法》的有关规定，利润分配应按下列顺序进行：①计算可供分配的利润；②提取法定盈余公积；③提取任意盈余公积；④向投资者分配利润（或股利)。

19. 企业用资本公积按规定程序转增资本，虽然增加了企业的注册资本，但不改变企业所有者权益的总额。(　　)

解析：对。企业用资本公积按规定程序转增资本，是企业所有者权益项目内部变动，不改变企业所有者权益的总额。

20. 企业在一定时期内为生产一定种类、一定数量的产品所支出的各种费用的总和，成为制造费用。(　　)

解析：错。企业在一定时期内为生产一定种类、一定数量的产品所支出的各种费用的总和，成为生产成本。

四、计算分析题（共2题，建议学习时间为24分钟。此类题目分数比重大，要求认真、细致地完成）

1. 开凯公司发生下列固定资产业务，请据以编制相关会计分录。

(1) 从国内购入一条生产流水线，价款500万元，增值税额85万元，运输费和保险费8万元，公司开出期限为60天的商业承兑汇票一次性支付价税及运费等593万元。

(2) 生产流水线运抵公司后，请专业安装公司进行安装调试，安装调试费用2万元，通过银行支付。生产线经过试运行，开始正常生产。

(3) 公司因遭受水灾而毁损一个仓库，该仓库原价为400万元，已计提折旧120万元，未计提减值准备。

(4) 毁损仓库发生的清理费用1.2万元，以现金支付。经保险公司核定应赔偿损失150万元，赔款尚未收到。

(5) 仓库清理完毕，结转相关费用。

解析：

(1) 借：在建工程　　508
　　　　应交税费——应交增值税（进项税额）　　85
　　贷：应付票据　　593

(2) 借：在建工程　　2
　　贷：银行存款　　2
　　借：固定资产　　510
　　贷：在建工程　　510

(3) 借：固定资产清理　　280
　　　　累计折旧　　120
　　贷：固定资产　　400

（4）借：固定资产清理　　1.2
　　贷：库存现金　　1.2
　借：其他应收款　　150
　　贷：固定资产清理　　150
（5）借：营业外支出　　131.2
　　贷：固定资产清理　　131.2

2. 道普公司为增值税一般纳税人，201×年5月份发生的有关经济业务如下：

（1）从银行提取现金10万元。

（2）向购货单位发出产品一批，开出的增值税专用发票所列价款500万元，增值税额85万元，共计585万元。原已向购货单位预收货款450万元，不足部分购货单位以银行存款补付。该批产品实际成本300万元。

（3）购入A材料900公斤，每公斤0.5万元，保险费26万元，增值税额76.5万元，相关款项以银行存款支付。材料已验收入库。

（4）本月领用材料1 800万元，其中，制造产品领用1 200万元，车间一般耗用400万元，企业行政管理部门领用200万元。

（5）本月计提固定资产折旧260万元，其中，车间使用的固定资产计提折旧200万元。企业行政管理部门使用的固定资产计提折旧60万元。

要求：根据以上资料，逐笔编制相应的会计分录（金额单位：万元）。

解析：

（1）借：库存现金　　10
　　贷：银行存款　　10
（2）借：预收账款　　585
　　贷：主营业务收入　　500
　　　　应交税费——应交增值税（销项税额）　　85
　借：银行存款　　135
　　贷：预收账款　　135
　借：主营业务成本　　300
　　贷：库存商品　　300
（3）借：原材料　　476
　　　应交税费——应交增值税（进项税额）　　76.5
　　贷：银行存款　　552.5

（4）借：生产成本　　1 200
　　　　制造费用　　400
　　　　管理费用　　200
　　　贷：原材料　　　1 800
（5）借：制造费用　　200
　　　　管理费用　　60
　　　贷：累计折旧　　　260

第二环节　知识图表　面面俱到

第一节　企业的主要经济业务

企业的经济业务	资金筹集、设备购置、材料采购、产品生产、商品销售和利润分配
账务处理的主要内容	①资金筹集业务的账务处理；②固定资产业务的账务处理；③材料采购业务的账务处理；④生产业务的账务处理；⑤销售业务的账务处理；⑥期间费用的账务处理；⑦利润形成与分配业务的账务处理

第二节　资金筹集业务的账务处理

所有者权益筹资业务	所有者投入资本的构成	按照投资主体的不同可以分为国家资本金、法人资本金、个人资本金和外商资本金等。主要包括实收资本（或股本）、资本公积和银行存款
	账户设置	(1)“实收资本（或股本）”账户 (2)“资本公积”账户 (3)“银行存款”账户
	账务处理	企业接受投资者投入的资本，借记“银行存款”、“固定资产”、“无形资产”、“长期股权投资”等科目，按其在注册资本或股本中所占份额，贷记“实收资本（或股本）”科目，按其差额，贷记“资本公积——资本溢价（或股本溢价）”科目
负债筹资业务	负债筹资的构成	短期借款、长期借款以及结算形成的负债等
	账户设置	(1)“短期借款”账户 (2)“长期借款”账户 (3)“应付利息”账户 (4)“财务费用”账户

（续上表）

负债筹资业务	账务处理	（1）短期借款的账务处理：企业借入的各种短期借款，借记“银行存款”科目，贷记“短期借款”科目；归还借款时做相反的会计分录 资产负债表日，应按计算确定的短期借款利息费用，借记“财务费用”科目，贷记“银行存款”、“应付利息”等科目 （2）长期借款的账务处理：企业借入长期借款，应按实际收到的金额借记“银行存款”科目，按借款本金贷记“长期借款——本金”科目，如存在差额，还应借记“长期借款——利息调整”科目 资产负债表日，应按计算确定的长期借款利息费用，借记“在建工程”、“制造费用”、“财务费用”、“研发支出”等科目，按确定的应付未付利息，贷记“应付利息”科目，按其差额，贷记“长期借款——利息调整”等科目

第三节　固定资产业务的账务处理

概念	为生产商品、提供劳务、出租或者经营管理而持有、使用寿命超过一个会计年度的有形资产
特征	同时具有以下特征：①属于一种有形资产；②为生产商品、提供劳务、出租或者经营管理而持有；③使用寿命超过一个会计年度
成本	企业购建某项固定资产达到预定可使用状态前所发生的一切合理、必要的支出 外购固定资产的成本，包括购买价款、相关税费［2009 年 1 月 1 日增值税转型改革后，企业购建（包括购进、接受捐赠、实物投资、自制、改扩建和安装）生产用固定资产发生的增值税进项税额可以从销项税额中抵扣］、使固定资产达到预定可使用状态前所发生的可归属于该项资产的运输费、装卸费、安装费和专业人员服务费等

（续上表）

<table>
<tr><td rowspan="2">折旧</td><td colspan="2">在固定资产使用寿命内，按照确定的方法对应计折旧额进行的系统分摊</td></tr>
<tr><td>方法：年限平均法、工作量法、双倍余额递减法和年数总和法（考纲重点是年限平均法和工作量法）</td><td>（1）年限平均法，又称直线法，是指将固定资产的应计折旧额均匀地分摊到固定资产预计使用寿命内的一种方法。各月应计提折旧额的计算公式如下：
月折旧额＝（固定资产原价－预计净残值）×月折旧率
$年折旧率=\frac{1}{预计使用寿命（年）}\times 100\%$
（2）工作量法，是根据实际工作量计算每期应计提折旧额的一种方法。计算公式如下：
月折旧额＝固定资产当月工作量×单位工作量折旧额
其中：
$单位工作量折旧额=\frac{固定资产原价\times（1-预计净残值率）}{预计总工作量}$</td></tr>
<tr><td>账户设置</td><td colspan="2">（1）“在建工程”账户
（2）“工程物资”账户
（3）“固定资产”账户
（4）“累计折旧”账户</td></tr>
<tr><td>账务处理</td><td colspan="2">（1）固定资产的购入：企业购入不需要安装的固定资产，按应记入固定资产成本的金额，借记“固定资产”、“应交税费——应交增值税（进项税额）”科目，贷记“银行存款”等科目
（2）固定资产的折旧：企业按月计提的固定资产折旧，根据固定资产的用途记入相关资产的成本或者当期损益，借记“制造费用”、“销售费用”、“管理费用”、“研发支出”、“其他业务成本”等科目，贷记“累计折旧”科目</td></tr>
</table>

第四节　材料采购业务的账务处理

<table>
<tr><td>材料的采购成本</td><td colspan="3">企业物资从采购到入库前所发生的全部支出，包括购买价款、相关税费、运输费、装卸费、保险费以及其他可归属于采购成本的费用</td></tr>
<tr><td>账户设置</td><td colspan="3">（1）“原材料”账户
（2）“材料采购”账户
（3）“材料成本差异”账户
（4）“在途物资”账户
（5）“应付账款”账户
（6）“应付票据”账户
（7）“预付账款”账户
（8）“应交税费”账户</td></tr>
<tr><td rowspan="2">账务处理</td><td rowspan="2">实际成本法核算的账务处理</td><td>材料已验收入库</td><td>如果货款已经支付，发票账单已到，材料已验收入库，按支付的实际金额，借记“原材料”、“应交税费——应交增值税（进项税额）”等科目，贷记“银行存款”、“预付账款”等科目
如果货款尚未支付，材料已经验收入库，按相关发票凭证上应付的金额，借记“原材料”、“应交税费——应交增值税（进项税额）”等科目，贷记“应付账款”、“应付票据”等科目
如果货款尚未支付，材料已经验收入库，但月末仍未收到相关发票凭证，按照暂估价入账，即借记“原材料”科目，贷记“应付账款”等科目。下月初做相反分录予以冲回，收到相关发票账单后再编制会计分录</td></tr>
<tr><td>材料尚未验收入库</td><td>如果货款已经支付，发票账单已到，但材料尚未验收入库，按支付的金额，借记“在途物资”、“应交税费——应交增值税（进项税额）”等科目，贷记“银行存款”等科目；待验收入库时再做后续分录
对于可以抵扣的增值税进项税额，一般纳税人企业应根据收到的增值税专用发票上注明的增值税额，借记“应交税费——应交增值税（进项税额）”科目</td></tr>
</table>

（续上表）

账务处理	计划成本法核算的账务处理	材料已验收入库	如果货款已经支付，发票账单已到，材料已验收入库，按支付的实际金额，借记“材料采购”科目，贷记“银行存款”科目；按计划成本金额，借记“原材料”科目，贷记“材料采购”科目；按计划成本与实际成本之间的差额，借记（或贷记）“材料采购”科目，贷记（或借记）“材料成本差异”科目
			如果货款尚未支付，材料已经验收入库，按相关发票凭证上应付的金额，借记“材料采购”科目，贷记“应付账款”、“应付票据”等科目；按计划成本金额，借记“原材料”科目，贷记“材料采购”科目；按计划成本与实际成本之间的差额，借记（或贷记）“材料采购”科目，贷记（或借记）“材料成本差异”科目
			如果材料已经验收入库，货款尚未支付，月末仍未收到相关发票凭证，按照计划成本暂估入账，即借记“原材料”科目，贷记“应付账款”等科目。下月初做相反分录予以冲回，收到账单后再编制会计分录
		材料尚未验收入库	如果相关发票凭证已到，但材料尚未验收入库，按支付或应付的实际金额，借记“材料采购”科目，贷记“银行存款”、“应付账款”等科目；待验收入库时再做后续分录。对于可以抵扣的增值税进项税额，一般纳税人企业应根据收到的增值税专用发票上注明的增值税额，借记“应交税费——应交增值税（进项税额）”科目

第五节　生产业务的账务处理

生产费用的构成	与企业日常生产经营活动有关的费用	
	分类	直接材料——构成产品实体的原材料以及有助于产品形成的主要材料和辅助材料 直接人工——直接从事产品生产的工人的职工薪酬 制造费用——企业为生产产品和提供劳务而发生的各项间接费用

（续上表）

账户设置	（1）“生产成本”账户 （2）“制造费用”账户 （3）“库存商品”账户 （4）“应付职工薪酬”账户	
账务处理	材料费用的归集与分配	在确定材料费用时，应根据领料凭证区分车间、部门和不同用途，按照确定的结果将发出材料的成本借记“生产成本”、“制造费用”、“管理费用”等科目，贷记“原材料”等科目 对于直接用于某种产品生产的材料费用，应直接记入该产品生产成本明细账中的直接材料费用项目；对于由多种产品共同耗用、应由这些产品共同负担的材料费用，应选择适当的标准在这些产品之间进行分配，按分担的金额记入相应的成本计算对象（生产产品的品种、类别等）；对于为提供生产条件等间接消耗的各种材料费用，应先通过“制造费用”科目进行归集，期末再同其他间接费用一起按照一定的标准分配记入有关产品成本；对于行政管理部门领用的材料费用，应记入“管理费用”科目
	职工薪酬的归集与分配	（1）应由生产产品、提供劳务负担的短期职工薪酬，记入产品成本或劳务成本。其中，生产工人的短期职工薪酬应借记“生产成本”科目，贷记“应付职工薪酬”科目；生产车间管理人员的短期职工薪酬属于间接费用，应借记“制造费用”科目，贷记“应付职工薪酬”科目 当企业采用计件工资制时，生产工人的短期职工薪酬属于直接费用，应直接记入有关产品的成本。当企业采用计时工资制时，对于只生产一种产品的生产工人的短期职工薪酬也属于直接费用，应直接记入产品成本；对于同时生产多种产品的生产工人的短期职工薪酬，则需采用一定的分配标准（实际生产工时或定额生产工时等）分配，记入产品成本 （2）应由在建工程、无形资产负担的短期职工薪酬，记入建造固定资产或无形资产成本 （3）除上述两种情况之外的其他短期职工薪酬应记入当期损益。如企业行政管理部门人员和专设销售机构销售人员的短期职工薪酬均属于期间费用，应分别借记“管理费用”、“销售费用”等科目，贷记“应付职工薪酬”科目

（续上表）

账务处理	制造费用的归集与分配	企业发生的制造费用，应当按照合理的分配标准按月分配，记入各成本核算对象的生产成本。企业可以采取的分配标准包括机器工时、人工工时、计划分配率等 企业发生制造费用时，借记“制造费用”科目，贷记“累计折旧”、“银行存款”、“应付职工薪酬”等科目；结转或分摊时，借记“生产成本”等科目，贷记“制造费用”科目
	完工产品生产成本的计算与结转	企业应设置产品生产成本明细账，用来归集应记入各种产品的生产费用。通过对材料费用、职工薪酬和制造费用的归集和分配，企业各月生产产品所发生的生产费用已记入“生产成本”科目中 如果月末某种产品全部完工，该种产品生产成本明细账所归集的费用总额就是该种完工产品的总成本，用完工产品总成本除以该种产品的完工总产量即可计算出该种产品的单位成本。如果月末某种产品全部未完工，该种产品生产成本明细账所归集的费用总额就是该种产品在产品的总成本 如果月末某种产品一部分完工，一部分未完工，这时归集在产品成本明细账中的费用总额还要采取适当的分配方法在完工产品和在产品之间进行分配，然后才能计算出完工产品的总成本和单位成本。完工产品成本的基本计算公式为： 完工产品生产成本 = 期初在产品成本 + 本期发生的生产费用 − 期末在产品成本 当产品生产完成并验收入库时，借记“库存商品”科目，贷记“生产成本”科目

第六节　销售业务的账务处理

商品销售收入的确认与计量	必须同时符合以下条件： （1）企业已将商品所有权上的主要风险和报酬转移给购货方 （2）企业既没有保留通常与商品所有权相联系的继续管理权，也没有对已售出的商品实施控制 （3）收入的金额能够可靠地计量 （4）相关的经济利益很可能流入企业 （5）相关的已发生或将发生的成本能够可靠地计量

（续上表）

<table>
<tr><td>账户设置</td><td colspan="2">（1）“主营业务收入”账户
（2）“其他业务收入”账户
（3）“应收账款”账户
（4）“应收票据”账户
（5）“预收账款”账户
（6）“主营业务成本”账户
（7）“其他业务成本”账户
（8）“营业税金及附加”账户</td></tr>
<tr><td rowspan="3">账务处理</td><td>主营业务收入的账务处理</td><td>企业销售商品或提供劳务实现的收入，应按实际收到、应收或者预收的金额，借记“银行存款”、“应收账款”、“应收票据”、“预收账款”等科目，按确认的营业收入，贷记“主营业务收入”科目
对于增值税销项税额，一般纳税人应贷记“应交税费——应交增值税（销项税额）”科目；小规模纳税人应贷记“应交税费——应交增值税”科目</td></tr>
<tr><td>主营业务成本的账务处理</td><td>期（月）末，企业应根据本期（月）销售各种商品、提供各种劳务等实际成本，计算应结转的主营业务成本，借记“主营业务成本”科目，贷记“库存商品”、“劳务成本”等科目
采用计划成本或售价核算库存商品的，平时的营业成本按计划成本或售价结转，月末，还应结转本月销售商品应分摊的产品成本差异或商品进销差价</td></tr>
<tr><td>其他业务收入与成本的账务处理</td><td>主营业务和其他业务的划分并不是绝对的，一个企业的主营业务可能是另一个企业的其他业务，即便在同一个企业，不同期间的主营业务和其他业务的内容也不是固定不变的
当企业发生其他业务收入时，借记“银行存款”、“应收账款”、“应收票据”等科目，按确定的收入金额，贷记“其他业务收入”科目，同时确认有关税金；在结转其他业务收入的同一会计期间，企业应根据本期应结转的其他业务成本金额，借记“其他业务成本”科目，贷记“原材料”、“累计折旧”、“应付职工薪酬”等科目</td></tr>
</table>

第七节　期间费用的账务处理

<table>
<tr><td rowspan="2">期间费用的构成</td><td>定义</td><td colspan="2">企业日常活动中不能直接归属于某个特定成本核算对象的，在发生时应直接记入当期损益的各种费用</td></tr>
<tr><td>分类</td><td colspan="2">管理费用——企业为组织和管理企业生产经营活动所发生的各种费用
销售费用——企业在销售商品和材料、提供劳务的过程中发生的各种费用
财务费用——企业为筹集生产经营所需资金等而发生的筹资费用</td></tr>
<tr><td>账户设置</td><td colspan="3">（1）“管理费用”账户
（2）“销售费用”账户
（3）“财务费用”账户</td></tr>
<tr><td rowspan="3">账务处理</td><td colspan="2">管理费用的账务处理</td><td>企业在筹建期间发生的开办费，包括人员工资、办公费、培训费、差旅费、印刷费、注册登记费以及不记入固定资产成本的借款费用等在实际发生时，借记“管理费用”科目，贷记“应付利息”、“银行存款”等科目
行政管理部门人员的职工薪酬，借记“管理费用”科目，贷记“应付职工薪酬”科目
行政管理部门计提的固定资产折旧，借记“管理费用”科目，贷记“累计折旧”科目
行政管理部门发生的办公费、水电费、业务招待费、聘请中介机构费、咨询费、诉讼费、技术转让费、企业研究费用，借记“管理费用”科目，贷记“银行存款”、“研发支出”等科目</td></tr>
<tr><td colspan="2">销售费用的账务处理</td><td>企业在销售商品过程中发生的包装费、保险费、展览费和广告费、运输费、装卸费等费用，借记“销售费用”科目，贷记“库存现金”、“银行存款”等科目
企业发生的为销售本企业商品而专设的销售机构的职工薪酬、业务费等费用，借记“销售费用”科目，贷记“应付职工薪酬”、“银行存款”、“累计折旧”等科目</td></tr>
<tr><td colspan="2">财务费用的账务处理</td><td>企业发生的财务费用，借记“财务费用”科目，贷记“银行存款”、“应付利息”等科目。发生的应冲减财务费用的利息收入、汇兑损益、现金折扣，借记“银行存款”、“应付账款”等科目，贷记“财务费用”科目</td></tr>
</table>

第八节 利润形成与分配业务的账务处理

<table>
<tr><td rowspan="6">利润形成的账务处理</td><td>定义</td><td colspan="2">利润是指企业在一定会计期间的经营成果，包括收入减去费用后的净额、直接记入当期损益的利得和损失等</td></tr>
<tr><td rowspan="3">分类</td><td>营业利润</td><td>能够比较恰当地反映企业管理者的经营业绩，其计算公式如下：
营业利润 = 营业收入 − 营业成本 − 营业税金及附加 − 销售费用 − 管理费用 − 财务费用 − 资产减值损失 + 公允价值变动收益（或 − 公允价值变动损失）+ 投资收益（或 − 投资损失）
其中，营业收入 = 主营业务收入 + 其他业务收入
营业成本 = 主营业务成本 + 其他业务成本</td></tr>
<tr><td>利润总额</td><td>又称税前利润，是营业利润加上营业外收入减去营业外支出后的金额，其计算公式如下：
利润总额 = 营业利润 + 营业外收入 − 营业外支出</td></tr>
<tr><td>净利润</td><td>又称税后利润，是利润总额扣除所得税费用后的净额，其计算公式如下：
净利润 = 利润总额 − 所得税费用</td></tr>
<tr><td>账户设置</td><td colspan="2">（1）“本年利润”账户
（2）“投资收益”账户
（3）“营业外收入”账户
（4）“营业外支出”账户
（5）“所得税费用”账户</td></tr>
<tr><td>账务处理</td><td colspan="2">会计期末（月末或年末）结转各项收入时，借记“主营业务收入”、“其他业务收入”、“营业外收入”等科目，贷记“本年利润”科目；结转各项支出时，借记“本年利润”科目，贷记“主营业务成本”、“营业税金及附加”、“其他业务成本”、“管理费用”、“财务费用”、“销售费用”、“资产减值损失”、“营业外支出”、“所得税费用”等科目</td></tr>
</table>

（续上表）

<table>
<tr><td rowspan="6">利润分配的账务处理</td><td>利润分配的顺序</td><td colspan="2">（1）计算可供分配的利润
（2）提取法定盈余公积
（3）提取任意盈余公积
（4）向投资者分配利润（或股利）</td></tr>
<tr><td>账户设置</td><td colspan="2">（1）“利润分配”账户
（2）“盈余公积”账户
（3）“应付股利”账户</td></tr>
<tr><td rowspan="4">账务处理</td><td>净利润转入利润分配</td><td>会计期末，企业应将当年实现的净利润转入“利润分配——未分配利润”科目，即借记“本年利润”科目，贷记“利润分配——未分配利润”科目，如为净亏损，则做相反会计分录
结转前，如果“利润分配——未分配利润”明细科目的余额在借方，上述结转当年所实现净利润的分录同时反映了当年实现的净利润自动弥补以前年度亏损的情况。因此，在用当年实现的净利润弥补以前年度亏损时，不需要另行编制会计分录</td></tr>
<tr><td>提取盈余公积</td><td>企业提取的法定盈余公积，借记“利润分配——提取法定盈余公积”科目，贷记“盈余公积——法定盈余公积”科目；提取的任意盈余公积，借记“利润分配——提取任意盈余公积”科目，贷记“盈余公积——任意盈余公积”科目</td></tr>
<tr><td>向投资者分配利润（或股利）</td><td>企业根据股东大会或类似机构审议批准的利润分配方案，按应支付的现金股利或利润，借记“利润分配——应付现金股利”科目，贷记“应付股利”等科目；以股票股利转作股本的金额，借记“利润分配——转作股本股利”科目，贷记“股本”等科目
董事会或类似机构通过的利润分配方案中拟分配的现金股利或利润，不做账务处理，但应在附注中披露</td></tr>
<tr><td>盈余公积补亏</td><td>企业发生的亏损，除用当年实现的净利润弥补外，还可使用累积的盈余公积弥补。以盈余公积弥补亏损时，借记“盈余公积”科目，贷记“利润分配——盈余公积补亏”科目</td></tr>
</table>

（续上表）

利润分配的账务处理	账务处理	企业未分配利润的形成	年度终了，企业应将“利润分配”科目所属其他明细科目的余额转入该科目中的“未分配利润”明细科目，即借记“利润分配——未分配利润”、“利润分配——盈余公积补亏”等科目，贷记“利润分配——提取法定盈余公积”、“利润分配——提取任意盈余公积”、“利润分配——应付现金股利”、“利润分配——转作股本股利”等科目 结转后，“利润分配”科目中除“未分配利润”明细科目外，所属其他明细科目无余额。“未分配利润”明细科目的贷方余额表示累积未分配的利润，该科目如果出现借方余额，则表示累积未弥补的亏损

第三环节　臻题强化　胜券在握

温馨提醒

因考试时多项选择题及计算分析题单位分值为2分/题，特别是多项选择题，不仅单题分值高，题量也多，多项选择题题型分值占40分，“得多选者得会从”，必须保证多项选择题的准确率，方能保证考试通关。因此，考前冲刺应多练多项选择题及计算分析题。

一、多项选择题（共20题，应在16分钟内完成）

1. 企业发生的下列各项费用中，应记入销售费用的有（　　）

A. 销售商品应结转的商品成本　　B. 销售部门办公设备折旧费

C. 销售人员工资　　D. 销售商品广告费

2. 下列关于存货计价与当期收益的关系正确的是（　　）

A. 如果期末存货计价过低，当期收益可能因此而减少

B. 如果期末存货计价过高，当期收益可能因此而增加

C. 如果期初存货计价过低，当期收益可能因此而增加

D. 如果期初存货计价过高，当期收益可能因此而减少

3. 本月应付职工工资5万元，其中生产工人工资4万元，车间管理人员工资2 000元，企业管理人员工资8 000元。下列会计科目中，与该项经济业务相关的有（　　）

A. 管理费用　　B. 生产成本

C. 制造费用　　D. 应付职工薪酬

4. 影响固定资产折旧的因素是（　　）

A. 固定资产原价　　B. 固定资产减值准备

C. 固定资产的净残值　　D. 固定资产的使用寿命

5. 企业发生下列经济业务事项时，应该办理会计手续并进行会计核算的有（　　）

A. 收到货款　　B. 原材料入库

C. 支付职工工资　　D. 签订远期购销合同

6. 下列各项属于其他业务成本的是（　　）

A. 转让无形资产使用权应交的营业税

B. 捐赠支出

C. 罚款支出

D. 经营出租固定资产所发生的折旧

7. 下列关于“坏账准备”科目的表述，正确的有（　　）

A. 期末贷方余额反映企业已计提但尚未转销的坏账准备

B. 期末借方余额反映企业已计提但尚未转销的坏账准备

C. 借方登记实际发生的坏账损失金额和冲减的坏账准备金额

D. 贷方登记当期计提的坏账准备金额

8. 下列各项中，属于制造费用的有（　　）

A. 产品销售人员薪酬　　B. 车间生产设备折旧费

C. 企业总部行政管理人员薪酬　　D. 车间管理人员薪酬

9. 下列各项中，应当贷记“应收账款”科目的有（　　）

A. 因赊销商品而增加应收账款　　B. 计提坏账准备

C. 收回应收账款　　D. 确认实际发生的坏账损失

10. 企业本年实现净利润 67 000 元，年末提取盈余公积 6 700 元，分配投资者利润 20 000 元。下列选项中，正确反映年末利润分配会计分录的有（　　）

A. 借：利润分配　　6 700
　　贷：盈余公积　　6 700

B. 借：利润分配　　20 000
　　贷：应付利润　　20 000

C. 借：本年利润　　67 000
　　贷：利润分配　　67 000

D. 借：利润分配　　67 000
　　贷：本年利润　　67 000

11. 下列各项中，属于财务成果计算和处理的有（　　）

A. 利润的计算　　B. 亏损弥补

C. 利润分配　　D. 所得税的计算

12. 下列业务会导致实收资本增加的是（　　）

A. 资本公积转增资本　　B. 盈余公积转增资本

C. 计提盈余公积　　D. 企业按照法定程序减少注册资本

13. 按照现金保管制度的要求，出纳人员应该（　　）

A. 超过库存限额以外的现金应在下班前送存银行

B. 限额内的库存现金当日核对清楚后，一律放入保险柜内，不得放在办公室内过夜

C. 单位的库存现金不准以个人名义存入银行

D. 库存的纸币和铸币应实行分类保管

14. 下列关于当期应计提坏账准备金额计算公式的表述中，正确的有（　　）

A. 当期应计提的坏账准备 = 当期按应收款项计算应提坏账准备金额 - “坏账准备”科目的贷方余额

B. 当期应计提的坏账准备 = 当期按应收款项计算应提坏账准备金额 + “坏账准备”科目的贷方余额

C. 当期应计提的坏账准备 = 当期按应收款项计算应提坏账准备金额 + “坏账准备”科目的借方余额

D. 当期应计提的坏账准备 = 当期按应收款项计算应提坏账准备金额 - “坏账准备”科目的借方余额

15. 应在“材料成本差异”账户贷方登记的是（　　）

A. 入库材料实际成本小于计划成本的节约差异额

B. 入库材料实际成本大于计划成本的超支差异额

C. 月末分配转出的发出材料应负担的超支差异额

D. 月末分配转出的发出材料应负担的节约差异额

16. 下列各项中，属于计算计时工资的原始记录的有（　　）

A. 考勤记录　　B. 病假证明　　C. 工资卡　　D. 产量记录

17. 可供分配利润主要由（　　）组成

A. 本年实现的利润总额　　B. 本年实现的营业利润

C. 本年实现的净利润　　D. 年初未分配利润

18. 公司支付银行存款 60 000 元购入需要安装的生产设备一台，安装过程中领用原材料 10 000 元，设备安装完毕交付使用（不考虑增值税）。应编制的会计分录有（　　）

A. 借：在建工程　　60 000

　　贷：银行存款　　60 000

B. 借：固定资产　　60 000

　　贷：银行存款　　60 000

C. 借：在建工程　　10 000

贷：原材料 10 000

D. 借：固定资产 70 000

贷：在建工程 70 000

19. 某公司的材料按计划成本法计价核算，“原材料”账户期末余额为 80 000 元，如果：①“材料成本差异”账户为借方余额 6 000 元；②“材料成本差异”账户为贷方余额 5 000 元，则上述两种情况下原材料的实际成本分别为（　　）元

A. 86 000　　B. 85 000　　C. 74 000　　D. 75 000

20. 某公司本会计期间的主营业务收入为 1 700 万元，主营业务成本为 1 190 万元，营业税金及附加为 170 万元，销售费用为 110 万元，管理费用为 100 万元，财务费用为 19 万元，营业外收入为 16 万元，营业外支出为 25 万元，其他业务收入为 200 万元，其他业务成本为 100 万元，应交所得税按利润总额的 25% 计算，其营业利润、利润总额、企业净利润分别为（　　）万元

A. 211　　B. 202　　C. 151.5　　D. 174

二、单项选择题（共 20 题，应在 10 分钟内完成）

1. 甲公司为增值税一般纳税人，持银行汇票 1 872 000 元购入原材料一批，增值税专用发票上记载的货款为 1 600 000 元，增值税额为 272 000 元，材料已验收入库。甲公司应编制的会计分录为（　　）

A. 借：原材料 1 600 000

应交税费——应交增值税（进项税额） 272 000

贷：银行存款 1 872 000

B. 借：原材料 1 872 000

贷：其他货币资金 1 872 000

C. 借：原材料 1 872 000

贷：银行存款 1 872 000

D. 借：原材料 1 600 000

应交税费——应交增值税（进项税额） 272 000

贷：其他货币资金 1 872 000

2. 某公司仓库本期期末盘亏原材料，查明属于自然损耗，经批准后进行会计处理。下列会计分录中，正确的是（　　）

A. 借：待处理财产损溢　　B. 借：待处理财产损溢

贷：管理费用　　贷：原材料

C. 借：营业外支出　　　　　　　　D. 借：管理费用
　　贷：待处理财产损溢　　　　　　　贷：待处理财产损溢

3. 某公司用盈余公积转增了实收资本。下列各项中，表明此业务对会计要素有影响的是（　　）

A. 负债减少　　　　　　　　　　B. 所有者权益增加
C. 所有者权益不变　　　　　　　D. 资产增加

4. 某公司年末“应收账款”科目的借方余额为 60 000 元，坏账准备的计提比例为 5%。年初“坏账准备”账户的贷方余额为 2 000 元，本期未发生与“坏账准备”科目相联系的事项。下列选项中，正确反映年末应计提的坏账准备的是（　　）元

A. 800　　B. 2 000　　C. 1 000　　D. 3 000

5. 财务费用不包括的项目有（　　）

A. 财务人员工资　　　　　　　　B. 利息净支出
C. 商业折扣　　　　　　　　　　D. 支付银行手续费

6. 企业基本生产车间的一台大型设备出租给他人使用，对该设备计提折旧时应借记的会计科目是（　　）

A. 生产成本　　　　　　　　　　B. 制造费用
C. 其他业务成本　　　　　　　　D. 累计折旧

7. 甲公司为增值税一般纳税人，2013 年 8 月 1 日购入不需要安装的生产设备投入使用。该设备价款为 600 万元，增值税额为 102 万元，预计使用寿命 10 年，净残值率为 1%，采用年限平均法计提折旧。该设备 2013 年应计提折旧额为（　　）万元

A. 24.75　　B. 28.957 5　　C. 23.166　　D. 19.80

8. 工业企业结转发出材料成本时，下列会计分录中，不正确的是（　　）

A. 属于公司总部行政管理部门领用材料的：借记“管理费用”科目，贷记“原材料”科目

B. 属于车间管理部门领用材料的：借记“管理费用”科目，贷记“原材料”科目

C. 属于对外销售材料的：借记“其他业务成本”科目，贷记“原材料”科目

D. 属于生产车间领用材料的：借记“生产成本”科目，贷记“原材料”科目

9. 2014 年 3 月 4 日，Y 公司支付 500 万元取得一项股权投资作为交易性金融资产核算，支付价款中包括已宣告尚未领取的现金股利 20 万元。Y 公司

该项交易性金融资产的入账价值为（　　）万元

A. 480　　B. 520　　C. 500　　D. 540

10. 某公司出售闲置的设备，账面原价 21 000 元，已使用两年，已计提折旧4 700 元，出售时发生清理费用400 元，出售价格 18 000 元，假定不考虑其他相关税费，该公司出售设备发生的净损失为（　　）元

A. 500　　B. 900　　C. 500　　D. 1300

11. 下列各项中，不通过“应付职工薪酬”科目核算的是（　　）

A. 应付职工工资　　B. 应付职工津贴补贴

C. 应付职工奖金　　D. 应付职工出差报销款

12. 某公司年末“固定资产”科目余额为 35 万元，固定资产净值为 28 万元，不考虑其他因素，下列表述中，正确的是（　　）

A. “累计折旧”年末借方余额为 63 万元

B. “累计折旧”年末贷方余额为 63 万元

C. “累计折旧”年末贷方余额为 7 万元

D. “累计折旧”年末借方余额为 7 万元

13. 中占公司生产甲、乙两种产品。2014 年 8 月共发生生产工人工资 70 000 元，福利费 10 000 元。上述人工费按生产工时比例在甲、乙产品间分配，其中甲产品的生产工时为 1 200 小时，乙产品的生产工时为 800 小时。该公司生产甲产品应分配的人工费为（　　）元

A. 28 000　　B. 42 000　　C. 48 000　　D. 32 000

14. 某公司仓库本期期末盘亏原材料，查明属于一般经营损失，下列经批准后进行会计处理的分录中，正确的是（　　）

A. 借：待处理财产损溢
　　贷：原材料

B. 借：管理费用
　　贷：待处理财产损溢

C. 借：待处理财产损溢
　　贷：管理费用

D. 借：营业外支出
　　贷：待处理财产损溢

15. 公司报废管理设备一台，原价 400 万元，已折旧 389 万元，残料估价 10 万元（已入库），另支付清理费用 3 万元，则应记入“营业外支出”科目的金额为（　　）万元

A. 13　　B. 9　　C. 4　　D. 3

16. 下列各项中，不应该记入企业产品成本的是（　　）

A. 销售产品过程中发生的运输费　　B. 车间管理人员工资

C. 生产设备折旧费　　D. 生产领用的原材料成本

17. “生产成本”账户的期末借方余额反映的是（　　）

A. 尚未加工完成的各项在产品的成本

B. 完工产品的实际成本

C. 当期发生的各项生产费用

D. 累计发生的各项生产费用

18. 下列各项中，属于有价证券的是（　　）

A. 企业债券　　B. 银行汇票　　C. 银行本票　　D. 银行支票

19. 企业销售商品时，发生的现金折扣应当作为（　　）处理

A. 营业收入　　B. 财务费用　　C. 销售费用　　D. 管理费用

20. 某公司出售管理设备，下列会计科目中，借方反映该设备处置损失的是（　　）

A. 管理费用　　B. 制造费用　　C. 生产成本　　D. 营业外支出

三、判断题（共20题，应在10分钟内完成）

1. 企业应当按月计提固定资产折旧，并根据用途分别记入相关资产的成本或当期费用。（　　）

2. 乙公司于2014年10月1日接收一项设备安装业务，安装期为9个月，乙公司在资产负债表中提供的劳务能够可靠估计，至12月31日安装业务完成30%，由于合同约定安装费于安装业务结束时一次性支付，因此12月31日乙公司不可以确认劳务收入。（　　）

3. 企业购买的股票、债券、基金等均应划分为交易性金融资产。（　　）

4. 某公司以1 260万元购入了一项特许权，合同规定受益年限为6年，该特许权每月应摊销17.5万元。（　　）

5. 物价持续下跌，与其他方法相比，采用后进先出法计算本期发出的存货价值最大。（　　）

6. 当月增加的固定资产，当月不计提折旧，当月减少的固定资产，当月照提折旧。（　　）

7. 财务人员工资应记入财务费用。（　　）

8. 生产成本、制造费用、销售费用、管理费用均属于损益类账户，期末结转后一般无余额。（　　）

9. 发生销售退回时，借记主营业务收入，贷记银行存款，并且用红字金额在“主营业务收入”多栏式明细账的贷方明细栏“产品销售”栏登记。（　　）

10. 营业利润减去管理费用、销售费用、财务费用和所得税费用后得到

净利润。（　　）

11．商业汇票只能用于商品交易的结算，不可用于劳务结算。（　　）

12．企业根据有关规定应付给职工的各种薪酬，包括职工工资、奖金、津贴和补贴、职工福利费等，均应通过“应付职工薪酬”科目进行核算。（　　）

13．企业出售原材料取得的款项扣除其成本及相关费用后的净额，应当记入营业外收入或营业外支出。（　　）

14．利润分配是指企业根据国家有关规定和企业章程、投资者协议等，对企业当年可供分配的利润所进行的分配。（　　）

15．如果企业出现本年亏损，将“本年利润”的借方余额转入“利润分配——未分配利润”后，“利润分配——未分配利润”账户一定为借方余额。（　　）

16．购建固定资产而借入的专门借款的利息应全部记入固定资产的成本。（　　）

17．企业收到投资者出资超过其在注册资本中所占份额的部分时，应记入“资本公积——其他资本公积”科目。（　　）

18．企业为销售本企业商品而专设的销售机构发生的职工薪酬、业务费、折旧费等，应通过“销售费用”账户核算。（　　）

19．企业生产经营过程中形成的债务主要包括应付票据、应付账款、预收账款、应付职工薪酬和应交税费等。（　　）

20．企业将自产的产品发放给职工作为福利，应视同销售物资计算应交增值税，借记“应付职工薪酬”科目，贷记“主营业务收入”、“应交税费——应交增值税（销项税额）”等科目，同时结转产品成本。（　　）

四、计算分析题（共 2 题，应在 24 分钟内完成）

1．盛然工厂工资结算汇总表列示，当月应付工资总额为 680 000 元，扣除企业已为职工代垫的医药费 2 000 元和受房管部门委托代扣的职工房租 24 660 元，代扣个人所得税 1 340 元，实发工资总额为 652 000 元。上述工资总额中，根据工资费用分配表，产品生产人员工资为 560 000 元，车间管理人员工资为 50 000 元，企业行政管理人员工资为 60 000 元，医务人员工资为 10 000 元。

要求：

（1）编制向银行提取现金的会计分录。

（2）编制发放工资的会计分录。

（3）编制代扣款项的会计分录。

（4）编制代扣个人所得税的会计分录。

（5）编制分配工资的会计分录。

2. 安琪公司为增值税一般纳税人，增值税率为17%。2014年发生固定资产业务如下：

① 1月20日，公司管理部门购入一台不需要安装的A设备，取得的增值税专用发票上注明的设备价款为550万元，增值税额为93.5万元，另发生运输费10万元，款项均以银行存款支付。

② A设备经过调试后，于1月22日投入使用，预计使用10年，净残值为20万元，采用年限平均法计提折旧。

③ 7月15日，公司生产车间购入一台需要安装的B设备，取得的增值税专用发票上注明的设备价款为600万元，增值税额为102万元，款项均以银行存款支付。

④ 8月19日，将B设备投入安装，以银行存款支付安装费3万元。B设备于8月25日达到预定使用状态，并投入使用。

⑤ B设备采用工作量法计提折旧，预计净残值为3万元，预计总工时为5万小时。9月，B设备实际使用工时为720小时。

假设除上述资料外，不考虑其他因素，要求：

（1）编制该公司2014年1月20日购入A设备的会计分录。

（2）编制该公司2014年2月计提A设备折旧额的会计分录。

（3）编制该公司2014年7月15日购入B设备的会计分录。

（4）编制该公司2014年8月安装B设备及其投入使用的会计分录。

（5）编制该公司2014年9月计提B设备折旧额的会计分录。

参考答案及解析

一、多项选择题

1. BCD【解析】销售费用是指企业在销售商品过程中发生的包装费、保险费、展览费和广告费、运输费、装卸费等费用。

2. AB【解析】期末存货计价过低，成本费用就高，则当期收益可能因此而减少；反之，期末存货计价过高，成本费用就低，则当期收益可能因此而增加。

3. ABCD【解析】生产费用按照“谁受益，谁承担”的原则进行分配。

4. ABCD【解析】固定资产折旧是指在固定资产使用寿命内，按照确定的方法对应计折旧额进行的系统分摊。其中，应计折旧额是指应当计提折旧的固定资产的原价扣除其预计净残值后的金额。已计提减值准备的固定资产，还应当扣除已计提的固定资产减值准备累计金额。

5. ABC【解析】签订远期购销合同尚未实际发生经济业务，不需要办理会计核算手续。

6. AD【解析】其他业务成本是指企业确认的除主营业务活动以外的其他经营活动所发生的支出，包括销售材料的成本、出租固定资产的折旧额、出租无形资产的摊销额、出租包装物的成本或摊销额等。

7. ACD【解析】“坏账准备”科目核算应收账款的坏账准备计提、转销等情况。“坏账准备”科目的贷方登记当期应计提的坏账准备金额，借方登记实际发生的坏账损失金额和冲减的坏账准备金额，期末余额一般在贷方，反映企业已经计提但尚未转销的坏账准备。

8. BD。

9. CD【解析】“应收账款”账户属于资产类账户，用以核算企业因销售商品、提供劳务等经营活动而收取的款项。该账户借方登记由于销售商品以及提供劳务等发生的应收账款，包括应收取的价款、税款和代垫款等；贷方登记已经收回的应收账款。期末余额通常在借方，反映企业尚未收回的应收账款；期末余额如果在贷方，反映企业预收的账款。

10. ABC【解析】选项D是期末结转净亏损的分录。

11. ABCD【解析】财务成果是企业在一定生产期间经营活动的最终财务成果，财务成果计算和处理包括利润的计算、所得税的计算、利润分配或亏损弥补等内容。

12. AB【解析】实收资本（或股本）是指企业的投资者按照企业章程、合同或协议的约定，实际投入企业的资本金以及按照有关规定由资本公积、盈余公积等转增资本的资金。

13. ABCD【解析】根据我国有关规定，出纳人员必须按照上述要求管理好库存现金。

14. AC【解析】当期应计提的坏账准备＝当期按应收款项计算应提坏账准备金额－“坏账准备”科目的贷方余额（或＋“坏账准备”科目的借方余额）。

15. AC【解析】“材料成本差异”账户属于资产类账户，用以核算企业采用计划成本法进行日常核算的材料计划成本与实际成本的差额。该账户借方登记入库材料形成的超支差异以及转出的发出材料应负担的节约差异，贷方登记入库材料形成的节约差异以及转出的发出材料应负担的超支差异。期末余额在借方，反映企业库存材料等的实际成本大于计划成本的差异；期末余额在贷方，反映企业库存材料等的实际成本小于计划成本的差异。

16. ABC【解析】选项 D 是计算计件工资的原始凭证。

17. CD【解析】可供分配的利润 = 净利润（或亏损）+ 年初未分配利润 - 弥补以前年度的亏损 + 其他转入的金额。

18. ACD【解析】公司购入需要安装的生产设备并交付安装，属于在建工程，发生的安装费用也记入在建工程，设备安装完毕交付使用后，再转为固定资产。

19. AD【解析】在计划成本核算方法下，期末原材料实际成本 = 原材料账户借方余额 + 材料成本差异借方余额（或 - 材料成本差异贷方余额）。当“材料成本差异”账户为借方余额时，原材料实际成本 = 80 000 + 6 000 = 86 000（元）；当“材料成本差异”账户为贷方余额时，实际成本 = 80 000 - 5 000 = 75 000（元）。

20. ABC【解析】营业利润 = 1 700 - 1 190 - 170 - 110 - 100 - 19 + 200 - 100 = 211（万元）；利润总额 = 211 + 16 - 25 = 202（万元）；净利润 = 202 ×（1 - 25%）= 151.5（万元）。

二、单项选择题

1. D【解析】银行汇票属于其他货币资金。

2. D【解析】企业盘亏原材料，查明属于自然损耗的，经批准后应记入管理费用。

3. C【解析】企业用盈余公积转增了实收资本，引起所有者权益内部项目一增一减，增加的金额相等，所有者权益总额不变。

4. C【解析】当期应计提的坏账准备 = 当期按应收款项计算应提坏账准备金额 -“坏账准备”科目的贷方余额（或 +“坏账准备”科目的借方余额）= 60 000 × 5% - 2 000 = 1 000（元）。

5. A【解析】财务费用是指企业为筹集生产经营所需资金等而发生的筹资费用，包括利息支出（减利息收入）、汇兑损益以及相关的手续费、企业发生的现金折扣或收到的现金折扣等。

6. C【解析】出租固定资产为企业日常经营活动中的让渡资产使用权业务，属于非主营业务，其计提的折旧应记入其他业务成本。

7. D【解析】采用年限平均法计提折旧，年折旧额 =（固定资产原价 - 预计净残值）÷ 预计使用年限 = 600 ×（1 - 1%）÷ 10 = 59.4（万元），月折旧额 = 年折旧额 ÷ 12 = 4.95（万元），2013 年应计提折旧额 = 4.95 × 4 = 19.80

（万元）。

8. D【解析】生产车间领用材料应借记“制造费用”科目，贷记“原材料”科目。

9. A【解析】交易性金融资产的入账价值 = 支付价款 - 已宣告尚未领取的现金股利 = 500 - 20 = 480（万元）。

10. D【解析】该公司出售设备发生的净损失 = 18 000 - （21 000 - 4 700） - 400 = 1 300（元）。

11. D【解析】职工出差报销款应根据费用开支部门，按照受益原则，记入有关费用账户。

12. C【解析】固定资产净值 = “固定资产”科目余额 - “累计折旧”贷方余额 = 35 - 28 = 7（万元）。

13. C【解析】人工费分配率 = 人工费用总额 ÷ 生产总工时 = （70 000 + 10 000） ÷ （1200 + 800） = 40（元/小时）；甲产品应分配的人工费 = 甲产品的生产工时 × 人工费分配率 = 1 200 × 40 = 48 000（元）。

14. B【解析】盘亏原材料，查明属于一般经营损失，经批准后应记入管理费用。

15. C【解析】报废设备清理转入“营业外支出”科目净损失 = 10 - （400 - 389） - 3 = -4（万元）。

16. A【解析】应该记入企业产品成本的是包括生产过程中实际消耗的直接材料、直接工资、其他直接支出和制造费用。选项A是企业的销售费用，不应记入产品的生产成本。

17. A【解析】“生产成本”账户核算企业进行工业性生产发生的各项生产成本。期末要将完工成本转到库存商品，所以期末借方余额表示尚未加工完成的在产品的成本。

18. A【解析】有价证券是指表示一定财产拥有权或支配权的证券，包括国库券、股票、企业债券和其他债券等。

19. B【解析】企业销售商品时发生的现金折扣应当作为财务费用处理。

20. D【解析】无论是哪个部门使用的固定资产，其处置损失都应作为营业外支出。

三、判断题

1. 错【解析】企业应当按月计提固定资产折旧，并根据用途分别记入制造费用、管理费用、销售费用等。

2. 错【解析】确认劳务收入时，如果劳务的开始和完成分属不同的会计年度，在提供劳务交易的结果能够可靠估计的情况下，企业应在资产负债表日按完工百分比法确认相关的劳务收入。

3. 错【解析】交易性金融资产是指企业为交易目的而持有的债券投资、股票投资和基金投资，它是企业为了近期内出售而持有的金融资产。通常情况下，以赚取差价为目的从二级市场购入的股票、债券和基金等，应划分为交易性金融资产。股票、债券、基金，均有可能长期持有。

4. 对【解析】该特许权每月应摊销额 =1 260÷6÷12 =17.5（万元）。

5. 错【解析】物价持续下跌，与其他方法相比，采用先进先出法计算本期发出的存货价值最大。

6. 对【解析】当月增加的固定资产，当月不计提，下月开始计提折旧；当月减少的固定资产，当月照提折旧，下月开始不计提折旧。

7. 错【解析】财务人员属于行政管理人员，所以财务人员的工资应记入管理费用。

8. 错【解析】销售费用、管理费用均属于损益类账户，生产成本、制造费用属于成本类账户。

9. 错【解析】发生销售退回时，还应对增值税销项税额进行处理。

10. 错【解析】营业利润 = 营业收入 - 营业成本 - 营业税金及附加 - 销售费用 - 管理费用 - 财务费用 - 资产减值损失 + 公允价值变动收益（或 - 公允价值变动损失）+ 投资收益（或 - 投资损失）；利润总额 = 营业利润 + 营业外收入 - 营业外支出；净利润 = 利润总额 - 所得税费用。

11. 对。

12. 对。

13. 错【解析】出售原材料记入其他业务收入和其他业务成本。

14. 对。

15. 错【解析】如果"利润分配——未分配利润"账户期初贷方余额大于本年利润转入的借方余额，则其账户仍然在贷方。

16. 错【解析】为购建固定资产而借入的专门借款的利息在固定资产达到预定可使用状态前应全部记入固定资产的成本，在达到预定可使用状态后记入财务费用。

17. 错【解析】企业收到投资者出资超过其在注册资本中所占份额的部分时，应记入"资本公积——资本溢价"科目。

18. 对。

19. 对【解析】考点在于"预收账款"，貌似债权，实质是负债。

20. 对【解析】本题考查以实物形式发放职工福利的账务处理。

四、计算分析题

1.【解析】

(1) 提取现金

借：库存现金 652 000

贷：银行存款 652 000

(2) 发放工资

借：应付职工薪酬 652 000

贷：库存现金 652 000

(3) 代扣款项

借：应付职工薪酬 28 000

贷：其他应收款——代垫的医药费 2 000

其他应付款——代扣的职工房租 26 000

(4) 代扣个人所得税

借：应付职工薪酬 1 340

贷：应交税费——代交个人所得税 1 340

(5) 分配工资

借：生产成本 560 000

制造费用 50 000

管理费用 70 000

贷：应付职工薪酬 680 000

2.【解析】

(1) 借：固定资产 560

应交税费——应交增值税（进项税额） 93.5

贷：银行存款 653.5

(2) 借：管理费用 4.5

贷：累计折旧 4.5

A设备每月的折旧额 = (560 − 20) ÷ 10 ÷ 12 = 4.5（万元）

(3) 借：在建工程 600

应交税费——应交增值税（进项税额） 102

贷：银行存款 702

(4) 借：在建工程 3

贷：银行存款 3

借：固定资产 603

贷：在建工程 603

(5) 借：制造费用　　8.64

　　贷：累计折旧　　8.64

B设备9月的折旧额＝（603－3）÷5×0.072＝8.64（万元）/（6 030 000－30 000）÷50 000×720＝86 400（元）＝8.64（万元）

第四环节 错题重温 查漏补缺

回顾一下今天完成的习题中的错误部分，并在下方写出对于你来说第五章中最难把握的是哪些内容，如“年限平均法与会计分录的使用”等。

第四天　第六章　会计凭证

第一环节　真题回顾　胸有成竹

一、多项选择题（共10题，建议学习时间为8分钟，应快速通读，对有疑问的题目重点阅读其解析，并做标记）

1. 下列各项中，属于原始凭证的有（　　）

A. 职工名册　　B. 收料单　　C. 领料单　　D. 购货发票

解析：选BCD。原始凭证，又称单据，是指在经济业务发生或完成时取得或填制的，用以记录或证明经济业务的发生或完成情况的原始凭据。职工名册没有记录或证明经济业务的发生或完成情况的功能。

2. 下列各项中，可作为原始凭证，据以调整账簿记录的有（　　）

A. 盘存单　　B. 银行存款余额调节表

C. 实存账存对比表　　D. 现金盘点报告表

解析：选ACD。银行存款余额调节表是一种对账记录或对账工具，不能作为调整账簿记录的依据。

3. 下列关于企业的领料单的表述中，正确的有（　　）

A. 属于汇总凭证　　B. 属于原始凭证

C. 属于一次凭证　　D. 属于累计凭证

解析：选BC。企业的领料单是领用材料的原始凭证，只能使用一次，属于一次凭证。

4. 制定科学的会计凭证传递程序时，应着重考虑（　　）

A. 会计凭证的传递流程

B. 会计凭证在每个传递环节上停留的时间

C. 会计凭证交接的验收制度

D. 会计凭证的整理、归类和装订成册

解析：选ABC。选项D属于会计凭证的保管。

5. 下列说法中，正确的有（　　）

A. 涉及“库存现金”和“银行存款”之间的经济业务时，一般只编制收款凭证

B. 出纳人员必须根据会计主管或其指定人员审核无误的收、付款凭证办理收、付款业务

C. 记账凭证上的日期指的是经济业务发生的日期

D. 出纳人员不能直接依据有关收、付款业务的原始凭证办理收、付款业务

解析：选 BD。涉及“库存现金”和“银行存款”之间的经济业务时，一般只编制付款凭证。记账凭证上的日期指的是填制凭证的日期。

6. 对原始凭证发生的错误，正确的更正方法是（　　）

A. 由出具单位重开或更正

B. 由本单位的会计人员代为更正

C. 金额发生错误的，可由出具单位在原始凭证上更正

D. 金额发生错误的，应当由出具单位重开

解析：选 AD。原始凭证记载内容有错误的，应当由开具单位重开或更正，并在更正处加盖出具凭证单位印章。

7. 涉及“库存现金”及“银行存款”之间的划款业务时，可编制（　　）

A. 银行存款收款凭证　　　　B. 银行存款付款凭证

C. 库存现金收款凭证　　　　D. 库存现金付款凭证

解析：选 BD。对于涉及“库存现金”和“银行存款”之间的相互划转业务时，为了避免重复记账，一般只填制付款凭证，不再填制收款凭证。

8. 下列关于会计凭证的保管的说法中，正确的是（　　）

A. 会计凭证应定期装订成册，防止散失

B. 会计凭证应加贴封条，防止抽换凭证

C. 原始凭证较多时，可单独装订

D. 要严格遵守会计凭证的保管期限要求，期满前不得任意销毁

解析：选 ABCD。会计凭证的保管是指会计凭证记账后的整理、装订、归档和存查工作。选项 A、B、C、D 均是会计凭证的保管要求。

9. 下列关于收款凭证的说法中，正确的有（　　）

A. 收款凭证是指用于记录库存现金和银行存款业务的会计凭证

B. 收款凭证分为库存现金收款凭证和银行存款收款凭证两种

C. 从银行提取库存现金的业务应该编制库存现金收款凭证

D. 从银行提取库存现金的业务应该编制银行存款付款凭证

解析：选 ABD。从银行提取库存现金的业务应该编制银行存款付款凭证。

10. 对原始凭证取得要求的表述不正确的有（　　）

A. 支付款项的原始凭证，必须有收款单位和收款人的收款证明，不能以支付款项的有关凭证代替

B. 购买实物的原始凭证，必须有验收证明，对于不需要入库的实物，只需经办人在凭证上签章即可

C. 发生销货退回的，除填制退货发票外，还必须有退货验收证明；退款时，可以以退货发票代替收据

D. 职工公出借款凭据，在收回借款时，直接退还原借款收据即可

解析：选 CD。发生销货退回的，除填制退货发票外，还必须有退货验收证明；退款时，必须取得对方的收款收据或者汇款凭证，不得以退货发票代替收据；职工公出借款凭据，在收回借款时，不能直接退还原借款收据，应重新填制一张收款凭据。

二、单项选择题（共 10 题，为保证复习效果，对不懂的题目应做标记，以便更好地复习巩固。建议学习时间为 5 分钟）

1. 下列各项中，作为会计凭证复制借出批准人的是（　　）

A. 财务总监　　B. 财务负责人

C. 单位负责人　　D. 财务经理

解析：选 C。原始凭证一般不得外借，其他单位如有特殊原因确实需要使用时，经本单位会计机构负责人（会计主管人员）批准，可以复制。

2. 下列关于“人民币捌仟元零伍分”的小写金额的表述中，正确的是（　　）

A. ￥8000.50　　B. 8000.05　　C. 8000.50　　D. ￥8000.05

解析：选 D。小写金额前面必须加“￥”。

3. 下列对税务部门统一印制的增值税专用发票的描述中，正确的是（　　）

A. 属于通用原始凭证　　B. 属于汇总原始凭证

C. 属于专用凭证　　D. 属于累计凭证

解析：选 A。通用原始凭证是指由有关部门统一印制，在一定范围内使用的具有统一格式和使用方法的原始凭证。增值税专用发票是税务部门统一印制的，各地都使用，所以属于通用原始凭证。

4. 关于原始凭证和记账凭证，以下说法中正确的是（　　）

A. 记账凭证是记录和证明经济业务发生或完成情况的文字凭据

B. 原始凭证不可以作为登记账簿的依据

C. 原始凭证是编制记账凭证的依据

D. 记账凭证是编制原始凭证的依据

解析：选 C。原始凭证是记录和证明经济业务发生或完成情况的文字凭据，审核无误的原始凭证是填制记账凭证和登记账簿的依据。由此看来，选项 A、B、D 都是错误的。

5. 某公司出纳员小黎到开户银行提取现金 5 000 元，单位记账人员应根据有关原始凭证编制（　　）

A. 现金收款凭证　　B. 现金付款凭证

C. 银行存款付款凭证　　D. 银行存款收款凭证

解析：选 C。对于库存现金和银行存款之间的相互划转的经济业务，为避免重复记账，只填写付款凭证而不填写收款凭证。

6. 下列各项中，可以不附原始凭证的记账凭证是（　　）

A. 更正错误的记账凭证

B. 以库存现金发放工资的记账凭证

C. 职工临时性借款的记账凭证

D. 从银行提取库存现金

解析：选 A。所有的会计记账凭证都必须附原始凭证，只有在两种情况之下可以例外：一是结账时填制的记账凭证，二是更正错误的原始凭证。

7. 为了分清会计事项处理的先后顺序，便于记账凭证与会计账簿之间的核对，确保记账凭证的完整无缺，填制记账凭证时，应当（　　）

A. 依据真实　　B. 日期正确　　C. 连续编号　　D. 简明扼要

解析：选 C。为了分清会计事项处理的先后顺序，记账凭证应连续编号。

8. 某单位财务部第 8 号记账凭证的会计事项需要填制 3 张记账凭证，下列编号中，正确的是（　　）

A. 8，9，10　　B. 1/3，2/3，3/3

C. 7，8，9　　D. 8（1/3），8（2/3），8（3/3）

解析：选 B。记账凭证应连续编号。如果一笔经济业务需要填制两张以上（含两张）记账凭证的，可以采用“分数编号法”进行编号。

9. 下列关于收款凭证左上角的会计科目性质的表述中，正确的是（　　）

A. 借方　　B. 材料　　C. 固定资产　　D. 贷方

解析：选 A。收款凭证是记录现金和银行存款收款业务的记账凭证。收款凭证左上角的“借方科目”按收款的性质填写“库存现金”或“银行存款”。

10. 按填制的手续及内容分类，下列对差旅费报销单性质的描述中，正确的是（　　）

A. 一次凭证　　B. 汇总凭证　　C. 专用凭证　　D. 累计凭证

解析： 选 B。企业的报销单往往汇总很多原始单据，例如车票、餐票、住宿票等，都粘贴在报销单上，报销单上也往往记载了出差人员的各种行程记录，所以属于汇总凭证。

三、判断题（共 10 题，建议学习时间为 5 分钟。应快速通读，对有疑问的题目重点阅读其解析，并做标记）

1. 销毁会计档案时，应当由档案机构和会计机构共同派员监销。（　　）

解析： 错。销毁会计档案时，应当由档案机构和会计机构共同派员监销。国家机关销毁会计档案时，应当由同级财政部门、审计部门派员参加监销。财政部门销毁会计档案时，应当由同级审计部门派员参加监销。

2. 财会部门或经办人，必须在会计年度终了后的第一天，将应归档的会计档案全部移交档案部门，保证会计档案齐全完整。（　　）

解析： 错。当年形成的会计档案，在会计年度终了时，由财务会计部门编造清册，移交本单位的档案部门保管；未设立档案部门的，应当在财务会计部门内部指定专人保管。

3. 会计凭证是会计核算的基本方法之一，也是会计核算工作的起点和基本环节。（　　）

解析： 错。正确填制和审核会计凭证，是会计核算的基本方法之一，是进行会计核算工作的起点和基本环节，也是对经济业务进行日常监督的重要环节。

4. 使用电子计算机进行会计核算时，对于生成的会计凭证、会计账簿、财务报表等，企业可以自己制定格式，不一定要符合国家统一的会计制度的规定。（　　）

解析： 错。使用电子计算机进行会计核算的，其软件及其生成的会计凭证、会计账簿、财务报表等也必须符合国家统一的会计制度的规定。

5. 出纳人员在原始凭证上加盖“收讫”、“付讫”章，以免重收、重付。（　　）

解析： 错。出纳人员不能直接依据有关收、付款凭证业务的原始凭证办理收、付款项，必须根据审核批准的收、付款凭证收、付款，且须在凭证上加盖“收讫”、“付讫”章，以免重收、重付，即要盖在收、付款的记账凭证上。

6. 实行会计电算化的单位，有关电子数据、会计软件资料等应当作为会计档案进行管理。（　　）

答案：对。

7. 外来原始凭证是指企业财会部门从外部购入的原始凭证。（ ）

解析：错。外来原始凭证是指从企业外部取得的原始凭证。

8. 在编制记账凭证时，可以只填会计科目编号，不填会计科目的名称，以简化工作。（ ）

解析：错。在编制记账凭证时，必须填写会计科目的名称。

9. 针对确实无法取得证明的情况，如车票丢失，应由当事人写明详细情况，由经办单位的会计机构负责人（会计主管人员）和单位负责人批准后，代作原始凭证。（ ）

解析：对。只要内容真实，对确实无法取得证明的，如车票丢失，则应由当事人写明详细情况，由经办单位会计机构负责人（会计主管人员）和单位负责人批准后，代作原始凭证。

10. 对于保管期满但未结清的债权债务原始凭证和涉及其他未了事项的原始凭证，不得销毁，应当单独抽出立卷，保管到未了事项完结时为止。（ ）

答案：对。

四、计算分析题（共2题，建议学习时间为24分钟。此类题目分数比重大，要求认真、细致地完成）

1. 连海公司是一家工业企业，2014年按有关规定应开支业务招待费60 000元，全年实际开支业务招待费100 000元，当年违法罚款5 000元。年末，按会计核算原则计算的税前会计利润为1 000 000元，所得税率为25%，所得税已交纳。假定本公司全年无其他纳税调整因素。

要求：

（1）计算该公司应纳税所得额。

（2）计算该公司应交所得税额。

（3）编制计算结转应交企业所得税的相关会计分录。

（4）编制所得税已交纳的会计分录。

（5）年末，编制所得税结转的会计分录。

解析：

（1）企业应纳税所得额为1 045 000元。

计算应纳税所得额：

纳税调整增加数＝实际开支业务招待费－应开支业务招待费＋违法罚款

＝100 000－60 000＋5 000＝45 000（元）

应纳税所得额＝税前会计利润＋ 纳税调整增加数
＝1 000 000＋45 000
＝1 045 000（元）

（2）企业应交所得税额为 261 250 元。

应交所得税额＝1 045 000 × 25% ＝261 250（元）

（3）应交所得税分录：

借：所得税费用　　261 250
　贷：应交税费——应交所得税　　261 250

（4）上交所得税分录：

借：应交税费——应交所得税　　261 250
　贷：银行存款　　261 250

（5）年末将所得税费用转入“本年利润”账户分录：

借：本年利润　　261 250
　贷：所得税费用　　261 250

2. 汉盟公司将一栋不需要用的房屋出售，该房屋账面原值 86 000 元，已提折旧 57 300 元，取得变卖收入 20 000 元，已存入银行。以现金支付清理费 1 500 元，营业税率为 5% 。

要求：编制转入清理、支付清理费、取得变价收入、计提营业税和结转清理净损益的会计分录。

解析：

（1）固定资产转入清理分录：

借：固定资产清理　　28 700
　　累计折旧　　57 300
　贷：固定资产　　86 000

（2）支付清理费分录：

借：固定资产清理　　1 500
　贷：库存现金　　1 500

（3）取得变价收入分录：

借：银行存款　　20 000
　贷：固定资产清理　　20 000

（4）计提营业税分录：

借：固定资产清理　　1 000
　贷：应交税费——应交营业税　　1 000

（5）结转清理净损益分录：

借：营业外支出　　　　　　　　　　　　　　11 200

　贷：固定资产清理　　　　　　　　　　　　　　11 200

固定资产清理净损益 = 20 000 − 28 700 − 1 500 − 1 000 = −11 200（元）

第二环节　知识图表　面面俱到

第一节　会计凭证概述

概念	记录经济业务发生或者完成情况的书面证明，是登记账簿的依据	
作用	（1）记录经济业务，提供记账依据 （2）明确经济责任，强化内部控制 （3）监督经济活动，控制经济运行	
种类	原始凭证	又称单据，是指在经济业务发生或完成时取得或填制的，用以记录或证明经济业务的发生或完成情况的原始凭据
	记账凭证	又称记账凭单，是指会计人员根据审核无误的原始凭证，按照经济业务的内容加以归类，并据以确定会计分录后所填制的会计凭证，作为登记账簿的直接依据

第二节　原始凭证

种类	按取得的来源	（1）自制原始凭证：由本单位有关部门和人员，在执行或完成某项经济业务时填制的，仅供本单位内部使用的原始凭证 （2）外来原始凭证：在经济业务发生或完成时，从其他单位或个人直接取得的原始凭证
	按格式	（1）通用凭证：由有关部门统一印制、在一定范围内使用的具有统一格式和使用方法的原始凭证 （2）专用凭证：由单位自行印制、仅在本单位内部使用的原始凭证
	按填制的手续和内容	（1）一次凭证：一次填制完成，只记录一笔经济业务且仅一次有效的原始凭证 （2）累计凭证：在一定时期内多次记录发生的同类型经济业务且多次有效的原始凭证 （3）汇总凭证：对一定时期内反映经济业务内容相同的若干张原始凭证，按照一定标准综合填制的原始凭证

（续上表）

<table>
<tr><td>基本内容</td><td colspan="3">①凭证的名称；②填制凭证的日期；③填制凭证单位名称或者填制人姓名；④经办人员的签名或者盖章；⑤接受凭证单位名称；⑥经济业务内容；⑦数量、单价和金额
提醒：此处不必死记硬背，可直接找一张原始凭证进行实物记忆，如出租车票、餐票、购物发票等</td></tr>
<tr><td rowspan="5">填制要求</td><td>基本要求</td><td colspan="2">①记录真实；②内容完整；③手续完备；④书写清楚、规范；⑤连续编号；⑥不得涂改、刮擦、挖补；⑦填制及时</td></tr>
<tr><td rowspan="3">自制原始凭证的填制要求</td><td>一次凭证的填制要求</td><td>应在经济业务发生或完成时，由相关业务人员一次填制完成。该凭证往往只能反映一项经济业务，或者同时反映若干项同一性质的经济业务</td></tr>
<tr><td>累计凭证的填制要求</td><td>应在每次经济业务完成后，由相关人员在同一张凭证上重复填制完成。该凭证能在一定时期内不断重复地反映同类经济业务的完成情况</td></tr>
<tr><td>汇总凭证的填制要求</td><td>应由相关人员在汇总一定时期内反映同类经济业务的原始凭证后填制完成。该凭证只能将类型相同的经济业务进行汇总，不能汇总两类或两类以上的经济业务</td></tr>
<tr><td>外来原始凭证的填制要求</td><td colspan="2">应在企业同外单位发生经济业务时，由外单位的相关人员填制完成。外来原始凭证一般由税务局等部门统一印制，或经税务部门批准由经营单位印制，在填制时加盖出具单位公章方为有效。对于一式多联的原始凭证必须用复写纸套写或打印机套打</td></tr>
<tr><td>审核</td><td colspan="3">（1）真实性
（2）合法性
（3）合理性
（4）完整性
（5）正确性
（6）及时性</td></tr>
</table>

第三节　记账凭证

<table>
<tr><td rowspan="3">种类</td><td rowspan="2">按凭证的用途</td><td>专用记账凭证</td><td>（1）收款凭证：用于记录现金和银行存款收款业务
（2）付款凭证：用于记录现金和银行存款付款业务
（3）转账凭证：用于记录不涉及现金和银行存款业务</td></tr>
<tr><td colspan="2">通用记账凭证</td></tr>
<tr><td>按凭证的填列方式</td><td colspan="2">（1）单式记账凭证：只填列经济业务所涉及的一个会计科目及其金额
（2）复式记账凭证：将每一笔经济业务所涉及的全部科目及其发生额均在同一张记账凭证中反映</td></tr>
<tr><td>基本内容</td><td colspan="3">①填制凭证的日期；②凭证编号；③经济业务摘要；④会计科目；⑤金额；⑥所附原始凭证张数；⑦填制凭证人员、稽核人员、记账人员、会计机构负责人、会计主管人员签名或者盖章。收款和付款记账凭证还应当由出纳人员签名或者盖章</td></tr>
<tr><td>填制要求</td><td>基本要求</td><td colspan="2">（1）记账凭证各项内容必须完整
（2）记账凭证的书写应当清楚、规范
（3）除结账和更正错账可以不附原始凭证外，其他记账凭证必须附原始凭证
（4）记账凭证可以根据每一张原始凭证填制，或根据若干张同类原始凭证汇总填制，也可以根据原始凭证汇总表填制；但不得将不同内容和类别的原始凭证汇总填制在一张记账凭证上
（5）记账凭证应连续编号。凭证应由主管该项业务的会计人员，按业务发生的顺序并按不同种类的记账凭证采用“字号编号法”连续编号。如果一笔经济业务需要填制两张以上（含两张）记账凭证的，可以采用“分数编号法”编号
（6）填制记账凭证时若发生错误，应当重新填制
（7）记账凭证填制完成后，如有空行，应当在自金额栏最后一笔金额数字下至合计数上的空行处划线注销</td></tr>
</table>

（续上表）

填制要求	收款凭证的填制要求	收款凭证左上角的“借方科目”按收款的性质填写“库存现金”或“银行存款”；日期填写的是填制本凭证的日期；右上角填写填制收款凭证的顺序号；“摘要”填写对所记录的经济业务的简要说明；“贷方科目”填写与收入“库存现金”或“银行存款”相对应的会计科目；“记账”是指该凭证已登记账簿的标记，防止经济业务重记或漏记；“金额”是指该项经济业务的发生额；该凭证右边“附件×张”是指本记账凭证所附原始凭证的张数；最下边分别由有关人员签章，以明确经济责任
	付款凭证的填制要求	付款凭证是根据审核无误的有关“库存现金”和“银行存款”的付款业务的原始凭证填制的。付款凭证的填制方法与收款凭证基本相同，不同的是在付款凭证的左上角应填列贷方科目，即“库存现金”或“银行存款”科目，“借方科目”栏应填写与“库存现金”或“银行存款”相应的一级科目和明细科目 对于涉及“库存现金”和“银行存款”之间的相互划转业务，为了避免重复记账，一般只填制付款凭证，不再填制收款凭证 出纳人员在办理收款或付款业务后，应在原始凭证上加盖“收讫”或“付讫”的戳记，以免重收、重付
	转账凭证的填制要求	转账凭证通常是根据有关转账业务的原始凭证填制的。转账凭证中“总账科目”和“明细科目”栏应填写应借、应贷的总账科目和明细科目，借方科目应记金额应在同一行的“借方金额”栏填列，贷方科目应记金额应在同一行的“贷方金额”栏填列，“借方金额”栏合计数与“贷方金额”栏合计数应相等。此外，某些既涉及收款业务，又涉及转账业务的综合性业务，可分开填制不同类型的记账凭证
审核	（1）内容是否真实 （2）项目是否齐全 （3）科目是否正确 （4）金额是否正确 （5）书写是否规范 （6）手续是否完备	

第四节　会计凭证的传递与保管

<table>
<tr><td>会计凭证的传递</td><td colspan="2">是指从会计凭证的取得或填制时起至归档保管过程中，在单位内部有关部门和人员之间的传送程序。应当满足内部控制制度的要求，使传递程序合理有效，同时尽量节约传递时间，减少传递的工作量。具体包括传递程序和传递时间</td></tr>
<tr><td rowspan="2">会计凭证的保管</td><td>概念</td><td>会计凭证记账后的整理、装订、归档和存查工作</td></tr>
<tr><td>要求</td><td>(1) 会计凭证应定期装订成册，防止散失。会计部门在依据会计凭证记账以后，应定期（每天、每旬或每月）对各种会计凭证进行分类整理，将各种记账凭证按照编号顺序，连同所附的原始凭证一起加具封面和封底，装订成册，并在装订线上加贴封签，由装订人员在装订线封签处签名或盖章
从外单位取得的原始凭证遗失时，应取得原签发单位盖有公章的证明，并注明原始凭证的号码、金额、内容等，由经办单位会计机构负责人（会计主管人员）和单位负责人批准后，才能代作原始凭证。若确实无法取得证明的，如车票丢失，则应由当事人写明详细情况，由经办单位会计机构负责人（会计主管人员）和单位负责人批准后，代作原始凭证
(2) 会计凭证封面应注明单位名称、凭证种类、凭证张数、起止号数、年度、月份、会计主管人员和装订人员等有关事项，会计主管人员和保管人员应在封面上签章
(3) 会计凭证应加贴封条，防止抽换凭证。原始凭证不得外借，其他单位如有特殊原因确实需要使用时，经本单位会计机构负责人（会计主管人员）批准，可以复制。向外单位提供的原始凭证复制件，应在专设的登记簿上登记，并由提供人员和收取人员共同签名、盖章
(4) 原始凭证较多时，可单独装订，但应在凭证封面注明所属记账凭证的日期、编号和种类，同时在所属的记账凭证上应注明“附件另订”及原始凭证的名称和编号，以便查阅。对各种重要的原始凭证，如押金收据、提货单等，以及各种需要随时查阅和退回的单据，应另编目录、单独保管，并在有关的记账凭证和原始凭证上分别注明日期和编号
(5) 每年装订成册的会计凭证，在年度终了时可暂由单位会计机构保管一年，期满后应当移交本单位档案机构统一保管；未设立档案机构的，应当在会计机构内部指定专人保管。出纳人员不得兼管会计档案
(6) 严格遵守会计凭证的保管期限要求，期满前不得任意销毁</td></tr>
</table>

第三环节 臻题强化 胜券在握

温馨提醒

因考试时多项选择题及计算分析题单位分值为2分/题，特别是多项选择题，不仅单题分值高，题量也多，多项选择题题型分值占40分，“得多选者得会从”，必须保证多项选择题的准确率，方能保证考试通关。因此，考前冲刺应多练多项选择题及计算分析题。

一、多项选择题（共10题，应在8分钟内完成）

1. 下列关于外来原始凭证的说法中，正确的有（　　）

A. 外来原始凭证是原始凭证的基本种类

B. 企业购买材料、商品时，从供货单位取得的发货票，就是外来原始凭证

C. 外来原始凭证都是一次凭证

D. 外来原始凭证是指在经济业务发生或完成时，从其他单位或个人直接或间接取得的原始凭证

2. 属于收款凭证记录内容的是（　　）

A. 银行存款收入业务　　B. 库存现金收入业务

C. 收益增加业务　　D. 材料收入业务

3. 下列各项中，属于原始凭证的审核内容的有（　　）

A. 是否符合有关的计划和预算　　B. 数量单价金额是否正确无误

C. 记录的经济业务的发生时间　　D. 有无违反财经制度的行为

4. 下列表述中，正确的有（　　）

A. 收款凭证的借方科目只能是库存现金或银行存款

B. 付款凭证的贷方科目只能是库存现金或银行存款

C. 收款凭证是出纳人员编制现金日记账或银行存款日记账的依据

D. 转账凭证中不会涉及库存现金或银行存款科目

5. 在原始凭证上书写阿拉伯数字，正确的有（　　）

A. 有角无分的，分位不得用符号“—”代替

B. 无角分的，角位和分位写“00”或者符号“—”

C. 有角无分的，分位应当写“0”

D. 有角无分的，分位也可以用符号“—”代替

6. 填制记账凭证的依据，必须是经审核无误的原始凭证，可以（　　）

A. 根据每一张原始凭证填制

B. 根据若干张同类原始凭证汇总填制

C. 根据原始凭证汇总表填制

D. 根据同一日期的所有原始凭证汇总填制

7. 下列关于会计凭证的传递的说法中，正确的有（　　）

A. 会计凭证的传递是指从会计凭证的取得或填制时起至归档保管过程中，在单位内部有关部门和人员之间的传送程序

B. 规定传递程序

C. 已确定传递时间

D. 建立会计凭证交接的签收制度

8. 下列关于企业的增值税专用发票的表述中，正确的有（　　）

A. 属于累计凭证　　B. 属于一次凭证

C. 属于通用凭证　　D. 属于专用凭证

9. 下列人员中，应在记账凭证上签名或盖章的有（　　）

A. 审核人员　　B. 会计主管人员

C. 记账人员　　D. 制单人员

10. 刘勇报销差旅费 1 000 元，原预借 1 500 元，交回剩余现金 500 元，这笔业务应该编制的记账凭证有（　　）

A. 付款凭证　　B. 收款凭证　　C. 转账凭证　　D. 原始凭证

二、单项选择题（共 10 题，应在 5 分钟内完成）

1. 下列各项中，不能作为会计核算的原始凭证的是（　　）

A. 合同书　　B. 领料单　　C. 入库单　　D. 发货票

2. 下列各项中，属于从银行提取库存现金或把库存现金存入银行的经济业务通常做法的是（　　）

A. 只填制收款凭证，不填制付款凭证

B. 既填制付款凭证，又填制收款凭证

C. 填制付款凭证或填制收款凭证

D. 只填制付款凭证，不填制收款凭证

3. 某公司购入设备一台，价款 100 万元，用银行存款支付 60 万元，另签发一张 40 万元的商业汇票。对这一笔经济业务，公司应编制的记账凭证为（　　）

A. 编制一张转账凭证

B. 编制一张收款凭证

C. 编制一张付款凭证

D. 编制一张转款凭证和一张付款凭证

4. 下列关于专用记账凭证的说法中，错误的是（　　）

A. 专用记账凭证可以分为收款凭证、付款凭证和转账凭证

B. 若该凭证已登记账簿，应在“记账”栏内标记如“√”，以防止经济业务重记或漏记

C. 借贷记账法下，收款凭证的设置科目是借方科目

D. 付款凭证在凭证内反映的是贷方科目，应填列与“库存现金”或“银行存款”相对应的科目

5. 下列关于人民币 30 010.06 元的大写写法的表述中，正确的是（　　）

A. 人民币叁万零壹拾元零陆分　　B. 人民币叁万零拾元陆分整

C. 人民币三万零十元六分　　D. 人民币三万零十元六分整

6. 下列关于填制记账凭证时对错误的处理方法的表述中，正确的是（　　）

A. 重新填制记账凭证

B. 更正并加盖公章

C. 更正并加盖更正人员的印章

D. 更正并加盖更正人员的印章和公章

7. 下列各项中，可以作为企业调整账面数字原始凭证的是（　　）

A. 盘存单　　B. 实存账存对比表

C. 银行存款余额调节表　　D. 往来款项对账表

8. 下列各项中，可以作为需要连续编制多张记账凭证的经济业务凭证编制方法的是（　　）

A. 自制内容相同的多张原始凭证

B. 采用分数编号的方法

C. 采用整数编号的方法

D. 编制原始凭证分割单

9. 下列各项中，不属于记账凭证审核内容的是（　　）

A. 凭证是否符合有关计划和预算

B. 会计科目是否使用正确

C. 凭证的金额与所附原始凭证的金额是否一致

D. 凭证的内容与所附原始凭证的内容是否一致

10. 下列关于在原始凭证上书写阿拉伯数字的表述，不正确的是（　　）

A. 数字前写有币种符号的，数字后不再写货币单位

B. 币种符号与金额数字之间不得留有空白

C. 金额数字前书写货币币种符号

D. 币种符号与金额数字之间要留有空白

三、判断题（共10题，应在5分钟内完成）

1. 预算、计划、制度等文件材料，不属于会计档案，应当作为文书档案进行管理。（　　）

2. 审核原始凭证的内容包括审核所记录的经济业务是否符合企业生产经营活动的需要，是否符合有关计划和预算等。（　　）

3. 企业员工查阅会计档案，必须经企业负责人批准。（　　）

4. 红色墨水仅限于在借方栏登记贷方数。（　　）

5. 原始凭证的要素至少包括原始凭证名称、填制原始凭证的日期、经济业务内容（含数量、单价、金额等）记账标记和凭证附件。（　　）

6. 会计凭证上填写的“人民币”字样或符号“￥”与汉字大写金额数字或阿拉伯金额数字之间应留有空白。（　　）

7. 对于真实、合法、合理但内容不够完善、填写有错误的原始凭证，会计机构和会计人员不予以接受。有关凭证补充完整、更正错误或重开后，再办理正式会计手续。（　　）

8. 会计凭证的传递是指从会计凭证的取得起至归档保管过程中，在会计部门传递。（　　）

9. 记账凭证是根据审核后的合法原始凭证填制的。对会计凭证进行审核，是保证会计信息质量、发挥会计监督的重要手段。（　　）

10. 各单位的会计档案不得借出，但经批准后可以复制。（　　）

四、计算分析题（共2题，应在24分钟内完成）

1. 2014年1月1日，金城公司从银行借入资金700 000元。借款期限为2年，年利率为7%（每年末付息一次，不计复利，到期还本），所借款项已存入银行。

2014年1月20日，金城公司用该借款购买不需要安装的生产设备一台，价款为200 000元，增值税额为34 000元，设备于当日投入使用。该设备采

用年限平均法计提折旧，预计可使用 10 年，预计报废时的净残值为 50 000 元。

要求：

（1）编制金城公司借入长期借款的会计分录。

（2）编制金城公司购入生产设备的会计分录。

（3）编制金城公司按月计提长期借款利息的会计分录。

（4）编制金城公司按月计提固定资产折旧的会计分录。

（5）计算金城公司 2014 年 12 月 31 日的固定资产账面价值。

2. 得力公司为增值税一般纳税人，适用的增值税率为 17%，所得税率为 25%（假定不考虑其他相关税费）。得力公司主要生产和销售甲产品，原材料按实际成本核算，在销售时逐笔结转销售成本。2014 年度，得力公司相关经济业务和事项如下：

（1）2 月 10 日，销售甲产品一批，增值税专用发票上注明的货款为 600 万元，增值税额为 102 万元。产品已经发出，货款和增值税已经收到并存入银行，该批产品的实际成本为 300 万元。

（2）本年生产产品领用原材料 300 万元，生产车间管理领用原材料 60 万元，企业管理部门领用原材料 20 万元。

（3）10 月 3 日，销售原材料一批，该批原材料的实际成本为 18 万元，增值税专用发票上注明的货款为 20 万元，增值税额为 3. 4 万元。原材料已经发出，货款和增值税已经收到并存入银行。

（4）本年度用银行存款支付本期发生的广告费用 6 万元，销售商品过程中发生的保险费 14 万元，本期记入当期损益的利息费用及银行手续费合计 4 万元。

（5）计算确认本年应交所得税 53. 75 万元，假定不存在所得税纳税调整因素。

要求：逐笔编制得力公司上述业务和事项的会计分录（金额单位：万元）。

参考答案及解析

一、多项选择题

1. ABC【解析】外来原始凭证是指在经济业务发生或完成时，从其他单位或个人直接取得的原始凭证。

2. AB【解析】收益增加而未收款时，属于转账凭证记录的内容；材料收入业务属于转账凭证或付款凭证记录的内容。

3. ABCD【解析】原始凭证的审核内容主要包括：审核原始凭证的真实性、合法性、合理性、完整性、正确性、及时性。

4. ABCD【解析】收款凭证是指用于记录现金和银行存款收款业务的记账凭证；付款凭证是指用于记录现金和银行存款付款业务的记账凭证；转账凭证是指用于记录不涉及现金和银行存款业务的记账凭证。

5. ABC【解析】选项D不符合原始凭证的填制要求。

6. ABC【解析】记账凭证可以根据每一张原始凭证填制，或根据若干张同类原始凭证汇总填制，也可以根据原始凭证汇总表填制。

7. ABCD【解析】会计凭证的传递是指从会计凭证的取得或填制时起至归档保管过程中，在单位内部有关部门和人员之间的传送程序，包括传递程序和传递时间。

8. BC【解析】一次凭证是指一次填制完成，只记录一笔经济业务且仅一次有效的原始凭证。通用凭证是指由有关部门统一印制、在一定范围内使用的具有统一格式和使用方法的原始凭证。

9. ABCD【解析】填制凭证人员、稽核人员、记账人员、会计机构负责人（会计主管人员）签名或者盖章。收款和付款记账凭证还应当由出纳人员签名或者盖章。

10. BC【解析】交回剩余现金500元应填制收款凭证，报销差旅费1 000元应填制转账凭证，冲减预借款。

二、单项选择题

1. A【解析】原始凭证，又称单据，是指在经济业务发生或完成时取得或填制的，用以记录或证明经济业务的发生或完成情况的原始凭据。合同书不能记录或证明经济业务的发生或完成情况，不属于原始凭证。

2. D【解析】对于涉及“库存现金”和“银行存款”之间的相互划转业务，为了避免重复记账，一般只填制付款凭证，不再填制收款凭证。

3. D【解析】用银行存款支付60万元，应编制银行付款凭证，40万元则签发了商业汇票，通过应付票据核算，应编制转账凭证。

4. D【解析】付款凭证是指用于记录现金和银行存款付款业务的记账凭证。付款凭证在凭证内反映的是借方科目，应填列与“库存现金”或“银行存款”相对应的科目。

5. A【解析】“人民币叁万零壹拾元零陆分”符合凭证填写要求。

6. A【解析】填制记账凭证时若发生错误，应当重新填制。

7. B【解析】选项 A、C、D 不是原始凭证。

8. B【解析】如果一笔经济业务需要填制两张以上（含两张）记账凭证的，可以采用“分数编号法”进行编号。

9. A【解析】记账凭证审核的内容主要包括：①内容是否真实；②项目是否齐全；③科目是否正确；④金额是否正确；⑤书写是否规范；⑥手续是否完备。

10. D【解析】币种符号与金额数字之间不要留有空白，以防伪造、变造原始凭证。

三、判断题

1. 对。

2. 对【解析】原始凭证的审核内容主要包括审核原始凭证的真实性、合法性、合理性、完整性、正确性、及时性。

3. 错【解析】可以经企业负责人批准，也可以由会计主管人员批准。

4. 错【解析】错账更正等也可用红色墨水。

5. 错【解析】记账标记属于记账凭证的内容。

6. 错【解析】会计凭证上填写的“人民币”字样或符号“¥”与汉字大写金额数字或阿拉伯金额数字之间不能留有空白。

7. 错【解析】对于真实、合法、合理但内容不够完善、填写有错误的原始凭证，应退回给有关经办人员，由其负责更正。

8. 错【解析】会计凭证的传递是指从会计凭证的取得或填制时起至归档保管过程中，在单位内部有关部门和人员之间的传送程序。

9. 对。

10. 对【解析】会计档案不得外借，其他单位如有特殊原因确实需要使用时，经本单位会计机构负责人（会计主管人员）批准，可以复制。

四、计算分析题

1.【解析】

（1）借：银行存款　　700 000

　　　贷：长期借款　　700 000

（2）借：固定资产　　200 000

　　　　应交税费——应交增值税（进项税额）　　34 000

　　　贷：银行存款　　234 000

(3) 按月计提利息 = 700 000 × 7% ÷ 12 = 4 083.33 (元)。

借：财务费用	4 083.33	
贷：长期借款		4 083.33

(4) 按月计提折旧额 = (200 000 − 50 000) ÷ 10 ÷ 12 = 1 250 (元)。

借：制造费用	1 250	
贷：累计折旧		1 250

(5) 账面价值 = 原值 − 累计折旧 = 200 000 − 1 250 × 11 = 186 250 (元)。

2. **【解析】**

(1) 借：银行存款	702	
贷：主营业务收入		600
应交税费——应交增值税（销项税额）		102
借：主营业务成本	300	
贷：库存商品		300
(2) 借：生产成本	300	
制造费用	60	
管理费用	20	
贷：原材料		380
(3) 借：银行存款	23.4	
贷：其他业务收入		20
应交税费——应交增值税（销项税额）		3.4
借：其他业务成本	18	
贷：原材料		18
(4) 借：销售费用	20	
财务费用	4	
贷：银行存款		24
(5) 借：所得税费用	53.75	
贷：应交税费——应交所得税		53.75

第四环节 错题重温 查漏补缺

回顾一下今天完成的习题中的错误部分，并在下方写出对于你来说第六章中最难把握的是哪些内容，如“自制原始凭证的填制要求”等。

第七章　会计账簿

第一环节　真题回顾　胸有成竹

一、多项选择题（共 10 题，建议学习时间为 8 分钟，应快速通读，对有疑问的题目重点阅读其解析，并做标记）

1. 下列关于平行登记的说法中，正确的是（　　）

A. 总账账户的期初余额 = 明细账账户期初余额合计

B. 记入总分类账户的金额与记入其所属明细分类账户的合计金额相等

C. 总账账户的本期发生额 = 所属明细账户本期发生额合计

D. 总账账户的期末余额 = 所属明细账账户期末余额合计

解析：选 BCD。选项 A 的正确表示应该是：总账账户的期初余额 = 所属明细账账户期初余额合计。

2. 下列属于序时账的有（　　）

A. 现金日记账　　B. 银行存款日记账

C. 应收账款明细账　　D. 主营业务收入明细账

解析：选 AB。序时账簿也称为日记账，是按照经济业务发生或完成时间的先后顺序逐月逐笔登记的账簿，现金日记账和银行存款日记账是典型的序时账簿。选项 C、D 属于分类账，分类账按照反映指标的详细程度分为总分类账簿（简称总账）和明细分类账簿。

3. 单位会计机构向单位档案部门移交会计档案的程序包括（　　）

A. 编制移交清册，填写交接清单

B. 在账簿使用日期栏填写移交日期

C. 交接人员按移交清册和交接清单所列项目核算无误后签章

D. 编制会计档案销毁清册

解析：选 ABC。单位会计机构向单位档案部门移交会计档案的程序包括编制移交清册，填写交接清单；在账簿使用日期栏填写移交日期；交接人员按移交清册和交接清单所列项目核算无误后签章。

4. 登记账簿时，正确的做法是（　　）

A. 文字或数字的书写必须占满格

B．书写可以使用蓝黑墨水

C．用红字冲销错误记录

D．发生的空行、空页一定要补充书写

解析：选 BC。按照规定，文字和数字的书写不要占满格，一般应占格距的1/2；登记账簿要用蓝黑墨水或者碳素墨水书写，不得使用圆珠笔（银行的复写账簿除外）或者铅笔书写；可以按照红字冲账的记账凭证冲销错误记录；发生的空行、空页应划线注销或者注明“此行空白”、“此页空白”字样。

5．下列一般采用两栏式的有（　　）

A．现金日记账　　B．普通日记账

C．银行存款日记账　　D．转账日记账

解析：选 BD。两栏式账簿只有借方和贷方两个基本金额栏目。普通日记账和转账日记账一般采用两栏式。

6．下列适合采用多栏式明细账格式核算的是（　　）

A．原材料　　B．制造费用　　C．生产成本　　D．库存商品

解析：选 BC。多栏式明细账适用于成本费用类科目的明细核算，包括制造费用、生产成本和劳务成本等。选项 A、D 是存货，应该采用数量金额式明细账。

7．下列账簿属于备查账簿的有（　　）

A．租入的固定资产登记簿　　B．出租的固定资产登记簿

C．委托加工材料登记簿　　D．应收、应付票据登记簿

解析：选 ACD。备查账簿适用于租入固定资产登记簿、应收票据贴现备查簿、委托加工材料登记簿等。

8．账簿记录发生错误，不准涂改、挖补、刮擦或者用药水消除字迹，不准重新抄写，而是应该按（　　）方法更正

A．全冲全入法　　B．补充登记法

C．红字更正法　　D．划线更正法

解析：选 BCD。错账更正方法有划线更正法、红字更正法、补充登记法。

9．Q 公司 2014 年 7 月 8 日正式营业，会计韩风建账时选用的账本有三栏式、多栏式和数量金额式三种。其中可以选用三栏式账簿的有（　　）

A．固定资产总账　　B．现金日记账

C．应收账款明细账　　D．原材料明细账

解析：选 ABC。三栏式账簿一般适用于各种日记账，总分类账及资本，债权、债务明细账；选项 D 应采用数量金额式账簿。

10. 账户中，年末结转后无余额的有（　　）

A. 利润分配　　B. 营业税金及附加

C. 预付账款　　D. 本年利润

解析：选 BD。“营业税金及附加”是损益类账户，期末结转后，没有余额；年末，需将“本年利润”账户余额转入“利润分配——未分配利润”账户，结转后，该账户余额为零。

二、单项选择题（共 10 题，为保证复习效果，对不懂的题目应做标记，以便更好地复习巩固。建议学习时间为 5 分钟）

1. 某公司厂部行政人员在报销差旅费 4 000 元时，会计人员编制记账凭证为“借：制造费用 40 000；贷：库存现金 40 000”并已登记入账，结账时发现该错误。下列各种更正方法中，适用于此情况的是（　　）

A. 红字冲销法　　B. 划线更正法

C. 补充登记法　　D. 字迹消除法

解析：选 A。红字冲销法又称红字更正法，适用于：①记账后发现记账凭证中的应借、应贷会计科目有错误所引起的记账错误；②记账后发现记账凭证和账簿记录中应借、应贷会计科目无误，只是所记金额大于应记金额所引起的记账错误。

2. 某公司月末编制的试算平衡表中，全部账户的本月贷方发生额合计为 900 000 元。除“应收账款”以外，其他账户的本月借方发生额合计为 895 000 元，则“应收账款”账户（　　）

A. 本月借方发生额为 5 000 元　　B. 本月贷方发生额为 5 000 元

C. 月末借方余额为 5 000 元　　D. 月末贷方余额为红字 5 000 元

解析：选 A。根据试算平衡原理，“应收账款”账户本月借方发生额为 900 000 − 895 000 = 5 000（元）。

3. 下列关于库存现金日记账的表述中，正确的是（　　）

A. 库存现金日记账应当每日结出发生额和余额

B. 库存现金日记账应当每隔三至五天结出余额

C. 库存现金日记账应当每十五天结出发生额

D. 库存现金日记账应当每月结出发生额和余额

解析：选 A。库存现金日记账是用来核算和监督库存现金日常收、付和结存情况的序时账簿。

4. 下列关于账簿与账户关系的表述中，正确的是（　　）

A. 概念和应用的关系　　B. 总体和具体的关系

C. 实质和形式的关系　　　　　　D. 形式和内容的关系

解析：选 D。会计账簿是指由一定格式的账页组成的，以经过审核的会计凭证为依据，全面、系统、连续地记录各项经济业务的簿籍。账簿是由若干账页组成的一个整体，账簿中的每一账页就是账户的具体存在形式和载体，账簿与账户的关系是形式和内容的关系。

5. 某公司原材料总分类科目的本期借方发生额为 25 000 元，贷方发生额为 24 000 元，其所属的三个明细分类账中：A 材料本期借方发生额为 8 000 元，贷方发生额为 6 000 元；B 材料借方发生额为 13 000 元，贷方发生额为 16 000 元。则 C 材料的本期借、贷方发生额分别为（　　）

A. 借方发生额为 12 000 元，贷方发生额为 2 000 元

B. 借方发生额为 4 000 元，贷方发生额为 2 000 元

C. 借方发生额为 4 000 元，贷方发生额为 10 000 元

D. 借方发生额为 6 000 元，贷方发生额为 8 000 元

解析：选 B。总账借、贷方发生额等于所属明细账借、贷方发生额之和。则 C 材料借方发生额 = 25 000 − 8 000 − 13 000 = 4 000（元），贷方发生额为 24 000 − 6 000 − 16 000 = 2 000（元）。

6.（　　）是追查会计记录正确与否的最终途径

A. 账实核对　　B. 账表核对　　C. 账账核对　　D. 账证核对

解析：选 D。本题考查账证核对的意义，账证核对是追查会计记录正确与否的最终途径。

7. 下列关于库存现金及银行存款日记账月末结账时做法的表述中，正确的是（　　）

A. 应在“本月合计”栏金额内划单红线

B. 应在“本月合计”栏上面通栏划单红线

C. 应在“本月合计”栏下面划双红线

D. 应在“本月合计”栏下面通栏划单红线

解析：选 D。库存现金、银行存款日记账和需要按月结计发生额的收入、费用等明细账在每月结账时，要在最后一笔经济业务记录下面通栏划单红线，结出本月发生额和余额，在摘要栏内注明“本月合计”字样，并在下面通栏划单红线。

8. 关于“年结”，下列说法中正确的是（　　）

A. 不需要编制记账凭证，但要将上年账户的余额反向结平，然后注明“结转下年”字样

B. 不需要编制记账凭证，也不需要将上年账户的余额反向结平，直接注

明“结转下年”字样即可

C. 要编制记账凭证，也要将上年账户的余额反向结平，然后注明“结转下年”字样

D. 要编制记账凭证，但不需要将上年账户的余额反向结平，然后注明“结转下年”字样

答案：选 B。

9. 下列说法中，不正确的是（　　）

A. 总分类账登记的依据和方法主要取决于所采用的账务处理程序

B. 现金日记账由出纳人员根据同现金收付有关的记账凭证，按时间顺序逐日逐笔进行登记

C. 总分类账的账页格式有三栏式和多栏式两种，最常用的格式为三栏式

D. 账簿按格式不同分为三栏式、多栏式和数量金额式

解析：选 D。账簿按格式不同分为：两栏式、三栏式、多栏式和数量金额式。

10. 除 9 法查找错数不适用的情况是（　　）

A. 借方金额遗漏　　B. 邻数颠倒

C. 将数字写大　　D. 将数字写小

解析：选 A。除 9 法是常见的错账查找方法，适用于将数字写小、将数字写大、邻数颠倒等情况。

三、判断题（共 10 题，建议学习时间为 5 分钟。应快速通读，对有疑问的题目重点阅读其解析，并做标记）

1. 费用明细账在月末结账时，要结出本月发生额和余额，在摘要栏内注明“本月合计”字样，并在下面通栏划单红线。（　　）

答案：对。

2. 会计账簿是指由一定格式账页组成的，以经过审核的会计凭证为依据，全面、系统、连续地记录各项经济业务的簿籍。（　　）

答案：对。

3. 登记账簿要用蓝黑墨水或碳素墨水书写，因此账簿记录中不可能出现红字。（　　）

解析：错。账簿记录中可以出现红字，在更正错账时以及多栏式明细账结转时使用。

4. 企业“住房公积金登记簿”属于序时账簿。（　　）

解析：错。企业“住房公积金登记簿”属于备查账簿。

5. 登记账簿的唯一依据是审核无误的原始凭证。(　　)

解析：错。登记账簿的依据是审核无误的会计凭证，包括原始凭证和记账凭证。

6. 会计账簿暂由本单位财务会计部门保管两年，期满之后，由财务会计部门编造清册移交本单位的档案部门保管。(　　)

解析：错。会计账簿暂由本单位财务会计部门保管一年，期满之后，由财务会计部门编造清册移交本单位的档案部门保管。

7. 企业和其他社会组织会计核算活动中形成的现金与银行存款日记账，属于需要保存25年的会计档案。(　　)

答案：对。

8. 库存现金和银行存款的总账是由出纳人员根据库存现金和银行存款的收、付款凭证分别汇总登记的。(　　)

解析：错。出纳人员除登记库存现金日记账和银行存款日记账外，不得登记和保管其他账簿。库存现金和银行存款的总账是由会计人员登记的。

9. 会计部门各种财产物资明细分类账的期末余额与财产物资保管或使用部门有关明细分类账的期末余额核对属于账实核对。(　　)

解析：错。会计部门各种财产物资明细分类账的期末余额与财产物资保管或使用部门有关明细分类账的期末余额核对属于账账核对。

10. 对于会计账簿的更换，一些更换新账、重抄一遍的工作量较大的明细账，可以连续使用，不必每年更换。(　　)

答案：对。

四、计算分析题（共2题，建议学习时间为24分钟。此类题目分数比重大，要求认真、细致地完成）

1. 安庆公司2014年8月发生的经济业务及登记的总分类账和明细分类账如下：

① 4日，向A公司购入甲材料1 000公斤，单价17元，价款17 000元；购入乙材料2 500公斤，单价9元，价款22 500元。货物已验收入库，款项39 500元尚未支付（不考虑增值税，下同）。

② 8日，向B公司购入甲材料2 000公斤，单价17元，价款34 000元，货物已验收入库，款项尚未支付。

③ 13日，生产车间为生产产品领用材料，其中领用甲材料1 400公斤，单价17元，价值23 800元；领用乙材料3 000公斤，单价9元，价值27 000元。

④ 23 日，向 A 公司偿还前欠货款 20 000 元，向 B 公司偿还前欠货款 40 000 元，用银行存款支付。

⑤ 26 日，向 A 公司购入乙材料 1 600 公斤，单价 9 元，价款 14 400 元，已用银行存款支付，货物同时验收入库。

要求：根据上述资料，完成下表的编制。

原材料明细分类账

明细科目：甲材料　　　　数量单位：公斤

2014 年		凭证编号	摘要	收入			发出			结存		
月	日			数量	单价	金额	数量	单价	金额	数量	单价	金额
8	1	略	月初余额							400	17	6 800
	4		购入材料	1 000	17	（1）				1 400	17	23 800
	8		购入材料	2 000	17	34 000				（2）	17	（3）
	13		领用材料				1 400	17	23 800	2 000	17	34 000
	31		合计	3 000	17	51 000	（4）	17	（5）	2 000	17	34 000

解析：

（1）17 000。8 月 4 日收入甲材料金额为：1 000 × 17 = 17 000（元）。

（2）3 400。8 月 8 日甲材料结存数量为：1 400 + 2 000 = 3 400（公斤）。

（3）57 800。8 月 8 日甲材料结存金额为：3 400 × 17 = 57 800（元）或 23 800 + 34 000 = 57 800（元）。

（4）1 400。8 月 31 日甲材料本期发出数量为 1 400 公斤。

（5）23 800。8 月 31 日甲材料本期发出金额为 23 800 元。

2. 2014 年 3 月至 5 月，凯迪上市公司发生的交易性金融资产业务如下：

① 3 月 1 日，向 D 证券公司划出投资款 1 000 万元，款项已通过开户行转入 D 证券公司银行账户。

② 3 月 2 日，委托 D 证券公司购入 A 上市公司股票 100 万股，每股 8 元，另发生相关的交易费用 2 万元，并将该股票划分为交易性金融资产。

③5 月 10 日，出售所持有的上述全部股票，取得价款 825 万元，已存入银行。假定不考虑相关税费。

要求（金额单位：万元）：

（1）编制凯迪上市公司划出投资款的会计分录。

（2）编制凯迪上市公司购入股票的会计分录。

（3）编制凯迪上市公司支付交易费用的会计分录。

（4）编制凯迪上市公司出售股票的会计分录。

解析：

（1）划出投资款的会计分录：

借：其他货币资金——存出投资款	1 000	
贷：银行存款		1 000

（2）购入股票的会计分录：

借：交易性金融资产——成本	800	
贷：其他货币资金——存出投资款		800

（3）支付交易费用的会计分录：

借：投资收益	2	
贷：其他货币资金——存出投资款		2

（4）出售股票的会计分录

借：银行存款	825	
贷：交易性金融资产——成本		800
投资收益		25

第二环节　知识图表　面面俱到

第一节　会计账簿概述

概念	是指由一定格式的账页组成的，以经过审核的会计凭证为依据，全面、系统、连续地记录各项经济业务的簿籍	
作用	（1）记载和储存会计信息 （2）分类和汇总会计信息 （3）检查和校正会计信息 （4）编报和输出会计信息	
基本内容	封面、扉页、账页	
与账户的关系	账簿与账户的关系是形式和内容的关系。账簿是由若干账页组成的一个整体，账簿中的每一账页就是账户的具体存在形式和载体，没有账簿，账户就无法存在；账簿序时、分类地记录经济业务，是在各个具体的账户中完成的。因此，账簿只是一个外在形式，账户才是它的实质内容	
种类	按用途	（1）序时账簿：又称日记账，是按照经济业务发生时间的先后顺序逐日逐笔登记的账簿 （2）分类账簿：是对按照会计要素的具体类别而设置的分类账户进行登记的账簿 （3）备查账簿：又称辅助登记簿或补充登记簿，是指对某些在序时账簿和分类账簿中未能记载或记载不全的经济业务进行补充登记的账簿
	按账页格式	（1）两栏式账簿：只有借方和贷方两个金额栏目 （2）三栏式账簿：设有借方、贷方和余额三个金额栏目 （3）多栏式账簿：在账簿的两个金额栏目（借方和贷方）按需要分设若干专栏 （4）数量金额式账簿：指在账簿的借方、贷方和余额三个栏目内，每个栏目再分设数量、单价和金额三小栏，借以反映财产物资的实物数量和价值量 （5）横线登记式账簿：又称平行式账簿，是指将前后密切相关的经济业务登记在同一行上，以便检查每笔业务的发生和完成情况

（续上表）

种类	按外形特征	(1) 订本式账簿：简称订本账，是在启用前将编有顺序页码的一定数量账页装订成册的账簿 (2) 活页式账簿：简称活页账，是将一定数量的账页置于活页夹内，可根据记账内容的变化而随时增加或减少部分账页的账簿 (3) 卡片式账簿：简称卡片账，是将一定数量的卡片式账页存放于专设的卡片箱中，可以根据需要随时增添账页的账簿

第二节　会计账簿的启用与登记要求

会计账簿的启用	启用会计账簿时，应当在账簿封面上写明单位名称和账簿名称，并在账簿扉页上附启用表。启用订本式账簿应当从第一页到最后一页顺序编定页数，不得跳页、缺号。使用活页式账簿应当按账户顺序编号，并须定期装订成册，装订后再按实际使用的账页顺序编定页码，另加目录以便于记明每个账户的名称和页次
会计账簿的登记要求	①准确完整；②注明记账符号；③书写留空；④正常记账使用蓝黑墨水；⑤特殊记账使用红墨水；⑥顺序连续登记；⑦结出余额；⑧过次承前；⑨不得涂改、刮擦、挖补

第三节　会计账簿的格式与登记方法

日记账的格式与登记方法	库存现金日记账的格式与登记方法	(1) 三栏式库存现金日记账：用来登记库存现金的增减变动情况及其结果的日记账。设借方、贷方和余额三个金额栏目，一般将其分别称为收入、支出和结余三个基本栏目。三栏式库存现金日记账是由出纳人员根据库存现金收款凭证、库存现金付款凭证以及银行存款的付款凭证，按照库存现金收、付款业务和银行存款、付款业务发生时间的先后顺序逐日逐笔登记 (2) 多栏式库存现金日记账：是在三栏式库存现金日记账的基础上发展起来的。这种日记账的借方（收入）和贷方（支出）金额栏都按对方科目设专栏，也就是按收入的来源和支出的用途设专栏。这种格式在月末结账时，可以结出各收入来源专栏和支出用途专栏的合计数，便于对现金收支的合理性、合法性进行审核分析和检查财务收支计划的执行情况，其全月发生额还可以作为登记总账的依据

（续上表）

日记账的格式与登记方法	银行存款日记账的格式与登记方法	用来核算和监督银行存款每日的收入、支出和结余情况的账簿。银行存款日记账应按企业在银行开立的账户和币种分别设置，每个银行账户设置一本日记账。由出纳人员根据与银行存款收付业务有关的记账凭证，按时间先后顺序逐日逐笔进行登记。根据银行存款、收款凭证和有关的库存现金付款凭证登记银行存款收入栏，根据银行存款、付款凭证登记其支出栏，每日结出存款余额
总分类账的格式与登记方法	总分类账的格式：最常用的格式为三栏式，设有借方、贷方和余额三个金额栏目	
	总分类账的登记方法：因登记的依据不同而有所不同。经济业务少的小型单位的总分类账可以根据记账凭证逐笔登记；经济业务多的大中型单位的总分类账可以根据记账凭证汇总表（又称科目汇总表）或汇总记账凭证等定期登记	
明细分类账的格式与登记方法	明细分类账一般采用活页式账簿、卡片式账簿。明细分类账一般根据记账凭证和相应的原始凭证来登记。常用格式主要有以下四种：三栏式、多栏式、数量金额式、横线登记式	
总分类账户与明细分类账户的平行登记	总分类账户与明细分类账户的关系：总分类账户是所属明细分类账户的统驭账户，对所属明细分类账户起着控制作用；明细分类账户则是总分类账户的从属账户，对其所隶属的总分类账户起着辅助作用。总分类账户及其所属明细分类账户的核算对象是相同的，它们所提供的核算资料互相补充，只有把二者结合起来，才能既总括又详细地反映同一核算内容。因此，总分类账户和明细分类账户必须平行登记	
	总分类账户与明细分类账户平行登记的要点：①方向相同；②期间一致；③金额相等	

第四节　对账与结账

对账	概念：核对账目，是对账簿记录所进行的核对工作
	内容：一般可以分为账证核对、账账核对和账实核对（注意：没有账表核对）
结账	概念：是一项将账簿记录定期结算清楚的账务工作。在一定时期结束时（如月末、季末或年末），为了编制财务报表，需要进行结账，具体包括月结、季结和年结。结账的内容通常包括两个方面：一是结清各种损益类账户，并据以计算和确定本期利润；二是结出各资产、负债和所有者权益账户的本期发生额合计和期末余额
	程序： （1）结账前，将本期发生的经济业务全部登记入账，并保证其正确性。对于发现的错误，应采用适当的方法进行更正 （2）在本期经济业务全面入账的基础上，根据权责发生制的要求，调整有关账项，合理确定应记入本期的收入和费用 （3）将各损益类账户余额全部转入“本年利润”账户，结平所有损益类账户 （4）结出资产、负债和所有者权益账户的本期发生额和余额，并转入下期 上述工作完成后，就可以根据总分类账和明细分类账的本期发生额和期末余额，分别进行试算平衡
	方法主要有： （1）对不需要按月结计本期发生额的账户，每次记账以后，都要随时结出余额，每月最后一笔余额是月末余额，即月末余额就是本月最后一笔经济业务记录的同一行内余额。月末结账时，只需要在最后一笔经济业务记录之下通栏划单红线，不需要再次结计余额 （2）库存现金、银行存款日记账和需要按月结计发生额的收入、费用等明细账，每月结账时，要在最后一笔经济业务记录下面通栏划单红线，结出本月发生额和余额，在摘要栏内注明“本月合计”字样，并在下面通栏划单红线 （3）对于需要结计本年累计发生额的明细账户，每月结账时，应在“本月合计”行下结出自年初起至本月末止的累计发生额，登记在月份发生额下面，在摘要栏内注明“本年累计”字样，并在下面通栏划单红线。12 月末的“本年累计”就是全年累计发生额，在全年累计发生额下面通栏划双红线 （4）总账账户平时只需结出月末余额。年终结账时，为了总括地反映全年各项资金运动情况的全貌，核对账目，要将所有总账账户结出全年发生额和年末余额，在摘要栏内注明“本年合计”字样，并在合计数下通栏划双红线 （5）年度终了结账时，有余额的账户，应将其余额结转下年，并在摘要栏注明“结转下年”字样；在下一会计年度新建有关账户的第一行余额栏内填写上年结转的余额，并在摘要栏注明“上年结转”字样，使年末有余额账户的余额如实地在账户中加以反映，以免混淆有余额的账户和无余额的账户

第五节　错账查找与更正的方法

错账查找方法	差数法、尾数法、除2法、除9法
错账更正方法	划线更正法——在结账前发现账簿记录有文字或数字错误，而记账凭证没有错误时采用
	红字更正法——适用于以下两种情形： (1）记账后发现记账凭证中的应借、应贷会计科目有错误所引起的记账错误 (2）记账后发现记账凭证和账簿记录中应借、应贷会计科目无误，只是所记金额大于应记金额所引起的记账错误
	补充登记法——记账后发现记账凭证和账簿记录中应借、应贷会计科目无误，只是所记金额小于应记金额时采用

第六节　会计账簿的更换与保管

会计账簿的更换	通常在新会计年度建账时进行。总账、日记账和多数明细账应每年更换一次，备查账簿可以连续使用
会计账簿的保管	年度终了，各种账户在结转下年、建立新账后，一般应将旧账集中统一管理。会计账簿暂由本单位财务会计部门保管一年，期满后，由本单位财务会计部门编造清册，移交本单位的档案部门保管 各种账簿应当按年度分类归档，编造目录，妥善保管。既保证在需要时能迅速查阅，又保证各种账簿的安全和完整。保管期满后，还要按照规定的审批程序经批准后才能销毁

第三环节 臻题强化 胜券在握

温馨提醒

因考试时多项选择题及计算分析题单位分值为2分/题，特别是多项选择题，不仅单题分值高，题量也多，多项选择题题型分值占40分，“得多选者得会从”，必须保证多项选择题的准确率，方能保证考试通关。因此，考前冲刺应多练多项选择题及计算分析题。

一、多项选择题（共10题，应在8分钟内完成）

1. 下列需要划双红线的有（　　）

A. 在“本月合计”的下面

B. 在“本年累计”的下面

C. 在12月末的“本年累计”的下面

D. 在“本年合计”的下面

2. 下列各项中，保管期限为25年的会计档案有（　　）

A. 税收日记账　　B. 现金日记账

C. 银行存款日记账　　D. 税收会计现金出纳账

3. 下列各项中，属于账账核对常见做法的有（　　）

A. 核对库存现金日记账和银行存款日记账余额与其总账余额是否相符

B. 核对总账余额和所属明细账合计是否相符

C. 核对银行存款日记账和银行对账单是否相符

D. 核对所有总账的借方发生额合计和贷方发生额合计是否相符

4. 下列账簿中，可以跨年度连续使用的有（　　）

A. 总分类账　　B. 日记账

C. 固定资产卡片账　　D. 租入固定资产登记簿

5. 下列说法中，正确的有（　　）

A. 没有余额的账户，应当在“借或贷”栏内写“0”，并在余额内用“0”表示

B. 银行存款日记账必须逐日结出余额

C. 库存现金日记账必须逐日结出余额

D. 凡需要结出余额的账户，结出余额后，应当在“借或贷”栏内写明“借”或者“贷”等字样

6. 备查账簿、序时账簿和分类账簿的不同在于（　　）

A. 登记依据不同　　B. 账簿格式不同

C. 登记方法不同　　D. 账簿种类不同

7. 下列做法中，属于对账的有（　　）

A. 财产物资明细账账面余额与财产物资实存数额的核对

B. 库存现金日记账的期末余额合计与库存现金总账期末余额的核对

C. 账簿记录与原始凭证之间的核对

D. 总分类账簿与其所属明细分类账簿之间的核对

8. 下列各项中，属于总分类账登记依据的有（　　）

A. 明细分类账　　B. 科目汇总表

C. 汇总记账凭证　　D. 记账凭证

9. 下列关于平行登记的表述中，正确的有（　　）

A. 总账账户的期初余额 = 明细账账户期初余额合计

B. 总账账户的期末余额 = 所属明细账账户期末余额合计

C. 总账账户的本期发生额 = 所属明细账账户本期发生额合计

D. 记入总分类账户的金额与记入其所属明细分类账户的合计金额相等

10. 下列各项中，属于明细分类账登记依据的是（　　）

A. 记账凭证　　B. 汇总原始凭证

C. 总分类账　　D. 原始凭证

二、单项选择题（共 10 题，应在 5 分钟内完成）

1. 总分类账户与明细分类账户平行登记四要点中的“依据相同”是指（　　）

A. 总分类账要根据明细分类账进行登记

B. 明细分类账要根据总分类账进行登记

C. 根据同一会计凭证登记

D. 由同一人员进行登记

2. 下列不属于对账的是（　　）

A. 账簿记录与原始凭证之间的核对

B. 总分类账簿与其所属明细分类账簿之间的核对

C. 银行存款日记账的期末余额合计与现金总账期末余额的核对

D. 总账与备查账之间的核对

3. 红字更正法摘要栏需要注明的是（　　）

A. 对方单位名称　　B. 注销某月某日某号凭证

C. 订正某月某日某号凭证　　D. 经济业务内容

4. 启用会计账簿时，应在账簿封面上写明单位名称和账簿名称，并在账簿扉页上附启用表。活页账和卡片账应在（　　）填列

A. 启用账簿时　　B. 装订成册时

C. 年初　　D. 年末

5. 会计人员在审核记账凭证时，发现误将 5 000 元写成 500 元，尚未入账，应当采用（　　）

A. 重新填制　　B. 红字更正法

C. 补充登记法　　D. 冲销法

6. 下列关于年终结账的表述中，正确的是（　　）

A. 不需要编制记账凭证，也不需要将上年账户的余额反向结平，直接注明“结转下年”即可

B. 应编制记账凭证，并将上年账户的余额反向结平

C. 应编制记账凭证予以结转，但不需要将上年账户的余额结平

D. 不需要编制记账凭证，但应将上年账户的余额反向结平才能结转下年

7. 下列关于日记账的说法中，不正确的是（　　）

A. 现金日记账和银行存款日记账由出纳人员负责登记

B. 现金日记账和银行存款日记账应该定期与会计人员登记的现金总账和银行存款总账核对

C. 银行存款日记账应该定期或者不定期与开户银行提供的对账单进行核对，每月至少核对三次

D. 现金日记账应逐日逐笔登记

8. 下列各项中，适用于出纳人员所登记的库存现金账的是（　　）

A. 序时账　　B. 卡片式账簿

C. 备查账　　D. 分类账簿

9. 月底没有余额的账户，应当在“借或贷”栏内写“平”字，并在余额栏内用“0”表示。一般来说，对于没有余额的账户，在余额栏内标注的“0”应当放在（　　）

A. “分”位　　B. “元”位

C. 余额中间位　　D. 无特殊规定

10. 下列各项中，不符合账簿平时管理具体要求的是（　　）

A. 会计账簿不能随意交予其他人员管理

B. 各种账簿应指定专人管理

C. 会计账簿除需要与外单位核对外，一般不能携带外出

D. 年度终了，一般要把旧账交给总账会计集中统一管理

三、判断题（共10题，应在5分钟内完成）

1. 登记账簿时，发生的空行、空页一定要补充书写，不得注销。（　　）

2. 如果在结账前发现账簿记录有文字或数字错误，而记账凭证没有错误，则可采用划线更正法，也可采用红字更正法。（　　）

3. 每个单位都应设置总分类账、明细账和备查账簿。（　　）

4. 现金日记账的日期栏是指记账凭证的日期，应与现金实际支付日期一致。（　　）

5. 各单位在更换旧账簿、启用新账簿时，应当填制账簿启用表。（　　）

6. 会计档案保管期满，需要销毁的，由档案部门提出意见，会同财会部门审定，并在此基础上编制会计档案销毁清册。（　　）

7. 每日终了，银行存款日记账必须给出余额，并与银行对账单核对相符。（　　）

8. 月结是指在最后一笔记录下划通栏红线，红线下计算出本月发生额及月末余额，注明本月合计或本月发生额及余额，然后在下面划上一条蓝线。（　　）

9. 总分类账与明细分类账因为登账方向相同，所以余额方向也是一致。（　　）

10. 年度终了，会计账簿暂由本单位财务会计部门保管一年。（　　）

四、计算分析题（共2题，应在24分钟内完成）

1. 美极公司是一家工业生产企业，为增值税一般纳税人，存货采用实际成本法计价。2010年11月发生如下业务：

（1）11月2日购入A材料一批，买价为5 000元，增值税额为850元，途中发生运费、保险费等200元，各种款项已经通过银行存款支付，材料已经验收入库。

（2）11月10日购入B材料一批，买价为2 000元，增值税额为340元，对方代垫运费300元，款项已经通过银行存款支付，但材料尚未入库。

（3）11月25日根据本月“发料凭证汇总表”分配原材料费用：基本生

产车间领用甲材料花费 5 000 元，行政管理部门领用原材料花费 200 元，在建工程领用原材料花费 1 000 元。

（4）11 月 30 日收到采购的 C 材料，但是发票账单未到，款项也尚未支付。公司暂估价为 2 000 元。

（5）11 月 30 日进行存货的清查，盘亏 B 材料 20 公斤，单价为 100 元/公斤，是收发计量差错造成的。

要求：编制上述业务的会计分录。

2. 天语咨询公司于 2011 年 4 月 1 日与客户签订了一项咨询合同，合同规定，咨询期 2 年，咨询费为 300 000 元，客户分三次支付，第一期在项目开始时支付，第二期在项目中期支付，第三期在项目结束时支付，估计总成本为 170 000 元（假定用银行存款支付）。假定成本估计十分准确，不会发生变化，按已发生成本占估计总成本的比例确定该劳务的完工程度。成本发生的情况见下表：

单位：元

年度	2011	2012	2013	合计
发生的成本	67 500	90 000	22 500	180 000

要求：按完工百分法确定各年的收入、成本并编制相关业务的会计分录。

（1）收到第一期咨询费 10 万元的会计分录。

（2）2011 年实际发生成本的会计分录。

（3）2011 年应确认的收入。

（4）2011 年应确认的成本。

（5）2012 年应确认的收入。

参考答案及解析

一、多项选择题

1. CD【**解析**】在“本年累计”下面不一定划双红线，只有在 12 月末的“本年累计”下面才划双红线，因为 12 月末的“本年累计”就是全年累计发生额。

2. ABCD。

3. ABD【解析】账账核对的内容主要包括：①总分类账簿之间的核对；②总分类账簿与所属明细分类账簿之间的核对；③总分类账簿与序时账簿之间的核对；④明细分类账簿之间的核对。

4. CD【解析】固定资产卡片账、备查账簿可以连续使用，总分类账和日记账每年都需要更换新账。

5. BCD【解析】没有余额的账户，应当在“借或贷”栏内写“平”，并在余额内用“0”表示。

6. ABC【解析】备查账簿与序时账簿、分类账簿相比，账簿的格式、登记依据、登记方法不同。

7. ABCD。

8. BCD【解析】根据账户处理程序的不同，企业可以根据记账凭证直接登记总账，也可以根据科目汇总表或汇总记账凭证登记总账。

9. BCD【解析】选项A的正确表示应该为：总账账户的期初余额=所属明细账账户期初余额合计。

10. ABD【解析】明细分类账可以根据原始凭证直接登记，也可以根据汇总原始凭证登记，还可以根据记账凭证登记。

二、单项选择题

1. C【解析】对每一项经济业务，一方面要记入有关总账账户，另一方面要在所属的明细账账户中进行明细分类核算。由于是同一项业务，所以登记时依据的是同一会计凭证。

2. D【解析】备查账簿只是对其他账簿记录的一种补充，与其他账簿之间不存在严密的依存和钩稽关系。选项D不属于对账的内容。

3. B【解析】红字更正法主要是起到冲销作用，所以摘要栏应注明注销某月某日某号凭证。

4. B【解析】活页账和卡片账应在装订成册时在账簿扉页上附启用表。

5. A【解析】会计人员在审核记账凭证时，发现错误，尚未入账，只需重新填制一张准确的记账凭证。

6. A【解析】年度终了结账时，有余额的账户，应将其余额结转下年，并在摘要栏注明“结转下年”字样，不需要编制记账凭证，也不需要将上年账户的余额反向结平。

7. C【解析】银行存款日记账应该定期或者不定期与开户银行提供的对账单进行核对，每月至少核对一次。

8. A【解析】日记账又称序时账，是出纳人员按照经济业务发生或完成的时间先后顺序逐日逐笔进行登记的账簿。

9. B【解析】一般来说，对于没有余额的账户，在余额栏内标注的“0”应当放在“元”位。

10. D【解析】各种会计账簿的保管要分工明确，指定专人管理，不一定是由总账会计集中统一管理。

三、判断题

1. 错【解析】如果发生跳行、隔页，应当将空行、空页划线注销或者注明“此行空白”、“此页空白”字样，并由记账人员签名或者盖章。

2. 错【解析】如果在结账前发现账簿记录有文字或数字错误，而记账凭证没有错误，则可采用划线更正法，不必采用红字更正法。

3. 错【解析】备查账簿并非每个单位都应设置，只需根据各个单位的实际需要来设置和登记。

4. 对【解析】现金日记账日期栏中填写的是记账凭证的日期而非原始凭证的日期。

5. 对。

6. 对。

7. 错【解析】每月月末银行会给企业一份银行对账单，出纳人员根据对账单来核对企业银行日记账，若不符，则需要做银行存款余额调节表。

8. 错【解析】不管是月结、季结还是年结，从来就没有划蓝线这种情况的。

9. 错【解析】应收账款、预收账款、预付账款、应付账款与所属明细账的余额方向可能不一致。

10. 对。

四、计算分析题

1.【解析】

(1) 购入A材料，已验收入库，并支付货款，会计分录为：

借：原材料	5 200	
应交税费——应交增值税（进项税额）	850	
贷：银行存款		6 050

(2) 购入B材料，尚未验收入库，已支付货款，会计分录为：

借：在途物资	2 300	
应交税费——应交增值税（进项税额）	340	
贷：银行存款		2 640

(3) 领用原材料会计分录为:

借: 生产成本 5 000

管理费用 200

在建工程 1 000

贷: 原材料 6 200

(4) 月末, 采购 C 材料入库, 但发票账单尚未收到, 企业暂估入账, 会计分录为:

借: 原材料 2 000

贷: 应付账款 2 000

(5) 盘亏 B 材料, 批准前, 会计分录为:

借: 待处理财产损溢 2 000

贷: 原材料 2 000

批准后, 会计分录为:

借: 管理费用 2 000

贷: 待处理财产损溢 2 000

2. **【解析】**

(1) 收到第一期咨询费 10 万元的会计分录为:

借: 银行存款 100 000

贷: 预收账款 100 000

(2) 2011 年实际发生成本的会计分录为:

借: 劳务成本 67 500

贷: 银行存款 67 500

(3) 2011 年应确认的收入为: 112 500 元。

该公司按已发生成本占估计总成本的比例确定该劳务的完工程度, 并确认收入。2011 年劳务的完工程度 = 67 500 ÷ 180 000 × 100% = 37.5%; 2011 年应确认的收入 = 300 000 × 37.5% = 112 500 (元)。

(4) 2011 年应确认的成本即为实际发生的成本 67 500 元。

(5) 2012 年应确认的收入为: 150 000 元。

2012 年劳务的完工程度 = (67 500 + 90 000) ÷ 180 000 × 100% = 87.5%; 2012 年应确认的收入 = 300 000 × 87.5% - 112 500 = 150 000 (元)。

第四环节 错题重温 查漏补缺

回顾一下今天完成的习题中的错误部分，并在下方写出对于你来说第七章中最难把握的是哪些内容，如“错账的更正、重新填制记账凭证”等。

第五天　第九章　财产清查*

第一环节　真题回顾　胸有成竹

一、多项选择题（共 10 题，建议学习时间为 8 分钟，应快速通读，对有疑问的题目重点阅读其解析，并做标记）

1. 下列关于财产清查作用的表述中，正确的有（　　）

A. 挖掘财产物资的潜力，有效利用财产物资，加速资金周转

B. 保证会计信息的真实、可靠，保护各项财产的安全完整

C. 发现财产管理上存在的问题，提高经营管理水平

D. 保证财经纪律和结算制度的贯彻执行

答案： 选 ABCD。

2. 下列各项中，属于可能导致账实不符原因的有（　　）

A. 由于管理不善或工作人员的失职而发生的财产损坏、变质或者短缺

B. 在收发过程中，由于计量、检验不准确而发生的在品种、数量和质量上的差错

C. 在账簿记录上发生重记、漏记、错记或计算上的错误

D. 在财产储存保管过程中发生了自然损耗或升溢

答案： 选 ABCD。

3. 下列情况下，可能使企业银行存款日记账余额大于银行对账单余额的有（　　）

A. 银行已付，企业未付　　　　B. 企业已收，银行未收

C. 银行已收，企业未收　　　　D. 企业已付，银行未付

解析： 选 AB。选项 C、D 导致企业银行存款日记账余额小于银行对账单余额。

---

* 注：出于对知识点的逻辑性及每日备考时间安排的考虑，特将第八章调到第九、第十章之后。

4. 财产清查处理分审批前和审批后，下列各项中属于审批机构的有（　　）

A. 单位的经理（厂长）会议　　B. 上级主管部门

C. 单位的股东大会　　D. 单位的董事会

解析： 选 ABCD。对于一般的企业财产清查需经股东大会和董事会审批，对于国家机关、国有企业需经单位的经理（厂长）会议或上级主管部门审批。

5. 对于盘亏、毁损的存货，经批准后进行账务处理时，下列各项中可能涉及的借方科目有（　　）

A. 营业外支出　　B. 管理费用

C. 原材料　　D. 其他应收款

解析： 选 ABD。对于盘亏、毁损的存货，经批准后进行账务处理时，如因人为过失或非常损失而造成的损失应获赔偿部分，记入“其他应收款”科目；如因自然损耗或管理不善而造成的损失，记入“管理费用”科目；如为非常损失，其净额记入“营业外支出”科目。

6. 关于库存现金的清查表述正确的有（　　）

A. 在进行现金清查时，出纳人员必须在场

B. 在清查过程中不能用白条抵库

C. 现金盘点报告表不是原始凭证

D. 现金盘点报告表应由清查人员和出纳人员共同签章方能生效

解析： 选 ABD。现金盘点报告表是原始凭证，可以根据它调整现金日记账的账面记录。

7. 下列各种财产损溢情况，经批准后在财务处理时可增减管理费用的有（　　）

A. 材料盘盈　　B. 固定资产丢失

C. 材料自然损耗　　D. 出纳人员丢失现金

解析： 选 AC。在财产清查中发生存货盘盈、盘亏的，其净损失记入“管理费用”账户。

8. 关于银行存款的清查，下列说法中，正确的有（　　）

A. 经过银行存款余额调节表调整后，若双方账目没有差错，它们应该相符，且其金额表示企业可动用的银行存款实有数

B. 编制银行存款余额调节表的目的是消除未达账项的影响，核对银行存款账目有无错误

C. 银行存款余额调节表是原始凭证，可以根据该表在银行存款日记账上登记

D. 在清查过程中若发现长期存在的未达账项，应查明原因及时处理

解析：选 ABD。银行存款余额调节表不是原始凭证，不可以根据该表在银行存款日记账上登记。

9. 以下关于清查方法的表述中，正确的有（　　）

A. 库存现金和银行存款的清查，采用实地盘点法

B. 量大成堆而又价值不高、难以清点的煤炭，应采用技术推算法

C. 往来款项的清查，一般采用查询核对法或账单核对法进行清查

D. 在对实物资产的数量进行清查的同时，还要对其质量进行鉴定，可根据不同的实物采用物理法、化学法和直接观察法等不同的检查方法

解析：选 BD。对于银行存款的清查应通过与开户银行转来的对账单进行核对；对于往来款项的清查，一般用发函询证的方法进行核对。

10. 下列关于实物资产清查的表述中，正确的有（　　）

A. 在对实物资产的清查中，实物保管人员应自始至终在场

B. 要从数量上和质量上进行严格的清查

C. 清查时填写的“清查结果报告表”是用于调整账簿记录的原始凭证

D. 绝大部分实物资产都可以采用实地盘点法进行清查

解析：选 ABCD。实物资产的清查就是对实物资产（固定资产、存货等）在数量和质量上所进行的清查。常用的清查方法主要有实地盘点法和技术推算法。清查时填写的“清查结果报告表”是用于调整账簿记录的原始凭证。

二、单项选择题（共 10 题，为保证复习效果，对不懂的题目应做标记，以便更好地复习巩固。建议学习时间为 5 分钟）

1. 企业财产清查中，不能作为调整账簿记录的是（　　）

A. 库存现金盘点报告表

B. 盘点报告表

C. 银行存款余额调节表

D. 清查结果报告表

解析：选 C。银行存款余额调节表只起到对账作用。

2. 采用永续盘存制时，财产清查的目的是（　　）

A. 检查账实是否相符　　　　B. 检查账证是否相符

C. 检查账账是否相符　　　　D. 检查账表是否相符

解析：选 A。永续盘存制是财产清查的一种方法，用于检查账实是否相符。

3. 对价值小、数量多，不便于一一清点的财产应该采用（　　）进行盘点

A. 逐一盘点法　　　　B. 测量计算法

C. 对账单法　　　　　　　　　　D. 抽样盘点法

解析：选 D。本题考查实物资产清查方法的适用范围。

4. 财产清查中发现账外机器一台，估计原值 10 000 元，估计折旧 6 000 元，净值 4 000 元，重置价值 5 000 元。其入账价值是（　　）元

A. 10 000　　B. 6 000　　C. 4 000　　D. 5 000

解析：选 D。财产清查发现账外固定资产一般按照重置价值入账。

5. 企业与其开户银行之间的未达账项，进行账务处理的时间是（　　）

A. 编好银行存款余额调节表时　　B. 查明未达账项时

C. 收到银行对账单时　　　　　　D. 实际收到有关结算凭证时

解析：选 D。对企业与其开户银行之间的未达账项，进行账务处理的时间是实际收到有关结算凭证时。

6. 在财产清查中发现，账存甲材料 100 000 元，实存甲材料 110 000 元，原因待查。在未批准处理前，下列处理中正确的是（　　）

A. 借：原材料——甲材料　　　　　　　　10 000
　　贷：待处理财产损溢——流动资产损溢　　　10 000

B. 借：原材料——甲材料　　　　　　　　10 000
　　贷：营业外收入　　　　　　　　　　　　10 000

C. 借：固定资产——甲材料　　　　　　　10 000
　　贷：待处理财产损溢——非流动资产损溢　　10 000

D. 借：待处理财产损溢——流动资产损溢　　10 000
　　贷：原材料——甲材料　　　　　　　　　10 000

解析：选 A。实存甲材料 110 000 元大于账存甲材料 100 000 元，是盘盈甲材料 10 000 元。在未批准处理前，财务处理为：借：原材料——甲材料 10 000；贷：待处理财产损溢——流动资产损溢 10 000。

7. 清查财产过程中查明的固定资产盘盈应通过（　　）账户核算

A. 固定资产清理　　　　　　B. 待处理财产损溢

C. 以前年度损益调整　　　　D. 营业外支出

解析：选 C。清查财产过程中查明的固定资产盘盈应通过“以前年度损益调整”账户核算。

8. 欢迪公司 2014 年 6 月 30 日银行存款日记账的余额为 100 万元，经逐笔核对，未达账项如下：银行已收，企业未收的 2 万元；银行已付，企业未付的 1.5 万元。欢迪公司银行存款余额为（　　）

A. 103.5 万元　　B. 100 万元　　C. 100.5 万元　　D. 102 万元

解析：选 C。企业调账后存款余额 = 企业账面存款余额 + 银行已收而企

业未收账项－银行已付而企业未付账项＝100＋2－1.5＝100.5（万元）。

9. 某公司在遭受洪灾后，对其受损的财产物资进行的清查，属于（　　）

A. 局部清查和定期清查　　B. 全面清查和定期清查

C. 局部清查和不定期清查　　D. 全面清查和不定期清查

解析：选C。发生自然灾害或意外损失，对其受损的财产物资进行的清查，属于局部清查和不定期清查。

10. 下列关于财产物资盘亏的说法中，正确的是（　　）

A. 实存数小于账存数　　B. 由于记账差错少记的金额

C. 实存数等于账存数　　D. 实存数大于账存数

解析：选A。财产物资盘亏是指实存数小于账存数。

三、判断题（共10题，建议学习时间为5分钟。应快速通读，对有疑问的题目重点阅读其解析，并做标记）

1. 永续盘存制下，可以通过存货明细账的记录随时结出存货的数量，故不需要对存货进行盘点。（　　）

解析：错。采用永续盘存制仍需对各种财产物资进行清查盘点，以查明账实是否相符和账实不符的原因。

2. 对于财产清查所发现的盘盈、盘亏，应及时查明原因，明确经济责任，并依据有关规定进行处理。一般来说，个人造成的损失，应由个人赔偿；因管理不善而造成的损失，应作为企业管理费用或者列入企业的营业外支出。（　　）

解析：错。对于财产清查所发现的盘亏，应及时查明原因，明确经济责任，经审批后进行处理。一般来说，个人造成的损失应由个人赔偿；属于非常损失的记入营业外支出；属于一般经营损失的记入管理费用。

3. 银行存款余额调节表是调整账簿记录，使账实相符的原始凭证。（　　）

解析：错。银行存款余额调节表不是原始凭证。

4. 企业和其他组织的银行存款余额调节表、银行对账单和固定资产报废清理后的固定资产卡片等会计档案保管期限应当为5年。（　　）

答案：对。

5. 存货盘亏、毁损的净损失一律记入“管理费用”科目。（　　）

解析：错。由自然灾害或意外事故造成的存货毁损，应先扣除残料价值和可以收回的保险赔偿，然后将净损失转作营业外支出。

6. 技术推算法用于量大成堆而价值又不高、难以逐一清点的财产物资的清查。（　　）

答案：对。

7. 对于盘盈的现金，审批前通过“待处理财产损溢”账户，批准后的净收入记入“营业外收入”账户。(　　)

解析：对。本题考查现金清查结果的处理。

8. “待处理财产损溢”账户借方反映发生的待处理财产盘盈数额或转销已批准处理的财产物资盘亏和毁损数额，贷方反映发生的待处理财产盘亏数额或结转已批准处理的财产物资盘盈数。(　　)

解析：错。“待处理财产损溢”账户的借方登记财产物资的盘亏数、毁损数和批准转销的财产物资盘盈数；贷方登记财产物资的盘盈数和批准转销的财产物资盘亏及毁损数。

9. 在进行库存现金和存货清查时，出纳人员和实物保管人员不得在场，应该回避。(　　)

解析：错。在进行库存现金和存货清查时，出纳人员和实物保管人员必须在场。

10. 对仓库中的全部存货进行盘点属于全面清查。(　　)

解析：错。全面清查，是指对全部财产进行盘点和核对。对仓库中的所有存货进行盘点属于局部清查。

四、计算分析题（共 2 题，建议学习时间为 17 分钟）

1. 展辉公司 2013 年 11 月 30 日银行存款日记账为 128 600 元，银行对账单的存款余额为 141 420 元，经过双方逐笔核对后，发现存在以下未达账项：

①公司因购买设备开出#205 转账支票一张，金额为 11 700 元，公司已入账，但持票人尚未到银行办理转账手续。

②公司因销售商品收到购货方开来的转账支票一张，金额为 9 360 元，将支票送存银行后公司做收入入账，但是银行尚未办理入账手续。

③公司委托银行代收外地销货款 14 040 元，银行已收款入账，但公司尚未收到收款通知。

④计算借款利息 3 560 元，银行已支付，但是公司尚未收到付款通知。

要求：根据上述资料，完成以下银行存款余额调节表的编制。

银行存款余额调节表

编制单位：展辉公司　　　　2013 年 11 月 30 日　　　　单位：元

项目	金额	项目	金额
企业银行存款日记账余额	128 600	银行对账单余额	141 420
加：银行已收、企业未收的款项合计	(1)	加：企业已收、银行未收的款项合计	(3)
减：银行已付、企业未付的款项合计	3 560	减：企业已付、银行未付的款项合计	(4)
调节后余额	(2)	调节后余额	(5)

解析：

银行存款余额调节表

编制单位：展辉公司　　　　2013 年 11 月 30 日　　　　单位：元

项目	金额	项目	金额
企业银行存款日记账余额	128 600	银行对账单余额	141 420
加：银行已收、企业未收的款项合计	(1) 14 040	加：企业已收、银行未收的款项合计	(3) 9 360
减：银行已付、企业未付的款项合计	3 560	减：企业已付、银行未付的款项合计	(4) 11 700
调节后余额	(2) 139 080	调节后余额	(5) 139 080

（1）银行已收、企业未收的款项合计＝业务③14 040（元）。

（2）企业银行存款日记账调节后余额＝企业银行存款日记账余额＋银行已收、企业未收的款项－银行已付、企业未付的款项＝128 600＋14 040－3 560＝139 080（元）。

（3）企业已收、银行未收的款项合计＝业务②9 360（元）。

（4）企业已付、银行未付的款项合计＝业务①11 700（元）。

（5）银行对账单调节后余额＝银行对账单余额＋企业已收、银行未收的款项－企业已付、银行未付的款项＝141 420＋ 9 360－11 700＝139 080（元）。

2. 蓬盛公司在财产清查过程中发现如下问题：

（1）盘盈库存现金20 000元，其中12 000元属于应支付给其他公司的违约金，剩余盘盈金额无法查明原因。

（2）盘亏设备一台，原值为80 000元，已提折旧50 000元。经查明，过失人赔偿5 000元，已批准进行处理。

（3）现金清查时短款52元，属于出纳人员的责任，尚未收到赔款。

（4）盘盈某产品200公斤，单位成本为10元，共计2 000元。经查该项盘盈属于收发计量错误造成。

（5）盘亏材料10 000元。其中，属于非常损失，可以收回的保险赔偿和过失人赔款合计5 000元，剩余的净损失中有3 000元，其余2 000元属于自然损耗。

要求：根据上述业务编制（1）~（5）的会计分录。

解析：

（1）审批之前：

借：库存现金　　20 000

　贷：待处理财产损溢　　20 000

审批之后：

借：待处理财产损溢　　20 000

　贷：其他应付款　　12 000

　　　营业外收入　　8 000

（2）盘亏固定资产时：

借：待处理财产损溢　　30 000

　　累计折旧　　50 000

　贷：固定资产　　80 000

批准后处理：

借：其他应收款　　5 000

　　营业外支出　　25 000

　贷：待处理财产损溢　　30 000

（3）审批之前：

借：待处理财产损溢　　52

　贷：库存现金　　52

审批之后：

借：其他应收款　　52

　贷：待处理财产损溢　　52

(4)

借：库存商品　　2 000

　贷：待处理财产损溢　　2 000

借：待处理财产损溢　　2 000

　贷：管理费用　　2 000

(5) 审批之前：

借：待处理财产损溢　　10 000

　贷：原材料　　10 000

审批之后：

借：其他应收款　　5 000

　　营业外支出　　3 000

　　管理费用　　2 000

　贷：待处理财产损溢　　10 000

第二环节 知识图表 面面俱到

第一节 财产清查概述

<table>
<tr><td rowspan="2">概念与意义</td><td>概念</td><td>通过对货币资金、实物资产和往来款项等财产物资进行盘点或核对，确定其实存数，查明账存数与实存数是否相符的一种专门方法</td></tr>
<tr><td>意义</td><td>（1）保证账实相符，提高会计资料的准确性
（2）切实保障各项财产物资的安全完整
（3）加速资金周转，提高资金使用效益</td></tr>
<tr><td rowspan="3">种类</td><td>按照清查范围</td><td>全面清查、局部清查</td></tr>
<tr><td>按照清查的时间</td><td>定期清查、不定期清查</td></tr>
<tr><td>按照清查的执行系统</td><td>内部清查、外部清查</td></tr>
<tr><td>一般程序</td><td colspan="2">（1）建立财产清查组织
（2）组织清查人员学习有关政策规定，掌握有关法律、法规和相关业务知识，以提高财产清查工作的质量
（3）确定清查对象、范围，明确清查任务
（4）制订清查方案，具体安排清查内容、时间、步骤、方法，以及必要的清查前准备
（5）清查时本着先清查数量、核对有关账簿记录等，后认定质量的原则进行
（6）填制盘存清单
（7）根据盘存清单，填制实物、往来账项清查结果报告表</td></tr>
</table>

第二节 财产清查的方法

<table>
<tr><td rowspan="4">货币资金的清查方法</td><td colspan="2">库存现金的清查：采用实地盘点法确定库存现金的实存数，然后与库存现金日记账的账面余额相核对，确定账实是否相符</td></tr>
<tr><td rowspan="3">银行存款的清查</td><td>概念：采用与开户银行核对账目的方法进行，即将本单位银行存款日记账的账簿记录与开户银行转来的对账单逐笔进行核对，来查明银行存款的实有数额（一般在月末进行）</td></tr>
<tr><td>步骤：
（1）将本单位银行存款日记账与银行对账单，以结算凭证的种类、号码和金额为依据，逐日逐笔核对。凡双方都有记录的，用铅笔在金额旁打上记号“√”
（2）找出未达账项（即银行存款日记账和银行对账单中没有打“√”的款项）
（3）将日记账和对账单的月末余额及找出的未达账项填入银行存款余额调节表，并计算出调整后的余额
（4）将调整平衡的银行存款余额调节表，经主管会计签章后，呈报开户银行</td></tr>
<tr><td>银行存款余额调节表的作用：
（1）银行存款余额调节表是一种对账记录或对账工具，不能作为调整账面记录的依据，即不能根据银行存款余额调节表中的未达账项来调整银行存款账面记录，未达账项只有在收到有关凭证后才能进行有关的账务处理
（2）调节后的余额如果相等，则说明企业和银行的账面记录一般没有错误，该余额通常为企业可以动用的银行存款实有数
（3）调节后的余额如果不相等，通常则说明一方或双方记账有误，需进一步追查，查明原因后予以更正和处理</td></tr>
<tr><td>实物资产的清查方法</td><td colspan="2">主要有实地盘点法和技术推算法</td></tr>
<tr><td>往来款项的清查方法</td><td colspan="2">一般采用发函询证的方法</td></tr>
</table>

第三节 财产清查结果的处理

<table>
<tr><td>财产清查结果的处理要求</td><td colspan="2">（1）分析产生差异的原因和性质，提出处理建议
（2）积极处理多余、积压财产，清理往来款项
（3）总结经验教训，建立和健全各项管理制度
（4）及时调整账簿记录，保证账实相符</td></tr>
<tr><td rowspan="2">财产清查结果的处理步骤与方法</td><td colspan="2">审批之前的处理：根据“清查结果报告表”、“盘点报告表”等已经查实的数据资料，填制记账凭证，记入有关账簿，使账簿记录与实际盘存数相符，同时根据权限，将处理建议报股东大会或董事会，或经理（厂长）会议或类似机构批准</td></tr>
<tr><td colspan="2">审批之后的处理：企业清查的各种财产的损溢，应于期末前查明原因，并根据企业的管理权限，经股东大会或董事会，或经理（厂长）会议或类似机构批准后，在期末结账前处理完毕。企业应严格按照有关部门对财产清查结果提出的处理意见进行账务处理，填制有关记账凭证，登记有关账簿，并追回由责任者造成的财产损失</td></tr>
<tr><td rowspan="3">财产清查结果的账务处理</td><td colspan="2">设置“待处理财产损溢”账户：该账户属于双重性质的资产类账户。借方登记财产物资的盘亏数、毁损数和批准转销的财产物资盘盈数；贷方登记财产物资的盘盈数和批准转销的财产物资盘亏及毁损数。企业清查的各种财产的盘盈、盘亏和毁损应在期末结账前处理完毕，所以“待处理财产损溢”账户在期末结账后没有余额</td></tr>
<tr><td rowspan="2">库存现金清查结果的账务处理</td><td>库存现金盘盈时，应及时办理库存现金的入账手续，调整库存现金账簿记录，即按盘盈的金额借记“库存现金”科目，贷记“待处理财产损溢——待处理流动资产损溢”科目
对于盘盈的库存现金，应及时查明原因，按管理权限报经批准后，按盘盈的金额借记“待处理财产损溢——待处理流动资产损溢”科目，按需要支付或退还他人的金额贷记“其他应付款”科目，按无法查明原因的金额贷记“营业外收入”科目</td></tr>
<tr><td>库存现金盘亏时，应及时办理盘亏的确认手续，调整库存现金账簿记录，即按盘亏的金额借记“待处理财产损溢——待处理流动资产损溢”科目，贷记“库存现金”科目
对于盘亏的库存现金，应及时查明原因，按管理权限报经批准后，按可收回的保险赔偿和过失人赔偿的金额借记“其他应收款”科目，按管理不善等原因造成净损失的金额借记“管理费用”科目，按自然灾害等原因造成净损失的金额借记“营业外支出”科目，按原记入“待处理财产损溢——待处理流动资产损溢”科目借方的金额贷记本科目</td></tr>
</table>

（续上表）

<table>
<tr><td rowspan="4">财产清查结果的账务处理</td><td rowspan="2">存货清查结果的账务处理</td><td>存货盘盈时，应及时办理存货入账手续，调整存货账簿的实存数。盘盈的存货应按其重置成本作为入账价值借记“原材料”、“库存商品”等科目，贷记“待处理财产损溢——待处理流动资产损溢”科目
对于盘盈的存货，应及时查明原因，按管理权限报经批准后，冲减管理费用，即按其入账价值，借记“待处理财产损溢——待处理流动资产损溢”科目，贷记“管理费用”科目</td></tr>
<tr><td>存货盘亏时，应按盘亏的金额借记“待处理财产损溢——待处理流动资产损溢”科目，贷记“原材料”、“库存商品”等科目。材料、产成品、商品采用计划成本（或售价）核算的，还应同时结转成本差异（或商品进销差价）。涉及增值税的，还应进行相应处理
对于盘亏的存货，应及时查明原因，按管理权限报经批准后，按可收回的保险赔偿和过失人赔偿的金额借记“其他应收款”科目，按管理不善等原因造成净损失的金额借记“管理费用”科目，按自然灾害等原因造成净损失的金额借记“营业外支出”科目，按原记入“待处理财产损溢——待处理流动资产损溢”科目借方的金额贷记本科目</td></tr>
<tr><td rowspan="2">固定资产清查结果的账务处理</td><td>盘盈的固定资产，经查明确属企业所有的，按管理权限报经批准后，应根据盘存凭证填制固定资产交接凭证，经有关人员签字后送交企业会计部门，填写固定资产卡片账，并作为前期差错处理，通过“以前年度损益调整”科目核算。盘盈的固定资产通常按其重置成本作为入账价值借记“固定资产”科目，贷记“以前年度损益调整”科目。涉及增值税、所得税和盈余公积的，还应按相关规定处理。</td></tr>
<tr><td>盘亏时，应及时办理固定资产注销手续，按盘亏固定资产的账面价值，借记“待处理财产损溢——待处理非流动资产损溢”科目，按已提折旧额，借记“累计折旧”科目，按其原价，贷记“固定资产”科目。涉及增值税和递延所得税的，还应按相关规定处理。
对于盘亏的固定资产，应及时查明原因，按管理权限报经批准后，按过失人及保险公司应赔偿额，借记“其他应收款”科目，按盘亏固定资产的原价扣除累计折旧和过失人及保险公司赔偿后的差额，借记“营业外支出”科目，按盘亏固定资产的账面价值，贷记“待处理财产损溢——待处理非流动资产损溢”科目</td></tr>
</table>

（续上表）

财产清查结果的账务处理	结算往来款项盘存的账务处理	期末结算的往来款项，应及时清查。对于经查明确实无法支付的应付款项可按规定程序报经批准后，转作营业外收入
		无法收回的应收款项则作为坏账损失冲减坏账准备。坏账是指企业无法收回或收回的可能性极小的应收款项。由于发生坏账而产生的损失，称为坏账损失 符合下列条件之一的应收款项确认为坏账：①债务人死亡，以其遗产清偿后仍然无法收回；②债务人破产，以其破产财产清偿后仍然无法收回；③债务人较长时间内未履行其偿债义务，并有足够的证据表明无法收回或者收回的可能性极小 企业对有确凿证据表明确实无法收回的应收款项，经批准后作为坏账损失 对于已确认为坏账的应收款项，并不意味着企业放弃了追索权，一旦重新收回，应及时入账

第三环节　臻题强化　胜券在握

温馨提醒

因考试时多项选择题及计算分析题单位分值为2分/题，特别是多项选择题，不仅单题分值高，题量也多，多项选择题题型分值占40分，“得多选者得会从”，必须保证多项选择题的准确率，方能保证考试通关。因此，考前冲刺应多练多项选择题及计算分析题。

一、多项选择题（共10题，应在8分钟内完成）

1. 企业处置固定资产时，应通过“固定资产清理”科目核算的有（　　）

A. 清理固定资产的变价收入

B. 清理固定资产的账面余额

C. 清理固定资产已计提的累计折旧

D. 清理固定资产发生的人工费

2. 下列情况下，企业需要进行全面财产清查的有（　　）

A. 年终

B. 月终

C. 单位撤销、合并或改变隶属关系

D. 季终

3. 下列各项中，应采用实地盘点法进行清查的有（　　）

A. 固定资产　　B. 库存商品　　C. 库存现金　　D. 银行存款

4. 现金清查的内容主要包括（　　）

A. 是否有未达账项　　B. 是否有白条顶库

C. 是否超限额留存现金　　D. 往来款项是否相符

5. 对财产清查的结果，应以国家的有关法规、制度为依据，严肃认真处理，具体要求有（　　）

A. 分析产生差异的原因和性质，提出处理建议

B. 积极处理多余、积压物资，清理往来款项

C. 总结经验教训，提出改进措施，建立健全各项管理制度

D. 根据清查结果，调整账簿记录，做到账实相符

6. 下列关于财产清查意义的表述中，正确的有（　　）

A. 通过财产清查，可以查明各项财产物资的实有数量，确定实有数量与账面数量之间的差异

B. 通过财产清查，可以查明各项财产物资的保管情况是否良好，以便采取有效措施，改善管理，切实保障各项财产物资的安全完整

C. 通过财产清查，可以查明各项财产物资的库存和使用情况，合理安排生产经营活动，充分利用各项财产物资，加速资金周转，提高资金使用效果

D. 通过财产清查查明账实不符的原因和责任，以便采取措施，消除差异，改进工作，从而保证账实相符，提高会计资料的准确性

7. 下列各项中，企业应当进行全面清查的有（　　）

A. 编制年度财务会计报告前　　B. 国内合资前

C. 股份制改造前　　D. 改变隶属关系前

8. 下列关于银行存款清查的表述中，正确的有（　　）

A. 通过与开户银行转来的对账单进行核对，查明银行存款的实有数额

B. 银行存款日记账与银行对账单即使都计算、记录正确，也可能出现二者余额不一致的情况

C. 在核对之前，出纳人员应详细检查银行存款日记账的登记有无差错，经济业务是否记录完整，余额计算是否正确

D. 对于发生的未达账项，只有等有关凭证到达后，才能进行有关账务处理

9. 关于往来款项和库存现金的清查，下列说法中正确的有（　　）

A. 往来款项的清查一般采用实地盘点的方法

B. 往来款项的清查一般采用发函询证的方法进行核对

C. 采用发函询证法，对方单位经过核对相符后，在回联单上加盖公章退回，表示已经核对

D. “现金盘点报告表”不能作为调整账簿记录的原始凭证，不能根据“现金盘点报告表”进行账务处理

10. 下列关于未达账项的表述中，正确的有（　　）

A. 企业已收、银行未收，使本企业“银行存款日记账余额”大于“银行对账单余额”

B. 企业已付、银行未付，使本企业“银行存款日记账余额”大于“银行对账单余额”

C. 银行已收、企业未收，使本企业“银行存款日记账余额”小于“银行对账单余额”

D. 银行已付、企业未付，使本企业“银行存款日记账余额”小于“银行对账单余额”

二、单项选择题（共10题，应在5分钟内完成）

1. 无形资产处置的会计处理中，结转净收益时，可能涉及的科目有（　　）

A. 管理费用　　　　B. 营业外收入

C. 营业外支出　　　　D. 其他业务收入

2. 银行存款日记账余额为56 000元，调整前银行已收、企业未收的款项为2 000元。企业已收、银行未收的款项为1 200元，银行已付、企业未付的款项为3 000元，则调整后存款余额为（　　）元

A. 56 200　　B. 55 000　　C. 58 000　　D. 51 200

3. 对现金进行盘点时，盘点结果应编制的原始凭证是（　　）

A. 盘存单　　　　B. 实存账存对比表

C. 库存现金盘点报告表　　　　D. 银行对账单

4. 某公司仓库本期期末盘亏原材料，查明属于自然损耗，经批准后进行会计处理。下列会计分录中，正确的是（　　）

A. 借：待处理财产损溢
　　贷：管理费用

B. 借：待处理财产损溢
　　贷：原材料

C. 借：营业外支出
　　贷：待处理财产损溢

D. 借：管理费用
　　贷：待处理财产损溢

5. 艾玛公司非正常损失材料100公斤，单价为200元，购货增值税专用发票上注明的增值税额为3 400元，在经批准前，以下账务处理中正确的是（　　）

A. 借：待处理财产损溢——待处理流动资产损溢　23 400
　　贷：原材料　23 400

B. 借：原材料　20 000
　　贷：待处理财产损溢——待处理流动资产损溢　20 000

C. 借：待处理财产损溢——待处理流动资产损溢　23 400
　　贷：原材料　20 000
　　　　应交税费——应交增值税（进项税额转出）　3 400

D. 借：待处理财产损溢——待处理流动资产损溢　23 400
　　贷：原材料　20 000
　　　　应交税费——应交增值税（销项税额）　3 400

6. 银行存款余额调节表中调节后的余额是（　　）
A. 银行存款账面余额
B. 对账单余额与日记账余额的平均数
C. 对账日企业可以动用的银行存款实有数额
D. 银行方面的账面余额
7. 财产清查中盘亏固定资产的原值减去累计折旧后的差额，报经审批之后应列作（　　）
A. 管理费用　　B. 营业外支出
C. 其他业务支出　　D. 营业外收入
8. 对往来款项进行清查，应该采用的方法是（　　）
A. 技术推算法　　B. 与银行核对账目法
C. 实地盘点法　　D. 发函询证法
9. 某公司报废管理设备一台，原价400万元，已提折旧389万元，残料估价10万元（已入库），另支付清理费用3万元，则应记入“营业外支出”科目的金额为（　　）万元
A. 4　　B. 9　　C. 3　　D. 13
10. 对财产清查结果进行正确账务处理的主要目的是保证（　　）
A. 账表相符　　B. 账账相符　　C. 账实相符　　D. 账证相符

三、判断题（共10题，应在5分钟内完成）

1. 账实不符是财产管理不善或会计人员水平不高的结果。（　　）
2. 对于盘盈或盘亏的财产物资，需在期末结账前处理完毕，如在期末结账前尚未得到批准处理的，等批准后进行处理。（　　）
3. 通过财产清查，可以挖掘财产物资的潜力，有效利用财产物资，加速资金周转。（　　）
4. 定期清查和不定期清查对象的范围均可以是全面清查，也可以是局部清查。（　　）
5. 先确定期末库存存货成本，后确定本期发出存货成本的方法，称为永续盘存制。（　　）
6. 财产清查是指通过对货币资金、实物资产和往来款项的盘点或核对，确定其实存数量与价值，查明账面记载与实存数量、金额是否相符的专门方法。（　　）
7. “盘存单”和“实存账存对比表”是记录盘点结果的书面证明，是调整账簿的依据。（　　）

8. 对银行存款进行清查时，如果存在账实不符现象，肯定是由未达账项引起的。(　　)

9. 企业发生毁损的固定资产的净损失，应当记入管理费用。(　　)

10. 如果到期末财产物资的盘盈、盘亏没有经过批准，应该先按照规定进行处理，“待处理财产损溢”账户不能留有余额。(　　)

四、计算分析题（共2题，应在17分钟内完成）

1. 乔鑫公司2014年6月30日对存货和固定资产进行清查时发现有关情况如下：

（1）库存A产品账面结存数量2 000件，单位成本35元，金额70 000元；实存1 985件，盘亏15件，价值525元。经查明系保管人员过失所致，经批准责令赔偿。

（2）甲材料账面结存数量250公斤，每公斤20元，金额5 000元，全部毁损，作为废料处理，计价100元。经查明由于自然灾害所致，其损失经批准作为非常损失处理。

（3）发现账外机器一台，估计原价8 000元，七成新，原因待查，经批准同意转销处理。

（4）乙材料账面结存数量120吨，每吨成本100元，价值12 000元；实存118吨，盘亏2吨，价值200元。经查明属于定额内损耗，经批准转销处理。

（5）丙材料账面结存数量300公斤，每公斤10元，价值3 000元；实存310公斤，盘盈10公斤，价值100元。经查明为收发计量差错原因造成，经批准转销处理。

要求：根据以上资料，编制存货和固定资产清查结果审批前后的会计分录。

2. 大华公司2014年8月最后几天的银行存款日记账和银行对账单的有关记录如下：

①银行存款日记账的记录：

日期	摘要	金额
8月28日	销售商品收到#115 转账支票一张	23 400
8月29日	开出#45 现金支票一张，支付本季度房租	13 500
8月30日	收到甲公司交来#98 转账支票一张	8 000
8月30日	开出#75 转账支票以支付货款	11 700
8月31日	开出#76 转账支票用于支付明年的报刊订阅费	880

月末余额		114 150

②银行对账单的记录：

日期	摘要	金额
8 月 29 日	支付#45 现金支票	13 500
8 月 30 日	收到#115 转账支票	23 400
8 月 30 日	收到托收的货款	25 000
8 月 30 日	支付#75 转账支票	11 700
8 月 30 日	结转银行结算手续费	450
月末余额		131 580

银行存款余额调节表

编制单位：大华公司　　2014 年 8 月 30 日　　单位：元

项目	金额	项目	金额
企业银行存款日记账余额	114 150	银行对账单余额	131 580
加：银行已收、企业未收的款项合计	(1)	加：企业已收、银行未收的款项合计	(4)
减：银行已付、企业未付的款项合计	(2)	减：企业已付、银行未付的款项合计	880
调节后余额	(3)	调节后余额	(5)

参考答案及解析

一、多项选择题

1. ABD【解析】企业处置固定资产时，清理固定资产已计提的累计折旧不通过“固定资产清理”科目核算。

2. AC【解析】全面清查适用的情况：①年终决算前，为确保年终决算会计资料真实、正确，需进行全面清查；②单位撤销、合并或改变隶属关系前，中外合资、国内联营前以及企业实行股份制改造前，为了明确经济责任，需进行全面清查；③开展全面清产核资、资产评估等活动前，为了摸清家底，准确地核定资产，需进行全面清查；④单位主要负责人调离工作前。

3. ABC【解析】银行存款的清查是采用与开户银行核对账目的方法进行的。

4. BC【解析】现金清查的内容主要包括：是否有白条顶库、是否超限额留存现金、是否坐支现金。

5. ABCD【解析】本题考查财产清查结果处理的基本要求。

6. ABC。

7. ABCD【解析】全面清查的情况有：①年终决算之前；②企业单位撤销、合并、破产清算或改变隶属关系前；③中外合资、国内联营前；④企业股份制改造前；⑤开展全面的资产评估、清产核资前；⑥单位主要负责人调离工作前等。

8. ABCD【解析】银行存款的清查是采用与开户银行核对账目的方法进行的，即将本单位银行存款日记账的账簿记录与开户银行转来的对账单逐笔进行核对，来查明银行存款的实有数额。银行存款的清查一般在月末进行。

9. BC【解析】往来款项的清查，主要是通过寄发“往来款项询证函”与对方单位进行核对的方式进行。“现金盘点报告表”能作为调整账簿记录的原始凭证，能根据“现金盘点报告表”进行账务处理。

10. AC【解析】选项B会导致企业“银行存款日记账余额”小于“银行对账单余额”；选项D会导致企业“银行存款日记账余额”大于“银行对账单余额”。

二、单项选择题

1. B【解析】本题考查对无形资产处置损益的处理。无形资产处置净收益记入营业外收入，处置净损失记入营业外支出。

2. B【解析】企业调账后存款余额＝企业账面存款余额＋银行已收而企业未收款项－银行已付而企业未付款项＝56 000＋2 000－3 000＝55 000（元）。

3. C【解析】对现金进行盘点时，盘点结果应编制“库存现金盘点报告表”。

4. D【解析】库存原材料发生盘亏，查明属于自然损耗，经批准后记入“管理费用”。

5. C【解析】企业发生材料非正常损失时，应将应交增值税进项税额转出。

6. C【解析】银行存款余额调节表中调节后的余额是对账日企业可以动用的银行存款实有数额。

7. B【解析】对于盘亏的固定资产，应及时查明原因，按管理权限报经批准后，按过失人及保险公司应赔偿额，借记“其他应收款”科目，按盘亏固定资产的原价扣除累计折旧和过失人及保险公司赔偿后的差额，借记“营业外支出”科目。

8. D【解析】往来款项清查一般用发函询证的方法进行核对。

9. A【解析】记入“营业外支出”科目的金额 = 10 − （400 − 389） − 3 = −4（万元）。

10. C【解析】财产清查是指通过对货币资金、实物资产和往来款项等财产物资进行盘点或核对，确定其实存数，查明账存数与实存数是否相符的一种专门方法。

三、判断题

1. 错【解析】账实不符的原因是多方面的，其中存货盘亏和毁损的原因有：①属于自然损耗产生的定额损耗；②属于计量收发差错和管理不善等原因造成的超定额损耗；③属于自然灾害或意外事故造成的存货毁损。

2. 错【解析】对于盘盈或盘亏的财产物资，需在期末结账前处理完毕，如在期末结账前尚未得到批准处理的，先按有关规定处理，并在会计报表附注中作出说明。

3. 对【解析】财产清查的意义主要有：①保证账实相符，提高会计资料的准确性；②切实保障各项财产物资的安全完整；③加速资金周转，提高资金使用效益。

4. 对【解析】定期清查和不定期清查与全面清查和局部清查都可以交叉的。

5. 错【解析】先确定期末库存存货成本，后确定本期发出存货成本的方法，称为实地盘存制。

6. 对【解析】财产清查是指通过对货币资金、实物资产和往来款项等财产物资进行盘点或核对，确定其实存数，查明账存数与实存数是否相符的一种专门方法。

7. 错【解析】盘存单不是原始凭证，不是作为调整账簿记录的依据。

8. 错【解析】对银行存款进行清查时，如果存在账实不符现象，原因一是企业与开户银行双方或其中某一方记账有错误；二是存在未达账项。

9. 错【解析】企业发生毁损的固定资产的净损失，按盘亏固定资产的原价扣除累计折旧和过失人及保险公司赔偿后的差额，借记“营业外支出”科目。

10. 对【解析】为了反映和监督企业在财产清查过程中查明的各种财产物资的盘盈、盘亏、毁损及其处理情况，应设置“待处理财产损溢”账户。企业清查的各种财产的盘盈、盘亏和毁损应在期末结账前处理完毕，所以“待处理财产损溢”账户在期末结账后没有余额。

四、计算分析题

1.【解析】

(1) 盘亏A产品，批准前的会计分录为：

借：待处理财产损溢——待处理流动资产损溢　　525

　贷：库存商品——A产品　　525

查明原因，由过失人赔偿，则批准后的会计分录为：

借：其他应收款　　525

　贷：待处理财产损溢——待处理流动资产损溢　　525

(2) 甲材料毁损，批准前的会计分录为：

借：待处理财产损溢——待处理流动资产损溢　　4 900

　贷：原材料——甲材料　　4 900

查明由于自然灾害所致，其损失经批准作为非常损失处理，则批准后的会计分录为：

借：营业外支出　　4 900

　贷：待处理财产损溢——待处理流动资产损溢　　4 900

(3) 发现账外机器，批准前的会计分录为：

借：固定资产　　5 600

　贷：待处理财产损溢——待处理固定资产损溢　　5 600

经批准同意转销处理的会计分录为：

借：待处理财产损溢——待处理固定资产损溢　　5 600

　贷：营业外收入　　5 600

(4) 乙材料盘亏，批准前的会计分录为：

借：待处理财产损溢——待处理流动资产损溢　　200

　贷：原材料——乙材料　　200

借：管理费用　　200

　贷：待处理财产损溢——待处理流动资产损溢　　200

(5) 丙材料盘盈，批准前的会计分录为：

借：原材料　　100

　贷：待处理财产损溢——待处理流动资产损溢　　100

经查明为收发计量差错原因造成，经批准转销处理，会计分录为：

借：待处理财产损溢——待处理流动资产损溢　　100

　贷：管理费用　　100

2.【解析】

银行存款余额调节表

编制单位：大华公司　　2014 年 8 月 30 日　　单位：元

项目	金额	项目	金额
企业银行存款日记账余额	114 150	银行对账单余额	131 580
加：银行已收、企业未收的款项合计	(1) 25 000	加：企业已收、银行未收的款项合计	(4) 8 000
减：银行已付、企业未付的款项合计	(2) 450	减：企业已付、银行未付的款项合计	880
调节后余额	(3) 138 700	调节后余额	(5) 138 700

(1) 银行已收、企业未收的款项为 25 000 元。

(2) 银行已付、企业未付的款项为 450 元。

(3) 企业调节后的余额 = 企业银行存款日记账余额 + 银行已收、企业未收金额 - 银行已付、企业未付金额 = 114 150 + 25 000 - 450 = 138 700（元）。

(4) 企业已收、银行未收的款项为 8 000 元。

(5) 银行调节后的余额 = 银行对账单余额 + 企业已收、银行未收金额 - 企业已付、银行未付金额 = 131 580 + 8 000 - 880 = 138 700（元）。

第四环节　错题重温　查漏补缺

回顾一下今天完成的习题中的错误部分，并在下方写出对于你来说第九章中最难把握的是哪些内容，如“银行存款余额调节表”等。

第十章　会计报表

第一环节　真题回顾　胸有成竹

一、多项选择题（共 10 题，建议学习时间为 8 分钟，应快速通读，对有疑问的题目重点阅读其解析，并做标记）

1. 某公司 2013 年 12 月 31 日固定资产账户余额为 3 000 万元，累计折旧账户余额为 900 万元，固定资产减值准备账户余额为 100 万元，工程物资账户余额为 200 万元，则该公司 2013 年 12 月 31 日资产负债表中“固定资产”项目的金额不可能为（　　）万元

A. 2 000　　B. 900　　C. 2 100　　D. 2 200

解析：选 BCD。资产负债表中“固定资产”项目的金额 = 3 000 − 900 − 100 = 2 000（万元）。

2. 下列各项中，属于资产负债表中“流动资产”项目的有（　　）

A. 应收账款　　B. 存货　　C. 货币资金　　D. 预收账款

解析：选 ABC。预收账款是流动负债。应收账款、存货、货币资金属于流动资产。

3. 我国企业利润表采用多步式、分步式计算的利润指标有（　　）

A. 利润总额　　B. 净利润

C. 营业利润　　D. 主营业务利润

解析：选 ABC。主营业务利润不属于我国企业利润表采用多步式、分步式计算的利润指标。

4. 下列资产负债表项目中，需要根据总账科目余额减去其备抵项目后的净额填列的有（　　）

A. 固定资产　　B. 存货

C. 长期股权投资　　D. 交易性金融资产

解析：选 ABD。“固定资产”项目，应根据“固定资产”账户的期末余额减去“累计折旧”、“固定资产减值准备”账户期末余额后的净额填列；“存货”项目，应根据“材料采购”、“原材料”、“周转材料”、“委托加工物资”、“在途物资”、“发出商品”、“生产成本”等科目的期末余额合计，减去

“存货跌价准备”科目期末余额后的净额填列。“交易性金融资产”项目，根据“交易性金融资产”账户的期末余额减去“资产减值准备”账户期末余额后的净额填列。“长期股权投资”是根据该账户的期末余额直接填列。

5. 下列各项中，属于资产负债表中非流动资产的有（　　）

A. 固定资产　　B. 长期股权投资

C. 在建工程　　D. 开发支出

解析：选 ABCD。开发支出最终会形成无形资产，所以也属于非流动资产。

6. 下列关于资产负债表的说法中，正确的有（　　）

A. 资产负债表是静态报表

B. 资产负债表是反映企业财产状况的报表

C. 资产负债表的编制原理是资产 = 负债 + 所有者权益

D. 我国企业资产负债表采用报告式

解析：选 ABC。资产负债表是反映企业在某一特定日期的财务状况的财务报表。我国企业资产负债表采用账户式，以资产 = 负债 + 所有者权益为编制基础。

7. 资产负债表项目中，根据相关明细科目余额填列的有（　　）

A. 应付账款　　B. 预收账款　　C. 应收账款　　D. 存货

解析：选 ABC。需要根据明细科目余额填列的资产负债表项目包括应收账款、预收账款、预付账款、应付账款。

8. 企业对外提供的会计报表，应当依次编定页数、加具封面、装订成册。下列人员中，应在封面上签章的有（　　）

A. 会计机构负责人　　B. 总会计师

C. 单位负责人　　D. 单位主管会计工作的负责人

解析：选 ABCD。为保证会计报表的真实性、明确经济责任，企业对外提供的会计报表必须有会计机构负责人、总会计师、单位负责人、单位主管会计工作的负责人签章。

9. 下列关于资产负债表的表述中，正确的是（　　）

A. 又称为财务状况变动表

B. 可据以分析企业的债务偿还能力

C. 其列报依据是总分账户的期末余额

D. 是企业的主要财务报表之一

解析：选 BD。资产负债表是反映企业在某一特定日期的财务状况的财务报表，以提供某一日期资产、负债的总额及其结构，据以分析企业的债务偿还能力等。资产负债表“期末余额”栏内各项数字，一般应根据资产、负债和所有者权益类科目的期末余额填列。

10. 下列账户的本期发生额，应在利润表“营业收入”项目的“本期金额”中填列的有（　　）

A. 营业外收入　　　　　　B. 其他业务收入

C. 主营业务收入　　　　　D. 投资收益

解析：选 BC。选项 A、D 应在利润表“营业利润”项目的“本期金额”中填列。

二、单项选择题（共 10 题，为保证复习效果，对不懂的题目应做标记，以便更好地复习巩固。建议学习时间为 5 分钟）

1. 部分账户的期末余额如下：原材料 8 万元，材料采购 2 万元，固定资产 80 万元，生产成本 5 万元，材料成本差异（贷方）1 万元，库存商品 25 万元。则资产负债表中的“存货”项目应填列的金额为（　　）万元

A. 39　　　B. 40　　　C. 41　　　D. 120

解析：选 A。“存货”项目应填列的金额 = 原材料（8）+ 材料采购（2）+ 生产成本（5）– 材料成本差异（贷方）（1）+ 库存商品（25）=39（万元）。

2. 下列关于资产负债表的说法中，错误的是（　　）

A. 我国一般采用账户式结构

B. 反映企业一定会计期间的财务状况

C. 是静态报表

D. 可以通过该报表分析企业债务偿还能力，为未来经济决策提供参考信息

解析：选 B。资产负债表反映企业特定会计日期的财务状况。

3. 下列各项中，属于编制动态报表的主要依据的是（　　）

A. 账户的本期发生额　　　　B. 账户的期初余额

C. 账户的期末余额　　　　　D. 账户的期初、期末余额

解析：选 A。账户的本期发生额属于编制动态报表的主要依据。

4. 下列资产负债表项目中，不能直接根据总账账户期末直接填列的是（　　）

A. 资本公积　　B. 短期借款　　C. 长期借款　　D. 应付股利

解析：选 C。资产负债表项目中，“长期借款”项目根据该账户余额扣除一年内到期的借款部分列示，一年内到期的借款部分则在“流动资产”项目中列示。

5. 下列项目中的余额，可能在资产负债表中用负数填列的是（　　）

A. “累计折旧”账户　　B. “固定资产”账户

C. “应交税费”账户　　D. “无形资产”账户

解析：选A。“累计折旧”账户是“固定资产”账户的抵减账户，在资产负债表中一般用负数填列。

6. 下列关于资产负债表意义的表述中，不正确的是（　　）

A. 可以分析企业在某一日期的经济资源及其分布情况

B. 可以反映企业现有投资者在企业资产总额中所占的份额

C. 可以反映企业的盈利能力

D. 可以分析企业目前与未来需要支付的债务数额

解析：选C。可以反映企业的盈利能力的是利润表。

7. 部分账户的期末余额如下：应付账款总账和明细账都是贷方余额60万元；预付账款总账借方余额20万元，其明细账中有借方余额28万元，贷方余额8万元；预收账款明细账借方余额2万元，贷方余额10万元。则资产负债表中的“应付账款”项目应填列的金额为（　　）万元

A. 68　　B. 60　　C. 78　　D. 70

解析：选A。资产负债表中的“应付账款”项目应根据“应付账款”科目所属各有关明细科目的期末贷方余额以及“预付账款”科目所属各有关明细科目的期末贷方余额填列。则资产负债表中的“应付账款”项目应填列的金额=60+8=68（万元）。

8. 全部损益账户的本月发生额如下：主营业务收入800万元，主营业务成本500万元，营业税金及附加86万元，销售费用50万元，管理费用40万元，财务费用10万元，营业外收入5万元，所得税费用44万元，则利润表中“净利润”项目的本月数为（　　）万元

A. 75　　B. 84　　C. 119　　D. 79

解析：选A。净利润=主营业务收入－主营业务成本－营业税金及附加－销售费用－管理费用－财务费用+营业外收入－所得税费用=800－500－86－50－40－10+5－44=75（万元）。

9. 下列会计等式中，作为编制资产负债表依据的是（　　）

A. 期初余额+本期借方发生额－本期贷方发生额=期末余额

B. 资产=负债+所有者权益

C. 收入－费用=利润

D. 借方发生额=贷方发生额

解析：选B。编制资产负债表的理论依据是资产=负债+所有者权益。

10. 下列关于资产负债表“应收账款”项目的填列方法的表述中，正确的是（　　）

A. 根据“应收账款”科目的期末借方余额和“应付账款”科目的期末借方余额计算填列

B. 根据“应收账款”科目和“预收账款”科目所属相关明细科目的期末借方余额计算填列

C. 直接根据“应收账款”科目的期末贷方余额填列

D. 根据“应收账款”科目的期末借方余额和“预付账款”科目的期末借方余额计算填列

解析：选 B。“应收账款”项目应根据“应收账款”科目所属各明细科目的期末借方余额合计，减去“坏账准备”科目中有关应收账款计提的坏账准备期末余额后的净额填列。如“预收账款”科目所属相关明细科目有借方余额的，也应在“应收账款”项目内填列。

三、判断题（共 10 题，建议学习时间为 5 分钟。应快速通读，对有疑问的题目重点阅读其解析，并做标记）

1. 一套完整的财务报表至少应当包括资产负债表、利润表、现金流量表、所有者权益变动表和附注等部分。（　　）

答案：对。

2. 现金流量表是反映单位在一定会计期间现金和现金等价物流入或流出的会计报表，是动态的会计报表。（　　）

答案：对。

3. 会计报表附注是对未能在资产负债表、利润表、现金流量表和所有者权益变动表等报表中列示项目的说明。（　　）

解析：错。会计报表附注是对在资产负债表、利润表、现金流量表和所有者权益变动表等报表中列示项目的文字描述或明细资料说明，以及对未能在这些报表中列示项目的说明。

4. 利润表中“营业成本”项目，反映企业销售产品和提供劳务等主要经营业务的各项销售费用和实际成本。（　　）

解析：错。利润表中“营业成本”项目，反映企业经营业务发生的实际成本。本项目应根据“主营业务成本”和“其他业务成本”账户的发生额分析填列。

5. 财务会计报告的全面完整是指企业财务会计报告应当全面披露企业的财务状况、经营成果和现金流量等，完整地反映出企业经济活动的过程和结

果。(　　)

答案：对。

6. 资产负债表是总括反映企业特定日期资产、负债和所有者权益情况的动态报表，通过它可以了解企业的资产构成、资金的来源构成和企业债务的偿还能力。(　　)

答案：对。

7. 资产负债表中确认的资产都是企业拥有的资产。(　　)

解析：错。资产负债表中确认的资产包括企业拥有的资产，也包括企业没有拥有但能够控制的资产，如融资性租入的固定资产。

8. 财务报表至少应当包括下列组成部分：①资产负债表；②利润表；③现金流量表；④所有者权益变动表。(　　)

解析：错。财务报表至少应当包括下列组成部分：①资产负债表；②利润表；③现金流量表；④所有者权益变动表；⑤附注。财务报表上述组成部分具有同等的重要程度。

9. 企业应当以持续经营为基础，根据实际发生的交易和事项，按照《企业会计准则——基本准则》和其他各项会计准则的规定进行确认和计量，在此基础上编制财务报表。(　　)

答案：对。

10. 资产负债表中的“固定资产”项目，应根据“固定资产”账户余额减去“累计折旧”、“固定资产减值准备”等账户的期末余额后的净额填列。(　　)

答案：对。

四、计算分析题（共2题，建议学习时间为17分钟）

1. 鲁朗公司2013年12月31日的试算平衡表如下：

试算平衡表

2013年12月31日

会计科目	期末余额	
	借方	贷方
库存现金	370	
银行存款	63 500	

（续上表）

会计科目	期末余额	
	借方	贷方
应收账款	21 200	
坏账准备		1 350
原材料	46 000	
库存商品	56 800	
存货跌价准备		3 060
固定资产	488 000	
累计折旧		4 860
固定资产清理		5 500
短期借款		25 000
应付账款		24 100
预收账款		4 500
长期借款		100 000
实收资本		450 000
盈余公积		4 500
本年利润		53 000
合计	675 870	675 870

补充资料：

①长期借款期末余额中将于一年内到期归还的长期借款数为45 000元。

②应收账款有关明细账期末余额情况为：

应收账款——A公司　　贷方余额5 800

应收账款——B公司　　借方余额27 000

③应付账款有关明细账期末余额情况为：

应付账款——C公司　　贷方余额32 500

应付账款——D公司　　借方余额8 400

④预收账款有关明细账期末余额情况为：

预收账款——E公司　　贷方余额4 500

要求：请根据上述资料，计算鲁朗公司2013年12月31日资产负债表中下列报表项目的期末数。

（1）应收账款（　　）元。

（2）存货（　　）元。

（3）流动资产合计（　　）元。

（4）预收账款（　　）元。

（5）流动负债合计（　　）元。

解析：

（1）25 650。“应收账款”项目金额 = “应收账款”科目所属各明细科目的期末借方余额 - “坏账准备”贷方余额 + “预收账款”科目所属有关明细科目的期末借方余额 = 27 000 - 1 350 = 25 650（元）。

（2）99 740。“存货”项目金额 = “原材料” + “库存商品”等科目的期末余额 - “存货跌价准备”科目期末余额 = 46 000 + 56 800 - 3 060 = 99 740（元）。

（3）197 660。流动资产合计 = 库存现金 + 银行存款 + 应收账款 + 预付账款 + 存货 = 370 + 63 500 + 25 650 + 8 400 + 99 740 = 197 660（元）。

（4）10 300。“预收账款”项目金额 = “预收账款”科目所属各明细科目的期末贷方余额 + “应收账款”科目所属有关明细科目的期末贷方余额 = 4 500 + 5 800 = 10 300（元）。

（5）112 800。流动负债合计 = 短期借款 + 应付账款 + 预收账款 + 长期借款期末余额中将于一年内到期归还的长期借款数 = 25 000 + 32 500 + 10 300 + 45 000 = 112 800（元）。

2. 欧力公司所得税率为25%，该公司2013年1月至11月各损益类账户的累计发生额和12月底转账前各损益类账户的发生额如下：

账户名称	12月发生数		1月至11月累计发生数	
	借方	贷方	借方	贷方
主营业务收入		318 000		5 000 000
主营业务成本	252 500		2 800 000	
销售费用	2 600		10 000	
营业税金及附加	1 000		29 000	
其他业务成本	7 500		32 500	
营业外支出	2 000		11 000	

（续上表）

账户名称	12 月发生数		1 月至 11 月累计发生数	
	借方	贷方	借方	贷方
财务费用	3 000		30 000	
管理费用	4 400		50 000	
其他业务收入		9 500		45 000
营业外收入		3 000		
投资收益		20 000		

要求：计算欧力公司 2013 年度利润表的下列报表项目金额：

（1）营业收入（　　）元。

（2）营业成本（　　）元。

（3）营业利润（　　）元。

（4）利润总额（　　）元。

（5）净利润（　　）元。

解析：

（1）5 372 500。营业收入 = 主营业务收入 + 其他业务收入 =5 000 000 + 318 000 +45 000 +9 500 =5 372 500（元）。

（2）3 092 500。营业成本 = 主营业务成本 + 其他业务成本 =2 800 000 + 252 500 +32 500 +7 500 =3 092 500（元）。

（3）2 170 000。营业利润 = 营业收入 − 营业成本 − 营业税金及附加 − 销售费用 − 管理费用 − 财务费用 − 资产减值损失 − 公允价值变动损失（或 − 收益）+ 投资收益（或 − 损失）=5 372 500 −3 092 500 −（29 000 +1 000）−（10 000 + 2 600）−（50 000 + 4 400）−（30 000 + 3 000）+ 20 000 = 2 170 000（元）。

（4）2 160 000。利润总额 = 营业利润 + 营业外收入 − 营业外支出 = 2 170 000 +3 000 −（11 000 +2 000）=2 160 000（元）。

（5）1 620 000。净利润 = 利润总额 − 所得税费用 =2 160 000 ×（1 − 25%）=1 620 000（元）。

第二环节　知识图表　面面俱到

第一节　财务报表概述

概念	对企业财务状况、经营成果和现金流量的结构性表述	
组成部分	(1) 资产负债表 (2) 利润表 (3) 现金流量表 (4) 所有者权益变动表 (5) 附注	
分类	按编报期间	中期财务报表、年度财务报表
	按编报主体	个别财务报表、合并财务报表
基本要求	(1) 以持续经营为基础编制 (2) 按正确的会计基础编制 (3) 至少按年编制财务报表 (4) 项目列报遵守重要性原则 (5) 保持各个会计期间财务报表项目列报的一致性 (6) 各项目之间的金额不得相互抵销 (7) 至少应当提供所有列报项目上一个可比会计期间的比较数据 (8) 应当在财务报表的显著位置披露编报企业的名称等重要信息	
编制前的准备工作	(1) 严格审核会计账簿的记录和有关资料 (2) 进行全面财产清查、核实债务，并按规定程序报批，进行相应的会计处理 (3) 按规定的结账日进行结账，结出有关会计账簿的余额和发生额，并核对各会计账簿之间的余额 (4) 检查相关的会计核算是否按照国家统一的会计制度的规定进行 (5) 检查是否存在出于会计差错、会计政策变更等原因而需要调整前期或本期相关项目的情况等	

第二节 资产负债表

<table>
<tr><td>概念</td><td colspan="2">反映企业在某一特定日期的财务状况的财务报表</td></tr>
<tr><td>作用</td><td colspan="2">（1）可以提供某一日期资产的总额及其结构，表明企业拥有或控制的资源及其分布情况
（2）可以提供某一日期的负债总额及其结构，表明企业未来需要用多少资产或劳务清偿债务以及清偿时间
（3）可以反映所有者所拥有的权益，据以判断资本保值、增值的情况以及对负债的保障程度</td></tr>
<tr><td rowspan="4">列示要求</td><td colspan="2">总体要求：
（1）分类别列报
（2）资产和负债按流动性列报
（3）列报相关的合计、总计项目</td></tr>
<tr><td>资产的列报</td><td>资产类至少应当单独列示反映下列信息的项目：①货币资金；②以公允价值计量且其变动记入当期损益的金融资产；③应收账款；④预付账款；⑤存货；⑥被划分为持有待售的非流动资产及被划分为持有待售的处置组中的资产；⑦可供出售金融资产；⑧持有至到期投资；⑨长期股权投资；⑩投资性房地产；⑪固定资产；⑫生物资产；⑬无形资产；⑭递延所得税资产</td></tr>
<tr><td>负债的列报</td><td>负债类至少应当单独列示反映下列信息的项目：①短期借款；②以公允价值计量且其变动记入当期损益的金融负债；③应付账款；④预收账款；⑤应付职工薪酬；⑥应交税费；⑦被划分为持有待售的处置组中的负债；⑧长期借款；⑨应付债券；⑩长期应付款；⑪预计负债；⑫递延所得税负债</td></tr>
<tr><td>所有者权益的列报</td><td>所有者权益类至少应当单独列示反映下列信息的项目：①实收资本（或股本）；②资本公积；③盈余公积；④未分配利润</td></tr>
<tr><td>我国企业资产负债表的一般格式</td><td colspan="2">在我国，资产负债表采用账户式的格式，即左侧列示资产，右侧列示负债和所有者权益</td></tr>
</table>

（续上表）

资产负债表编制的基本方法	“期末余额”栏的填列方法：①根据一个或几个总账科目的余额填列；②根据明细账科目的余额计算填列；③根据总账科目和明细账科目的余额分析、计算填列；④根据有关科目余额减去其备抵科目余额后的净额填列；⑤综合运用上述填列方法分析填列
	“年初余额”栏的填列方法：通常根据上年末有关项目的期末余额填列，且与上年末资产负债表中“期末余额”栏一致。如果企业上年度资产负债表规定的项目名称和内容与本年度不一致，应当对上年末资产负债表相关项目的名称和内容按照本年度的规定进行调整，填入“年初余额”栏

第三节　利润表

概念	反映企业在一定会计期间的经营成果的财务报表
作用	（1）反映一定会计期间收入的实现情况 （2）反映一定会计期间的费用耗费情况 （3）反映企业经济活动成果的实现情况，据以判断资本保值、增值等情况
列示要求	企业在利润表中应当对费用按照功能分类，分为从事经营业务发生的成本、管理费用、销售费用和财务费用等
	利润表至少应当单独列示反映下列信息的项目，但其他会计准则另有规定的除外：①营业收入；②营业成本；③营业税金及附加；④管理费用；⑤销售费用；⑥财务费用；⑦投资收益；⑧公允价值变动损益；⑨资产减值损失；⑩非流动资产处置损益；⑪所得税费用；⑫净利润；⑬其他综合收益各项目分别扣除所得税影响后的净额；⑭综合收益总额。金融企业可以根据其特殊性列示利润表项目
	其他综合收益项目应当根据其他相关会计准则的规定分为以后会计期间不能重分类进损益的其他综合收益项目和以后会计期间在满足规定条件时将重分类进损益的其他综合收益项目两类列报
	在合并利润表中，企业应当在净利润项目之下单独列示归属于母公司所有者的损益和归属于少数股东的损益，在综合收益总额项目之下单独列示归属于母公司所有者的综合收益总额和归属于少数股东的综合收益总额

（续上表）

我国企业利润表的一般格式	在我国，企业应当采用多步式利润表，将不同性质的收入和费用分别进行对比，以便得出一些中间性的利润数据，帮助使用者理解企业经营成果的不同来源
利润表编制的基本方法	“本期金额”栏的填列方法：根据“主营业务收入”、“主营业务成本”、“营业税金及附加”、“销售费用”、“管理费用”、“财务费用”、“资产减值损失”、“公允价值变动损益”、“投资收益”、“营业外收入”、“营业外支出”、“所得税费用”等科目的发生额分析填列。其中，“营业利润”、“利润总额”、“净利润”等项目根据该表中相关项目计算填列
	“上期金额”栏的填列方法：根据上年该期利润表“本期金额”栏内所列数字填列。如果上年该期利润表规定的各个项目的名称和内容同本期不一致，应对上年该期利润表各项目的名称和内容按本期的规定进行调整，填入利润表“上期金额”栏内

第三环节　臻题强化　胜券在握

温馨提醒

因考试时多项选择题及计算分析题单位分值为2分/题，特别是多项选择题，不仅单题分值高，题量也多，多项选择题题型分值占40分，“得多选者得会从”，必须保证多项选择题的准确率，方能保证考试通关。因此，考前冲刺应多练多项选择题及计算分析题。

一、多项选择题（共10题，应在8分钟内完成）

1. 资产负债表中的“存货”项目反映的内容包括（　　）

A. 在途物资　　B. 材料成本差异

C. 周转材料　　D. 库存商品

2. 下列各项中，保管期限为3年的会计档案有（　　）

A. 季度财务报告　　B. 财政总预算会计旬报

C. 月度财务报告　　D. 行政单位月度报表

3. 资产负债表的资料来源有（　　）

A. 总账　　B. 备查登记簿

C. 明细账　　D. 上年度资产负债表

4. 利润表的意义体现在（　　）

A. 反映一定会计期间收入的实现情况

B. 反映一定会计期间的费用耗费情况

C. 反映企业经济活动成果的实现情况，据以判断资本保值增值等情况

D. 通过利润表提供的数据可以了解企业的债务偿还能力

5. 下列关于附注的说法中，正确的有（　　）

A. 附注是财务会计报告的重要组成部分

B. 附注是对在资产负债表、利润表等报表中列示项目的文字描述或明细资料说明，以及对未能在这些报表中列示项目的说明

C. 附注中应当披露财务报表的编制基础

D. 中期财务报表中不包括附注

6. 利润表是一张（　　）

A. 重要报表　　B. 静态报表

C. 动态报表　　D. 反映经营成果的报表

7. 资产负债表中，“一年内到期的非流动负债”项目应根据下列科目贷方余额分析填列（　　）

A. 应付票据　　B. 应付债券　　C. 长期借款　　D. 长期应付款

8. 下列各项中，属于企业资产负债表提供的信息的有（　　）

A. 企业资产的构成及其状况　　B. 企业所有者权益情况

C. 企业利润的形成情况　　D. 企业的负债总额及其结构

9. 利润表在形式上分为表头和表体两部分。表头部分主要反映（　　）等内容

A. 报表名称　　B. 报表编制单位名称

C. 报表编制日期　　D. 货币计量单位

10. 以下关于资产负债表中“期末余额”填列的说法中，正确的有（　　）

A. “固定资产”项目，应根据“固定资产”账户的期末余额减去“累计折旧”、“固定资产减值准备”账户期末余额后的净额填列

B. “无形资产”项目，应根据“无形资产”账户的期末余额减去“累计摊销”、“无形资产减值准备”账户期末余额后的净额填列

C. “未分配利润”项目，应根据“本年利润”账户和“利润分配”账户的期末余额计算填列，如果是未弥补亏损，则在本项目内以“－”号填列

D. “长期借款”项目，应根据“长期借款”账户的期末余额，扣除其中从资产负债表日起一年内到期且企业不能自主地将清偿义务展期的部分后的净额填列

二、单项选择题（共 10 题，应在 5 分钟内完成）

1. 部分账户的期末余额如下：应收账款总账和明细账都是借方余额 50 万元；预收账款总账贷方余额 5 万元，其明细账中有借方余额 3 万元，贷方余额 8 万元；坏账准备贷方余额 1 万元。则资产负债表中的“应收账款”项目应填列的金额为（　　）万元

A. 53　　B. 50　　C. 49　　D. 52

2. 下列资产负债表项目中，反映“应收账款”科目所属明细项目贷方余额的是（　　）

A. 应收账款　　B. 预付账款　　C. 预收账款　　D. 应付账款

3. 下列会计报表中，反映企业在某一特定日期的财务状况的是（　　）

A. 利润表　　B. 利润分配表

C. 资产负债表　　D. 现金流量表

4. “预付账款”科目所属明细科目如有贷方余额，应在资产负债表中的（　　）项目反映

A. 预付账款　　B. 预收账款　　C. 应收账款　　D. 应付账款

5. 部分账户的期末余额如下：应收账款总账借方余额50万元，其明细账中借方余额55万元，贷方余额5万元；预收账款总账贷方余额5万元，其明细账中借方余额3万元，贷方余额8万元。坏账准备贷方余额1万元。则资产负债表中的“预收账款”项目应填列的金额为（　　）万元

A. 5　　B. 10　　C. 8　　D. 13

6. 某公司期末“应付账款”账户为贷方余额26万元，其所属明细账户的贷方余额合计为33万元，所属明细账户的借方余额合计为7万元；“预付账款”账户为借方余额15万元，其所属明细账户的借方余额合计为20万元，所属明细账户的贷方余额合计为5万元。该公司资产负债表中“应付账款”和“预付账款”两个项目的期末数分别应为（　　）万元

A. 33和20　　B. 53和12　　C. 38和27　　D. 26和15

7. 部分账户的期末余额如下：库存现金2万元，银行存款80万元，其他货币资金5万元，应收账款25万元。则资产负债表中的“货币资金”项目应填列的金额为（　　）万元

A. 82　　B. 85　　C. 112　　D. 87

8. 下列各项中，不属于利润表项目的是（　　）

A. 其他业务收入　　B. 所得税

C. 营业外收入　　D. 营业成本

9. 下列各项职工薪酬中，应列入利润表“管理费用”项目的是（　　）

A. 行政管理人员薪酬　　B. 生产工人薪酬

C. 生产车间管理人员薪酬　　D. 销售人员薪酬

10. 下列各项中，符合资产负债表内有关资产项目排列顺序的是（　　）

A. 流动资产，长期股权投资，固定资产，递延所得税资产，无形资产

B. 流动资产，长期股权投资，递延所得税资产，固定资产，无形资产

C. 流动资产，长期股权投资，固定资产，无形资产，递延所得税资产

D. 流动资产，固定资产，长期股权投资，无形资产，递延所得税资产

三、判断题（共10题，应在5分钟内完成）

1. 编制会计报表的主要目的就是为会计报表使用者提供对决策有用的信息。（　　）

2. 利润表中收入类项目大多是根据收入类账户期末结转前借方发生额减去贷方发生额后的差额填列，若差额为负数，以“－”号填列。（　　）

3. 资产负债表可以帮助报表使用者全面了解企业在一定时期的现金流入、流出信息及现金增减变动的原因；利润表可以帮助报表使用者全面了解企业的财务状况，分析企业的债务偿还能力，从而为其未来的经济决策提供参考信息。（　　）

4. 账户式资产负债表中的资产各项目的合计数等于负债和所有者权益各项目的合计数之和。（　　）

5. 资产负债表附注的内容，根据实际需要和有关备查账簿等的记录分析填列。“已贴现的商业承兑汇票”项目，应按照备查账簿中记录的商业承兑汇票贴现情况填列。（　　）

6. 资产负债表中的“货币资金”项目是根据“库存现金”、“银行存款”、“其他货币资金”账户的期末余额合计数填列。（　　）

7. 企业应当按照权责发生制原则编制财务报表。（　　）

8. 财务会计报告的真实可靠是指企业财务会计报告要真实地反映交易或事项的实际情况。（　　）

9. 年度财务报表涵盖的期间长于一年的，应当披露年度财务报表的涵盖期间、长于一年的原因以及报表数据不具可比性的事实。（　　）

10. 资产负债表中“无形资产”项目的金额根据“无形资产”账户的期末余额减去“累计摊销”后的期末余额计算填列。（　　）

四、计算分析题（共2题，应在17分钟内完成）

1. 常平公司所得税率为25%，该公司2013年11月份的利润表如下所示：

利润表（简式）

2013 年 11 月

编制单位：常平公司　　　　单位：元

项　目	本期金额	本年累计金额
一、营业收入	略	2 985 000
减：营业成本		1 500 000
营业税金及附加		88 000
销售费用		210 000
管理费用		350 000
财务费用		4 000
资产减值准备		3 000
二、营业利润（亏损以“-”号填列）		830 000
加：营业外收入		3 000
减：营业外支出		8 000
三、利润总额（亏损以“-”号填列）		825 000
减：所得税费用		206 250
四、净利润（亏损以“-”号填列）		618 750

常平公司 12 月份发生以下经济业务：

① 对外销售甲商品 3 500 件，单价 68 元，增值税率 17%，已办妥银行托收货款手续。

② 经批准处理财产清查中的账外设备一台，估计原价 10 000 元，七成新。

③ 计算分配本月应付职工工资共计 40 000 元。其中管理部门人员工资 25 000 元，专设销售机构人员工资 15 000 元。

④ 计提本月办公用固定资产折旧 1 200 元。

⑤ 结转已销售的 3 500 件甲商品的销售成本 140 000 元。

⑥ 将本月实现的损益结转至“本年利润”账户。

要求：根据上述资料，填写下表中（1）~（5）的金额。

利润表（简式）

2013 年

编制单位：常平公司　　　　　　　　　　　　　　　　　　　　　　　单位：元

项　目	本年金额	上年金额
一、营业收入	（1）	略
减：营业成本		
营业税金及附加		
销售费用		
管理费用	（2）	
财务费用		
资产减值准备		
二、营业利润（亏损以“－”号填列）	（3）	
加：营业外收入	7 000	
减：营业外支出		
三、利润总额（亏损以“－”号填列）	（4）	
减：所得税费用		
四、净利润（亏损以“－”号填列）	（5）	

2．光启公司 2013 年 7 月 31 日借账后有关账户的期末余额如下：

①“库存现金”借方余额 800 元。

②“银行存款”借方余额 600 000 元。

③“固定资产”借方余额 9 000 000 元。

④“应收票据”借方余额 100 000 元。

⑤“在途物资”借方余额 10 000 元。

⑥“生产成本”借方余额 20 000 元。

⑦“库存商品”借方余额 50 000 元。

⑧“利润分配”借方余额 400 000 元。

⑨“原材料”借方余额 40 000 元。

⑩“无形资产”借方余额 500 000 元。

⑪“本年利润”贷方余额 600 000 元。

⑫“累计折旧”贷方余额 3 000 000 元。

⑬“盈余公积”贷方余额100 000元。

⑭“应付账款”总账的贷方余额500 000元，其中：甲公司明细账的贷方余额200 000元，乙公司明细账的借方余额100 000元，丙公司明细账的贷方余额400 000元。

要求：根据以上资料，对以下5个问题分别做出正确的选择。

(1) 该公司在编制资产负债表时，“货币资金”项目应填制的金额为(　　)元

A. 800　　B. 600 800　　C. 700 000　　D. 700 800

(2) 该公司在编制资产负债表时，“存货”项目应填制的金额为(　　)元

A. 90 000　　B. 100 000　　C. 110 000　　D. 120 000

(3) 该公司在编制资产负债表时，“固定资产”项目应填制的金额为(　　)元

A. 5 500 000　　B. 6 000 000　　C. 6 500 000　　D. 9 000 000

(4) 该公司在编制资产负债表时，“未分配利润”项目应填制的金额为(　　)元

A. 100 000　　B. 200 000　　C. 300 000　　D. 500 000

(5) 该公司在编制资产负债表时，“应付账款”项目应填制的金额为(　　)元

A. 400 000　　B. 500 000　　C. 600 000　　D. 700 000

参考答案及解析

一、多项选择题

1. ABCD【解析】“存货”项目应根据“原材料”、“库存商品”、“委托加工物资”、“周转材料”、“材料采购”、“在途物资”、“发出商品”、“材料成本差异”等总账科目期末余额的分析数汇总，再减去“存货跌价准备”科目余额后的差额填列。

2. ABC【解析】行政单位月度报表保管期限为5年。

3. ACD【解析】资产负债表中“年初余额”栏通常根据上年末有关项目的期末余额填列，且与上年末资产负债表中“期末余额”栏一致。“期末余额”栏内各项数字，一般应根据资产、负债和所有者权益类科目的期末余额填列，具体方法如下：①根据一个或几个总账科目的余额填列；②根据明细

账科目的余额计算填列；③根据总账科目和明细账科目的余额分析、计算填列；④根据有关科目余额减去其备抵科目余额后的净额填列；⑤综合运用上述填列方法分析填列。

4. ABC【解析】可以了解企业的债务偿还能力，是编制资产负债表的意义。

5. ABC【解析】中期财务报表中可以包括附注。

6. ACD【解析】利润表是反映企业某一期间经营成果的动态报表。资产负债表、利润表、现金流量表都是主要会计报表。

7. BC【解析】资产负债表中，“一年内到期的非流动负债”项目应根据应付债券、长期借款科目贷方余额分析填列。

8. ABD【解析】资产负债表是反映企业在某一特定日期的财务状况的报表，可提供企业资产的构成及其状况、负债总额及其结构以及所有者权益情况。

9. ABCD【解析】利润表表头部分主要反映报表名称、报表编制单位名称、报表编制日期、货币计量单位。

10. ABCD【解析】本题选项均为资产负债表的填制方法。

二、单项选择题

1. D【解析】资产负债表中的“应收账款”项目金额 = “应收账款”科目所属各明细科目的期末借方余额 - “坏账准备”贷方余额 + “预收账款”科目所属有关明细科目的期末借方余额 = 50 - 1 + 3 = 52（万元）。

2. C【解析】如果“应收账款”科目所属明细科目期末有贷方余额，应在本表“预收账款”项目内填列。

3. C【解析】资产负债表是反映企业在某一特定日期的财务状况的财务报表。

4. D【解析】“预付账款”科目所属明细科目如有贷方余额，应在资产负债表中的应付账款项目反映。

5. D【解析】资产负债表中的“预收账款”项目金额 = “预收账款”科目所属各明细科目的期末贷方余额 + “应收账款”科目所属有关明细科目的期末贷方余额 = 8 + 5 = 13（万元）。

6. C【解析】“应付账款”项目金额 = “应付账款”明细账贷方余额 + “预付账款”明细账贷方余额 = 33 + 5 = 38（万元）；“预付账款”项目金额 = “预付账款”明细账借方余额 + “应付账款”明细账借方余额 - 坏账准备 = 20 + 7 = 27（万元）。

7. D【解析】“货币资金”项目金额=库存现金+银行存款+其他货币资金=2+80+5=87（万元）。

8. A【解析】其他业务收入金额并入“营业收入”项目反映，在利润表中没有“其他业务收入”项目。

9. A【解析】管理费用是指企业为组织和管理企业生产经营活动所发生的各种费用。选项B记入“生产成本”，选项C记入“制造费用”，选项D记入“销售费用”。

10. D【解析】资产负债表内有关资产项目排列顺序是按照资产的流动性排列的。

三、判断题

1. 对。

2. 错【解析】利润表中收入类项目大多是根据收入类账户期末结转前贷方发生额减去借方发生额后的差额填列，若差额为负数，以“-”号填列。

3. 错【解析】现金流量表可以帮助报表使用者全面了解企业在一定时期的现金流入、流出信息及现金增减变动的原因；资产负债表可以帮助报表使用者全面了解企业的财务状况，分析企业的债务偿还能力，从而为其未来的经济决策提供参考信息。

4. 对【解析】资产负债表以资产=负债+所有者权益为依据。资产负债表应当分别列示资产总计项目和负债与所有者权益之和的总计项目，并且这二者的金额应当相等。

5. 对。

6. 对。

7. 错【解析】除现金流量表按照收付实现制原则编制外，企业应当按照权责发生制原则编制财务报表。

8. 对。

9. 错【解析】年度财务报表涵盖的期间短于一年的，应当披露年度财务报表的涵盖期间、短于一年的原因以及报表数据不具可比性的事实。

10. 错【解析】按照原会计制度要求：资产负债表中“无形资产”项目，反映企业各项无形资产的期末可收回金额。应该根据“无形资产”账户的期末余额减去“累计摊销”后的期末余额和“无形资产减值准备”的期末余额计算填列。

四、计算分析题

1.【解析】

(1) 3 223 000。2013 年的营业收入 = 2 985 000 + 3 500 × 68 = 3 223 000（元）。

(2) 376 200。2013 年的管理费用 = 350 000 + 25 000 + 1 200 = 376 200（元）。

(3) 886 800。2013 年的营业利润 = 830 000 + 3 500 × 68 − 40 000 − 1 200 − 140 000 = 886 800（元）。

(4) 888 800。2013 年的利润总额 = 886 800 + 10 000 × 0.7 + 3 000 − 8 000 = 888 800（元）。

(5) 666 600。2013 年的净利润 = 888 800 ×（1 − 25%）= 666 600（元）。

2.【解析】

(1) B。"货币资金"项目金额 = 800 + 600 000 = 600 800（元）。

(2) D。"存货"项目金额 = 10 000 + 50 000 + 40 000 + 20 000 = 120 000（元）。

(3) B。"固定资产"项目金额 = 9 000 000 − 3 000 000 = 6 000 000（元）。

(4) B。"未分配利润"项目金额 = 600 000 − 400 000 = 200 000（元）。

(5) C。"应付账款"项目金额 = 200 000 + 400 000 = 600 000（元）。

第四环节　错题重温　查漏补缺

回顾一下今天完成的习题中的错误部分，并在下方写出对于你来说第十章中最难把握的是哪些内容，如“资产负债表与企业利润表”等。

第八章　账务处理程序

第一环节　真题回顾　胸有成竹

一、多项选择题（共 10 题，建议学习时间为 8 分钟，应快速通读，对有疑问的题目重点阅读其解析，并做标记）

1. 下列各项中，在汇总记账凭证账务处理程序下应设置的有（　　）

A. 现金和银行存款日记账

B. 收款凭证、付款凭证和转账凭证

C. 总分类账

D. 汇总收款凭证、汇总付款凭证和汇总转账凭证

解析：选 ABCD。无论哪一种账务处理程序都必须填制收款凭证、付款凭证和转账凭证，设置和登记总分类账和明细分类账，汇总记账凭证账务处理程序还应根据原始凭证或汇总原始凭证填制记账凭证，定期根据记账凭证分类编制汇总收款凭证、汇总付款凭证和汇总转账凭证，再根据汇总记账凭证登记总分类账。

2. 下列各项中，属于科目汇总表账务处理程序中的一般程序的有（　　）

A. 根据原始凭证编制汇总原始凭证

B. 根据收款凭证、付款凭证逐笔登记现金日记账和银行存款日记账

C. 根据原始凭证、汇总原始凭证和记账凭证，登记各种明细分类账

D. 根据各种记账凭证编制科目汇总表

解析：选 ABCD。以上选项均为科目汇总表账务处理程序的一般程序。

3. 以下关于科目汇总表账务处理程序的优缺点与适用范围的表述中，正确的有（　　）

A. 将记账凭证通过科目汇总表汇总后登记总分类账，大大减轻了登记总账的工作量

B. 通过编制科目汇总表，可以对发生额进行试算平衡，从而及时发现错误，保证记账工作质量

C. 科目汇总表能反映账户之间的对应关系，有利于根据账簿记录检查和分析交易或事项的来龙去脉，便于查对账目

D. 适用于规模大、业务量多的大、中型企业

解析：选 ABD。科目汇总表账务处理程序的缺点是不能反映账户之间的对应关系。

4. 下列各项中，属于记账凭证账务处理程序与汇总记账凭证账务处理程序的区别的有（　　）

A. 原始凭证的种类不同　　B. 登记总分类账的工作量不同

C. 总账的记账依据不同　　D. 明细账簿的记账依据不同

解析：选 BC。在账务处理程序中，原始凭证的种类和明细账簿的记账依据都是相同的，而总账的记账依据有所不同，登记总分类账的工作量也不同。

5. 各种账务处理程序的相同之处表现为（　　）

A. 根据原始凭证编制汇总原始凭证

B. 根据原始凭证和汇总原始凭证编制证账凭证

C. 根据各种记账凭证和有关原始凭证或汇总原始凭证登记明细账

D. 根据总账、明细账的记录编制会计报表

解析：选 ABCD。各种账务处理程序，都是根据原始凭证或汇总原始凭证，编制证账凭证；根据收款凭证、付款凭证逐笔登记现金日记账和银行存款日记账；期末根据总分类账和明细分类账的记录，编制会计报表。

6. 下列关于科目汇总表账务处理程序与汇总记账凭证账务处理程序共同之处的表述中，正确的有（　　）

A. 都是用于规模较大的企业

B. 可以进行发生额试算平衡

C. 可以减少总分类账登记工作量

D. 可以保持会计科目之间对应关系

解析：选 AC。科目汇总表账务处理程序与汇总记账凭证账务处理程序都是通过汇总有关记账凭证的记录之后，根据汇总资料登记总分类账的，适用于规模较大的企业，可以减少总分类账登记工作量。

7. 下列会计科目中，适用按会计科目贷方分别编制汇总付款凭证的有（　　）

A. 库存现金　　B. 其他应付款

C. 银行存款　　D. 应付账款

解析：选 AC。汇总付款凭证根据“库存现金”和“银行存款”账户的贷方进行编制。

8. 科目汇总表账务处理程序的特点主要表现在（　　）

A. 根据记账凭证定期编制科目汇总表

B. 根据编制的科目汇总表登记总分类账

C. 根据各种记账凭证编制汇总记账凭证

D. 根据汇总记账凭证登记总分类账

解析：选 AB。科目汇总表账务处理程序的特点是根据记账凭证定期编制科目汇总表，再根据编制的科目汇总表登记总分类账。

9. 下列项目中，属于科学、合理地选择适用于本单位的账务处理程序的意义有（　　）

A. 有利于会计工作程序的规范化

B. 有利于增强会计信息的可靠性

C. 有利于提高会计信息的质量

D. 有利于保证会计信息的及时性

解析：选 ABCD。科学、合理地选择账务处理程序的意义主要有：①有利于规范会计工作，保证会计信息加工过程的严密性，提高会计信息质量；②有利于保证会计记录的完整性和正确性，增强会计信息的可靠性；③有利于减少不必要的会计核算环节，提高会计工作效率，保证会计信息的及时性。

10. 下列各项中，属于记账凭证账务处理程序缺点的有（　　）

A. 不具有试算平衡的作用，不利于保证总账登记的正确性

B. 总分类账无法较详细地反映经济业务的发生情况

C. 登记总分类账的工作量较大

D. 编制汇总记账凭证的程序比较烦琐

解析：选 BC。记账凭证账务处理程序的特点是直接根据记账凭证对总分类账进行逐笔登记，简单明了，易于理解，但登记总分类账的工作量较大，适用于规模较小、经济业务较少的单位。

二、单项选择题（共 10 题，为保证复习效果，对不懂的题目应做标记，以便更好地复习巩固。建议学习时间为 5 分钟）

1. 汇总记账凭证账务处理程序的特点是根据汇总记账凭证逐笔登记（　　）

A. 日记账和明细分类账　　B. 总分类账和明细分类账

C. 总分类账　　D. 明细分类账

解析：选 C。汇总记账凭证账务处理程序的特点是根据汇总记账凭证逐笔登记总分类账。

2. 对所发生的经济业务事项，根据原始凭证或汇总原始凭证编制记账凭证，然后直接根据记账凭证逐笔登记总分类账。下列各项中，属于这种账务

处理程序的是（　　）

A. 不存在这种账务处理程序　　B. 记账凭证账务处理程序

C. 科目汇总表账务处理程序　　D. 汇总记账凭证账务处理程序

解析：选B。记账凭证账务处理程序的特点是直接根据记账凭证对总分类账进行逐笔登记。

3. 记账凭证账务处理程序是指对所发生的经济业务事项，直接根据（　　）逐笔登记总分类账的一种账务处理程序

A. 原始凭证　　B. 原始凭证汇总表

C. 记账凭证　　D. 会计凭证

解析：选C。记账凭证账务处理程序是指对所发生的经济业务事项，都要根据原始凭证或汇总原始凭证编制记账凭证，然后直接根据记账凭证逐笔登记总分类账的一种账务处理程序。

4. 下列关于记账凭证账务处理程序缺点的表述中，正确的是（　　）

A. 记账程序非常复杂，难以理解

B. 可以起到试算平衡的作用

C. 总分类账无法详细地反映经济业务的发生情况

D. 登记总分类账的工作量较大

解析：选D。记账凭证账务处理程序的特点是直接根据记账凭证对总分类账进行逐笔登记，简单明了，易于理解，总分类账可以较详细地反映经济业务的发生情况，但登记总分类账的工作量较大，适用于规模较小、经济业务较少的单位。

5. 各种账务处理程序之间的区别主要在于（　　）

A. 总账的格式不同

B. 编制会计报表的依据不同

C. 登记总账的程序和方法不同

D. 会计凭证的种类不同

解析：选C。企业常用的账务处理程序主要有记账凭证账务处理程序、汇总记账凭证账务处理程序和科目汇总表账务处理程序等。它们之间的主要区别为登记总分类账的依据和方法不同。

6. 下列各项中，属于既能汇总分类账，减轻总账登记工作，又能明确反映账户对应关系，便于查账、对账的账务处理程序是（　　）

A. 多栏式日记账账务处理程序　　B. 科目汇总表账务处理程序

C. 汇总记账凭证账务处理程序　　D. 日记账账务处理程序

解析：选C。汇总记账凭证账务处理程序中的记账凭证汇总可以分为汇总

收款凭证、汇总付款凭证和汇总转账凭证，通过汇总可以明确反映账户对应关系，便于查账、对账；再根据汇总记账凭证登记总账，可以减轻总账登记工作。

7．汇总记账凭证是依据（　　）编制的

A．记账凭证　　B．原始凭证

C．原始凭证汇总表　　D．各种总账

解析：选 A。汇总记账凭证账务处理程序根据各种记账凭证编制有关汇总记账凭证。

8．下列各项中，属于记账凭证账务处理程序步骤的是（　　）

A．根据各种记账凭证编制有关汇总记账凭证

B．根据各种汇总记账凭证登记总分类账

C．根据各种记账凭证编制科目汇总表

D．根据原始凭证编制汇总原始凭证

解析：选 D。记账凭证账务处理程序是指对所发生的经济业务事项，都要根据原始凭证或汇总原始凭证编制记账凭证，然后直接根据记账凭证逐笔登记总分类账的一种账务处理程序。

9．编制汇总记账凭证时，正确的处理方法是（　　）

A．汇总付款凭证按库存现金、银行存款账户的借方设置，并按其对应的贷方账户归类汇总

B．汇总收款凭证按库存现金、银行存款账户的贷方设置，并按其对应的借方账户归类汇总

C．汇总转账凭证按每一账户的借方设置，并按其对应的贷方账户归类汇总

D．汇总转账凭证按每一账户的贷方设置，并按其对应的借方账户归类汇总

解析：选 D。汇总收款凭证按库存现金、银行存款账户的借方设置，并按其对应的贷方账户归类汇总；汇总付款凭证按库存现金、银行存款账户的贷方设置，并按其对应的借方账户归类汇总；汇总转账凭证按每一账户的贷方设置，并按其对应的借方账户归类汇总。

10．既可以作为登记总账依据，又可以作为登记明细账依据的是（　　）

A．记账凭证　　B．汇总记账凭证

C．原始凭证　　D．汇总原始凭证

解析：选 A。记账凭证既可以作为登记总账的依据，又可以作为登记明细账的依据。

三、判断题（共10题，建议学习时间为5分钟。应快速通读，对有疑问的题目重点阅读其解析，并做标记）

1. 汇总记账凭证与科目汇总表都是按照每个会计科目设置，并汇总出每一个会计科目的借方本期发生额和贷方本期发生额。(　　)

解析：错。科目汇总表是按照会计科目进行归类，定期汇总出每一个账户的借方本期发生额和贷方本期发生额。而汇总记账凭证分为汇总收款凭证、汇总付款凭证、汇款转账凭证。汇总转账凭证是按贷方科目设置，按借方科目归类，定期汇总，按月编制的。

2. 记账凭证账务处理程序、汇总记账凭证账务处理程序和科目汇总表账务处理程序的一般步骤中都包括期末根据总分类账和明细分类账的记录编制会计报表。(　　)

答案：对。

3. 在不同的账务处理程序中，登记总账的依据相同。(　　)

解析：错。在不同的账务处理程序下，登记总账的依据不同。记账凭证账务处理程序登记总账的依据是记账凭证；汇总记账凭证账务处理程序登记总账的依据是汇总记账凭证；科目汇总表账务处理程序登记总账的依据是科目汇总表。

4. 汇总收款凭证，是按库存现金科目、银行存款科目借方分别编制，按与所设置科目相对应的贷方科目加以归类、汇总填列。(　　)

答案：错。

5. 不同的凭证、账簿组织以及与之相适应的记账程序和方法相结合，构成不同的账务处理程序。(　　)

答案：对。

6. 采用汇总记账凭证账务处理程序增加了一道填制汇总记账凭证的工作程序，增加了登记总分类账的工作量。(　　)

解析：错。总分类账根据汇总记账凭证于期末一次登记入账，减少了登记总分类账的工作量。

7. 汇总转账凭证，通常是按每一科目的贷方分别设置，定期将这一期间内的全部转账凭证，按与所设置科目相对应的借方科目加以归类、汇总填列。(　　)

答案：对。

8. 各种账务处理程序的不同之处在于登记明细账的直接依据不同。(　　)

解析：错。各种账务处理程序的不同之处在于登记总分类账的依据和程序不同。

9. 记账凭证账务处理程序、汇总记账凭证账务处理程序和科目汇总表账务处理程序登记总分类账的依据和方法不同，总分类账的格式也不尽相同。(　　)

答案：错。

10. 汇总转账凭证，通常是按每一科目的贷方分别设置，定期将这一期间内的全部转账凭证，按与所设置科目相对应的借方科目加以归类、汇总填列。(　　)

答案：对。

四、计算分析题（共2题，建议学习时间为17分钟）

1. 新东公司2013年有关资料如下：

（1）1月1日部分总账及其所属明细账余额如下表所示：

单位：万元

总账	明细账	借或贷	余额
应收账款	——A公司	借	600
坏账准备		贷	30
应付票据	——B公司	贷	150
长期借款	——甲银行	贷	300

注：表中坏账准备全部为应收账款计提，长期借款于2013年10月1日从银行借入，借款期限3年，年利率5%，每年付息一次。

（2）2013年公司发生如下业务：

①6月30日从乙银行借款200万元，期限3年，年利率6%，每半年付息一次。

②10月份以票据结算的业务有（不考虑增值税）：持银行汇票购进材料500万元，持银行本票购进库存商品300万元，签发6个月的商业汇票购进材料800万元；偿还B公司应付票据款150万元。

要求：根据本题资料完成下列银行借款会计分录。

（1）编制取得银行借款的会计分录。

（2）编制签发6个月的商业汇票购进材料的会计分录。

（3）计算期末“应付票据”的金额。

（4）计算期末“长期借款”的金额。

（5）编制资产负债表时，计算“应收账款”期末余额。

解析：

（1）取得银行借款的会计分录：

借：银行存款　　200

　贷：长期借款　　200

（2）签发6个月的商业汇票购进材料的会计分录：

借：原材料　　800

　贷：应付票据　　800

（3）期末“应付票据”的金额为800万元。

①签发6个月的商业汇票购进材料800万元，会计分录为：

借：原材料　　800

　贷：应付票据　　800

②偿还B公司应付票据款150万元，会计分录为：

借：应付票据　　150

　贷：银行存款　　150

所以，期末“应付票据”的金额＝150＋800－150＝800（万元）。

（4）期末“长期借款”的金额为200万元。

①6月30日从乙银行借款200万元，期限3年，年利率6%，每半年付息一次，会计分录为：

借：银行存款　　200

　贷：长期借款　　200

②一年内到期的长期负债只是在编制报表的时候作调整，2013年10月1日借入300万元长期借款，到2013年12月31日编制报表的时候，偿还的期间不到一年，所以应确认为一年内到期的长期负债。所以，期末“长期借款”金额＝300＋200－300＝200（万元）。

（5）编制资产负债表时，“应收账款”期末余额为570万元。

资产负债表“应收账款”期末余额＝600－30＝570（万元）。

2. 康妮雅公司本年7月31日的银行存款日记账余额为144 300元。银行对账单余额为157 500元。经逐笔核对，发现以下未达账项：①委托银行代收的销货款6 000元，银行已收到入账，但公司未收到银行收款通知，尚未入账；②于月末开转账支票35 100元，持票人尚未到银行办理转账手续；③公司于月末交银行的转账支票26 400元，银行尚未入账；④银行代扣公司借款利息1 500元，公司尚未收到付款通知。

要求：编制银行存款余额调节表。

银行存款余额调节表

××××年7月31日　　单位：元

项目	金额	项目	金额
企业银行存款日记账余额	144 300	银行对账单余额	（1）
加：银行已收、企业未收	（2）	加：企业已收、银行未收	26 400
减：银行已付、企业未付	（3）	减：企业已付、银行未付	（4）
调节后存款余额	148 800	调节后存款余额	（5）

解析：

银行存款余额调节表

××××年7月31日　　单位：元

项目	金额	项目	金额
企业银行存款日记账余额	144 300	银行对账单余额	（1）157 500
加：银行已收、企业未收	（2）6 000	加：企业已收、银行未收	26 400
减：银行已付、企业未付	（3）1 500	减：企业已付、银行未付	（4）35 100
调节后存款余额	148 800	调节后存款余额	（5）148 800

（1）银行对账单余额157 500元。

（2）银行已收、企业未收6 000元。委托银行代收的销货款6 000元，银行已收到入账，但公司未收到银行收款通知，尚未入账。

（3）银行已付、企业未付1 500元。银行代扣公司借款利息1 500元，公司尚未收到付款通知。

（4）企业已付、银行未付35 100元。公司于月末开转账支票35 100元，持票人尚未到银行办理转账手续。

（5）银行对账单调节后存款余额148 800元。银行对账单调节后存款余额＝银行对账单余额＋企业已收、银行未收－企业已付、银行未付＝157 500＋26 400－35 100＝148 800（元）。

第二环节 知识图表 面面俱到

第一节 账务处理程序概述

概念	账务处理程序，又称会计核算组织程序或会计核算形式，是指会计凭证、会计账簿、财务报表相结合的方式，包括账簿组织和记账程序	
意义	（1）有利于规范会计工作，保证会计信息加工过程的严密性，提高会计信息质量 （2）有利于保证会计记录的完整性和正确性，增强会计信息的可靠性 （3）有利于减少不必要的会计核算环节，提高会计工作效率，保证会计信息的及时性	
种类	记账凭证账务处理程序：指对发生的经济业务，先根据原始凭证或汇总原始凭证填制记账凭证，再直接根据记账凭证登记总分类账的一种账务处理程序	
	汇总记账凭证账务处理程序：指先根据原始凭证或汇总原始凭证填制记账凭证，定期根据记账凭证分类编制汇总收款凭证、汇总付款凭证和汇总转账凭证，再根据汇总记账凭证登记总分类账的一种账务处理程序	
	科目汇总表账务处理程序：又称记账凭证汇总表账务处理程序，是指根据记账凭证定期编制科目汇总表，再根据科目汇总表登记总分类账的一种账务处理程序	

第二节 记账凭证账务处理程序

一般步骤	（1）根据原始凭证填制汇总原始凭证 （2）根据原始凭证或汇总原始凭证，填制收款凭证、付款凭证和转账凭证，也可以填制通用记账凭证 （3）根据收款凭证和付款凭证逐笔登记库存现金日记账和银行存款日记账 （4）根据原始凭证、汇总原始凭证和记账凭证，登记各种明细分类账 （5）根据记账凭证逐笔登记总分类账 （6）期末，将库存现金日记账、银行存款日记账和明细分类账的余额与有关总分类账的余额核对相符 （7）期末，根据总分类账和明细分类账的记录，编制财务报表

（续上表）

<table>
<tr><td rowspan="4">内容</td><td colspan="2">特点：直接根据记账凭证对总分类账进行逐笔登记</td></tr>
<tr><td rowspan="2">优缺点</td><td>优点：简单明了，易于理解，总分类账可以较详细地反映经济业务的发生情况</td></tr>
<tr><td>缺点：登记总分类账的工作量较大</td></tr>
<tr><td colspan="2">适用范围：适用于规模较小、经济业务较少的单位</td></tr>
</table>

第三节 汇总记账凭证账务处理程序

<table>
<tr><td rowspan="4">编制方法</td><td>概念</td><td>汇总记账凭证是指对一段时期内同类记账凭证进行定期汇总而编制的记账凭证</td></tr>
<tr><td rowspan="3">种类</td><td>汇总收款凭证：根据“库存现金”和“银行存款”账户的借方进行编制</td></tr>
<tr><td>汇总付款凭证：根据“库存现金”和“银行存款”账户的贷方进行编制</td></tr>
<tr><td>汇总转账凭证：通常根据所设置账户的贷方进行编制</td></tr>
<tr><td>一般步骤</td><td colspan="2">（1）根据原始凭证填制汇总原始凭证
（2）根据原始凭证或汇总原始凭证，填制收款凭证、付款凭证和转账凭证，也可以填制通用记账凭证
（3）根据收款凭证、付款凭证逐笔登记库存现金日记账和银行存款日记账
（4）根据原始凭证、汇总原始凭证和记账凭证，登记各种明细分类账
（5）根据各种记账凭证编制有关汇总记账凭证
（6）根据各种汇总记账凭证登记总分类账
（7）期末，将库存现金日记账、银行存款日记账和明细分类账的余额与有关总分类账的余额核对相符
（8）期末，根据总分类账和明细分类账的记录，编制财务报表</td></tr>
<tr><td rowspan="4">内容</td><td colspan="2">特点：先根据记账凭证编制汇总记账凭证，再根据汇总记账凭证登记总分类账</td></tr>
<tr><td rowspan="2">优缺点</td><td>优点：减轻了登记总分类账的工作量</td></tr>
<tr><td>缺点：当转账凭证较多时，编制汇总转账凭证的工作量较大，并且按每一贷方账户编制汇总转账凭证，不利于会计核算的日常分工</td></tr>
<tr><td colspan="2">适用范围：适用于规模较大、经济业务较多的单位</td></tr>
</table>

第四节　科目汇总表账务处理程序

<table>
<tr><td rowspan="2">编制方法</td><td>概念</td><td>科目汇总表又称记账凭证汇总表，是企业通过定期对全部记账凭证进行汇总后，按照不同的会计科目分别列示各账户借方发生额和贷方发生额的一种汇总凭证</td></tr>
<tr><td>具体方法</td><td>根据一定时期内的全部记账凭证，按照会计科目进行归类，定期汇总出每一个账户的借方本期发生额和贷方本期发生额，填写在科目汇总表的相关栏内。科目汇总表可每月编制一张，按旬汇总，也可每旬汇总一次编制一张。任何格式的科目汇总表，都只反映各个账户的借方本期发生额和贷方本期发生额，不反映各个账户之间的对应关系</td></tr>
<tr><td>一般步骤</td><td colspan="2">（1）根据原始凭证填制汇总原始凭证
（2）根据原始凭证或汇总原始凭证填制记账凭证
（3）根据收款凭证、付款凭证逐笔登记库存现金日记账和银行存款日记账
（4）根据原始凭证、汇总原始凭证和记账凭证，登记各种明细分类账
（5）根据各种记账凭证编制科目汇总表
（6）根据科目汇总表登记总分类账
（7）期末，将库存现金日记账、银行存款日记账和明细分类账的余额同有关总分类账的余额核对相符
（8）期末，根据总分类账和明细分类账的记录，编制财务报表</td></tr>
<tr><td rowspan="4">内容</td><td colspan="2">特点：先将所有记账凭证汇总编制成科目汇总表，然后以科目汇总表为依据登记总分类账</td></tr>
<tr><td rowspan="2">优缺点</td><td>优点：减轻了登记总分类账的工作量，易于理解，方便学习，并可做到试算平衡</td></tr>
<tr><td>缺点：科目汇总表不能反映各个账户之间的对应关系，不利于对账目进行检查</td></tr>
<tr><td colspan="2">适用范围：适用于经济业务较多的单位</td></tr>
</table>

第三环节　臻题强化　胜券在握

温馨提醒

因考试时多项选择题及计算分析题单位分值为2分/题，特别是多项选择题，不仅单题分值高，题量也多，多项选择题题型分值占40分，“得多选者得会从”，必须保证多项选择题的准确率，方能保证考试通关。因此，考前冲刺应多练多项选择题及计算分析题。

一、多项选择题（共10题，应在8分钟内完成）

1. 账务处理程序也叫会计核算程序，它是指（　　）相结合的方式

A. 会计凭证　　B. 会计账簿　　C. 会计报表　　D. 会计科目

2. 在科目汇总表账务处理程序下，记账凭证是用来（　　）的依据

A. 登记库存现金日记账　　B. 登记总分类账

C. 登记明细分类账　　D. 编制科目汇总表

3. 以下关于汇总转账凭证的编制，说法不正确的有（　　）

A. 汇总转账凭证，是指按每一贷方科目分别设置，用来汇总一定时期内转账业务的一种汇总记账凭证

B. 汇总转账凭证可以是“一借一贷”或“一贷多借”的会计分录

C. 汇总转账凭证可以是“一借多贷”或“多借多贷”的会计分录

D. 将一定时期内全部转账凭证按其对应借方科目进行归类，计算出每一贷方科目发生额合计数，填入汇总转账凭证

4. 下列各项中，能够通过科目汇总表反映的有（　　）

A. 各个会计科目贷方本期余额　　B. 各个会计科目借方本期发生额

C. 各个会计科目贷方本期发生额　D. 各个会计科目借方本期余额

5. 账务处理程序的主要内容包括（　　）

A. 会计凭证、会计账簿的种类及格式

B. 会计凭证与账簿之间的联系方法

C. 从原始凭证到编制记账凭证、登记日记账和明细账、编制会计报表的

工作程序和方法

D. 会计资料立卷归档的程序和方法

6. 选择恰当的账务处理程序，应考虑的因素有（　　）

A. 可以简化核算程序，提高工作效率，节约人力和物力

B. 能够及时、正确和完整地提供会计资料

C. 与单位的经营特点和形式等情况相适应

D. 能够科学组织会计核算工作

7. 下列关于记账凭证账务处理程序、汇总记账凭证账务处理程序和科目汇总表账务处理程序的表述中，不正确的有（　　）

A. 都以汇总记账凭证为依据　　B. 登记总分类账的依据和方法不同

C. 三者完全不同　　D. 都属于我国常用的账务处理程序

8. 下列各项中，属于我国常用账务处理程序的有（　　）

A. 记账凭证账务处理程序　　B. 汇总记账凭证账务处理程序

C. 科目汇总表账务处理程序　　D. 总账账务处理程序

9. 科目汇总表账务处理程序的特点有（　　）

A. 能够反映账户之间的对应关系

B. 不能反映账户之间的对应关系

C. 能反映各账户一定时期内的借方发生额和贷方发生额，进行试算平衡

D. 只适用于小规模、业务少的企业

10. 下列有关科目汇总表账务处理程序的表述中，正确的有（　　）

A. 最简单的账务处理程序

B. 可做到试算平衡

C. 不能反映账户之间的对应关系，不便于查核账目

D. 减少了登记总分类账的工作量

二、单项选择题（共 10 题，应在 5 分钟内完成）

1. 记账凭证账务处理程序的主要特点是（　　）

A. 根据各种记账凭证登记日记账和明细账

B. 直接根据记账凭证逐笔登记总分类账

C. 根据汇总记账凭证登记总分类账

D. 根据总账和明细账记录编制会计报表

2. 对于规模较大、经济业务较多的企业，为了解科目对应关系，下列账务处理程序中，应采用的是（　　）

A. 科目汇总表账务处理程序　　B. 记账凭证汇总表账务处理程序

C. 记账凭证账务处理程序　　D. 汇总记账凭证账务处理程序

3. 各种账务处理程序之间的区别在于（　）

A. 总账的格式不同　　B. 编制会计报表的依据不同

C. 登记总账的依据和方法不同　　D. 会计凭证的种类不同

4. 下列关于科目汇总表账务处理程序优点的表述中，正确的是（　）

A. 登记总分类账的工作量较小

B. 可以清晰反映科目之间的对应关系

C. 总分类账可以较详细地反映经济业务的发生情况

D. 编制汇总记账凭证的程序比较简单

5. 科目汇总表是依据（　）编制的

A. 记账凭证　　B. 原始凭证

C. 原始凭证汇总表　　D. 各种总账

6. 下列关于记账凭证账务处理程序优点的表述中，正确的是（　）

A. 记账程序简单明了、易于理解

B. 登记总分类账的工作量较小

C. 具有试算平衡的作用，有利于保证总账登记的正确性

D. 总分类账无法详细反映经济业务的发生情况

7. 在各种不同账务处理程序中，不能作为登记总账依据的是（　）

A. 记账凭证　　B. 汇总记账凭证

C. 汇总原始凭证　　D. 科目汇总表

8. 下列有关记账凭证账务处理程序、汇总记账凭证账务处理程序和科目汇总表账务处理程序的表述中，正确的是（　）

A. 登记总分类账的方法不同　　B. 三者完全相同

C. 三者完全不同　　D. 登记总分类账的依据相同

9. 根据科目汇总表登记总分类账，在能够进行发生额试算平衡的同时也起到了（　）的作用

A. 简化报表的编制　　B. 简化明细分类账工作

C. 清晰反映科目之间的对应关系　　D. 简化登记总分类账工作

10. 甲公司是一家商贸公司，业务量不大，主要经销棉花。在对其进行会计检查时，从库存商品总账上发现“现收5号凭证”有漏记销售收入的嫌疑。下列会计账务处理程序中，甲公司采用的是（　）

A. 记账凭证账务处理程序　　B. 汇总记账凭证账务处理程序

C. 多栏式日记账账务处理程序　　D. 科目汇总表账务处理程序

三、判断题（共10题，应在5分钟内完成）

1. 科目汇总表的编制方法是，根据一定时期内的全部记账凭证，按照相同的会计科目归类，定期汇总出每一个会计科目的借方本期发生额和贷方本期发生额。（　　）

2. 不论采用哪种账务处理程序，都要设置和登记总账及明细账。（　　）

3. 对于科目汇总表中“库存现金”、“银行存款”科目的借方本期发生额和贷方本期发生额，只能根据收款凭证和付款凭证来归类、汇总填列，不能直接根据现金日记账和银行存款日记账的收入合计和支出合计填列。（　　）

4. 汇总记账凭证账务处理程序既能保持账户之间的对应关系，又能减轻登记总分类账的工作量。（　　）

5. 记账凭证账务处理程序的优点之一是登记总分类账的工作量较小。（　　）

6. 汇总记账凭证账务处理程序的缺点在于保持账户之间的对应关系。（　　）

7. 记账凭证都包括记账凭证账务处理程序、汇总记账凭证账务处理程序和科目汇总表账务处理程序。其一般步骤中都包括记录期末总分类账和明细分类账，编制会计报表。（　　）

8. 科目汇总表账务处理程序不能反映各科目之间的对应关系，不便于查对账目，但汇总记账凭证账务处理程序可以克服科目汇总表账务处理程序的这个缺点。（　　）

9. 汇总记账凭证账务处理程序是会计核算中最基本的账务处理程序，其他账务处理程序都是在这种账务处理程序的基础上发展、演变形成的。（　　）

10. 在汇总记账凭证账务处理程序中，为了便于编制汇总转账凭证，要求所有的转账凭证也应按一借一贷或一借多贷的对应关系来编制。（　　）

四、计算分析题（共2题，应在17分钟内完成）

1. 飞跃公司3月份有关账户期初余额如下：

“原材料”总账借方余额45 000元，其所属明细账的余额如下：甲材料300公斤，每公斤60元，计18 000元；乙材料200公斤，每公斤90元，计18 000元；丙材料200公斤，每公斤45元，计9 000元。

“应付账款”总账贷方余额38 000元，其所属明细账的贷方余额如下：西宁公司22 000元，凯达公司16 000元。

“银行存款”总账和“银行存款日记账”余额均为150 000元。

该公司3月份发生下列经济业务：

①3日从西宁公司购入甲材料500公斤，每公斤60元，计30 000元，款项尚未支付。

②8日，从凯达公司购入甲材料300公斤，每公斤60元，计18 000元；乙材料400公斤，每公斤90元，计36 000元。材料已验收入库，货款尚未支付。

③15日，车间生产A产品领用甲材料700公斤，每公斤60元，计42 000元；乙材料300公斤，每公斤90元，计27 000元。

④26日，以银行存款偿付前欠西宁公司货款50 000元和凯达公司货款46 000元。

根据本题资料完成下列问题：

（1）计算飞跃公司3月末“银行存款”总账余额。

（2）计算飞跃公司3月末“原材料——甲材料”明细账余额。

（3）计算飞跃公司3月末“原材料——甲材料”明细账结存的材料数量。

（4）计算飞跃公司3月末“应付账款”总账余额。

（5）计算飞跃公司3月末“原材料”总账余额。

2. 津光公司所得税率为25%。该公司2013年1月至11月各损益类账户的累计发生额和12月底转账前各损益类账户的发生额如下：

账户名称	12月发生额		1月至11月累计发生额	
	借方	贷方	借方	贷方
主营业务收入		80 000		670 000
其他业务收入		38 000		130 000
主营业务成本	20 000		250 000	
其他业务成本	15 000		50 000	
营业税金及附加	2 000		20 000	
销售费用	8 000		80 000	
管理费用	25 000		260 000	
财务费用	500		6 000	
投资收益		5 000		
营业外收入		1 500		8 000
营业外支出	1 000		2 000	

要求：根据上述资料，计算下列津光公司2013年利润表中（1）~（5）的金额。

利润表（简式）

编制单位：津光公司　　2013年　　单位：元

项　目	行次	本年金额	上年金额
一、营业收入		（1）	略
减：营业成本		（2）	
营业税金及附加		22 000	
销售费用		88 000	
管理费用		285 000	
财务费用		6 500	
资产减值损失		5 000	
二、营业利润		（3）	
加：营业外收入		9 500	
减：营业外支出		3 000	
三、利润总额		（4）	
减：所得税费用		48 250	
四、净利润		（5）	

参考答案及解析

一、多项选择题

1. ABC【解析】账务处理程序就是通过建立凭证、账簿和报表组织体系，并按一定的步骤或程序将三者有机结合起来，以实现最终产生并提供有用会计信息的目的。

2. ACD【解析】在科目汇总表账务处理程序下，可以根据记账凭证登记库存现金日记账、登记明细分类账和编制科目汇总表。

3. CD【解析】汇总转账凭证应该是“一借一贷”或“一贷多借”的会计分录；将一定时期内全部转账凭证按其对应贷方科目进行归类，计算出每一借方科目发生额合计数，填入汇总转账凭证。

4. BC【解析】科目汇总表是根据一定时期内的全部记账凭证，按照会计科目进行归类，定期汇总出每一个账户的借方本期发生额和贷方本期发生额。

5. AC【解析】账务处理程序是指对会计数据的记录、归类、汇总、陈报的步骤和方法。即从原始凭证的整理、汇总，记账凭证的填制、汇总，日记账、明细分类账的登记，到会计报表的编制的步骤和方法。

6. ABCD。

7. AC【解析】三种账务处理程序都属于我国常用的账务处理程序，程序步骤大多数相同，它们之间的主要区别为登记总分类账的依据和方法不同。

8. ABC【解析】企业常用的账务处理程序主要有记账凭证账务处理程序、汇总记账凭证账务处理程序和科目汇总表账务处理程序等。

9. BC【解析】任何格式的科目汇总表，都只反映各个账户的借方本期发生额和贷方本期发生额，不反映各个账户之间的对应关系。科目汇总表账务处理程序的特点是先将所有记账凭证汇总编制成科目汇总表，然后以科目汇总表为依据登记总分类账，可以简化登记总账的工作，该账务处理程序适用于经济业务较多的单位。

10. BCD【解析】最简单的账务处理程序应该是记账凭证账务处理程序。

二、单项选择题

1. B【解析】记账凭证账务处理程序的特点是直接根据记账凭证对总分类账进行逐笔登记。

2. D【解析】汇总记账凭证账务处理程序的特点是先根据记账凭证编制汇总记账凭证，再根据汇总记账凭证登记总分类账；能够反映科目的对应关系。该账务处理程序适用于规模较大、经济业务较多的单位。

3. C【解析】不同账务处理程序之间的主要区别为登记总分类账的依据和方法不同。

4. A【解析】科目汇总表账务处理程序的优点是减轻了登记总分类账的工作量，易于理解，方便学习，并可做到试算平衡；缺点是科目汇总表账务处理程序不能反映各个账户之间的对应关系，不利于对账目进行检查。

5. A【解析】应该根据各种记账凭证编制科目汇总表。

6. A【解析】记账凭证账务处理程序的优点是简单明了、易于理解，总分类账可以较详细地反映经济业务的发生情况；缺点是登记总分类账的工作量较大。

7. C【解析】汇总原始凭证是填制记账凭证的依据，不是登记总账的依据。

8. A【解析】记账凭证账务处理程序、汇总记账凭证账务处理程序和科目汇总表账务处理程序之间的主要区别为登记总分类账的依据和方法不同。

9. D【解析】科目汇总表登记总分类账，在能够进行发生额试算平衡的同时也起到了简化登记总分类账工作的作用。

10. A【解析】因为记账凭证账务处理程序的特点是直接根据记账凭证对总分类账进行逐笔登记，所以才能从总账中发现漏记经济业务。

三、判断题

1. 对。

2. 对【解析】不论采用哪种账务处理程序，都必须设置和登记总账及明细账，它们之间的主要区别为登记总分类账的依据和方法不同。

3. 对。

4. 对【解析】汇总记账凭证账务处理程序的优点是减轻了登记总分类账的工作量，便于了解账户之间的对应关系。

5. 错【解析】记账凭证账务处理程序是指对所发生的经济业务，先根据原始凭证或汇总原始凭证填制记账凭证，再直接根据记账凭证登记总分类账的一种账务处理程序。优点是简单明了、易于理解，总分类账可以较详细地反映经济业务的发生情况；缺点是登记总分类账的工作量较大。

6. 错【解析】汇总记账凭证账务处理程序的缺点是，按每一贷方科目编制汇总转账凭证，不利于会计核算的日常分工。

7. 对【解析】账务处理程序，又称会计核算组织程序或会计核算形式，是指会计凭证、会计账簿、财务报表相结合的方式。无论哪一种账务处理程序，一般步骤中都包括记录期末总分类账和明细分类账，编制会计报表。

8. 对【解析】本题考查科目汇总表账务处理程序的特点。

9. 错【解析】记账凭证账务处理程序是会计核算中最基本的账务处理程序，其他账务处理程序都是在这种账务处理程序的基础上发展、演变形成的。

10. 错【解析】汇总转账凭证通常根据所设置账户的贷方进行编制。汇总转账凭证是在对所设置账户相对应的借方账户进行分类之后，进行汇总编制，转账凭证必须一借一贷或一贷多借。

四、计算分析题

1.【解析】

(1)“银行存款”总账余额为54 000元。

“银行存款”总账余额 = 月初余额 - 本期减少额 = 150 000 - （50 000 +

46 000）=54 000（元）。

（2）“原材料——甲材料”明细账余额为 24 000 元。

“原材料——甲材料”明细账余额 = 月初余额 + 本月购入额 - 本月领用额 = 18 000 +（30 000 +18 000）-42 000 =24 000（元）。

（3）“原材料——甲材料”明细账结存的材料数量为 400 公斤。

“原材料——甲材料”明细账结存的材料数量 = 月初结存数量 + 本期购入数量 - 本月领用数量 =300 +（500 +300）-700 =400（公斤）。

（4）“应付账款”总账余额为 26 000 元。

“应付账款”总账余额 = 月初余额 + 本月增加额 - 本期减少额 =（22 000 + 16 000）+（30 000 +18 000 +36 000）-（50 000 +46 000）=26 000（元）。

（5）“原材料”总账余额为 60 000 元。

“原材料”总账余额 = 月初余额 + 本月增加额 - 本期减少额 =45 000 +（30 000 +18 000 +36 000）-（42 000 +27 000）=60 000（元）。

2. **【解析】**

利润表（简式）

编制单位：津光公司　　2013 年　　单位：元

项　目	行次	本年金额	上年金额
一、营业收入		（1）918 000	略
减：营业成本		（2）335 000	
营业税金及附加		22 000	
销售费用		88 000	
管理费用		285 000	
财务费用		6 500	
资产减值损失		5 000	
二、营业利润		（3）176 500	
加：营业外收入		9 500	
减：营业外支出		3 000	
三、利润总额		（4）183 000	
减：所得税费用		48 250	
四、净利润		（5）134 750	

（1）918 000。营业收入 = 主营业务收入 + 其他业务收入 = （670 000 + 80 000） + （130 000 +38 000） =918 000（元）。

（2）335 000。营业成本 = 主营业务成本 + 其他业务成本 = （250 000 + 20 000） + （50 000 + 15 000） = 335 000（元）。

（3）176 500。营业利润 = 营业收入 - 营业成本 - 营业税金及附加 - 销售费用 - 管理费用 - 财务费用 - 资产减值损失 = 918 000 - 335 000 - 22 000 - 88 000 - 285 000 - 6 500 - 5 000 = 176 500（元）。

（4）183 000。利润总额 = 营业利润 + 营业外收入 - 营业外支出 = 176 500 + 9 500 - 3 000 = 183 000（元）。

（5）134 750。净利润 = 利润总额 - 所得税费用 = 183 000 - 48 250 = 134 750（元）。

第四环节 错题重温 查漏补缺

回顾一下今天完成的习题中的错误部分，并在下方写出对于你来说第八章中最难把握的是哪些内容，如“汇总记账凭证账务处理程序”等。

下编

专项训练及模拟试题

第六天　难点先行　确保通关

一、多项选择题（共 40 题，建议学习时间为 32 分钟，应快速通读，对有疑问的题目重点阅读其解析，并做标记）

1．下列各种财产损溢情况，经批准后在财务处理时可增减管理费用的有（　　）

A．材料盘盈　　　　　　　B．固定资产丢失

C．材料自然损耗　　　　　D．出纳人员丢失现金

解析：选 AC。如固定资产丢失、出纳人员丢失现金，应或是责任人赔偿，或是记入“营业外支出”科目。

2．资金退出是资金运动的终点，下列属于资金退出的业务有（　　）

A．交纳营业税　　　　　　B．支付发行债券的利息

C．给股东分配现金股利　　D．偿还银行借款

解析：选 ABCD。资金退出是指企业偿付负债和因减资而退回投资者投入的资本。

3．属于会计直接参与管理活动的有（　　）

A．经营计划的制订　　　　B．经营活动的评价

C．经营活动的控制　　　　D．经营方案的选择

解析：选 ABCD。会计的职能是指会计在经济管理过程中所具有的功能，会计具有会计核算和会计监督两项基本职能和预测经济前景、参与经济决策、评价经营业绩等拓展职能。

4．下列各项收到的款项中，属于“收入”的有（　　）

A．出租固定资产收到的租金　B．销售商品收取的增值税

C．出售原材料收到的价款　　D．出售无形资产收到的价款

解析：选 AC。出租固定资产收到的租金属于让渡资产使用权取得的收入；收取的增值税属于代收的款项，不属于企业经济利益的流入；出售原材料收到的价款等同于销售商品取得的价款；企业出售无形资产、出售固定资产并非企业的日常活动，这种偶发性的收入不应该确认为收入，所以其收到的价款不属于日常活动的经济利益的总流入，故不是收入。

5．全面清查是指对企业的全部财产进行盘点和核对，包括属于本单位和存放在本单位的所有财产物资、货币资金和各项债权债务。其中的财产物资包括（　　）

A．在本单位的所有固定资产、库存商品、原材料、包装物、低值易耗品、在产品

B．属于本单位但在途中的各种在途物资

C．委托其他单位加工、保管的材料物资

D．存放在本单位的代销商品、材料物资等

解析：选 ABCD。全面清查是指对所有的财产进行全面的盘点和核对。

6．下列各项中，可以作为会计主体的有（　　）

A．一个学校　　B．一个社会团体

C．一个企业　　D．一个医院

解析：选 ABCD。会计主体是指企业会计确认、计量和报告的空间范围，即会计核算和监督的特定单位或组织。

7．“借款单”属于（　　）

A．外来原始凭证　　B．自制原始凭证

C．一次凭证　　D．累计凭证

解析：选 BC。借款单属于自制原始凭证，也属于一次凭证。

8．在编制试算平衡表时，下列表述中正确的有（　　）

A．如果试算平衡，说明科目记录正确无误

B．必须保证所有科目的余额均已记录到试算平衡表

C．如果试算不平衡，科目记录肯定有错误，该认真查找直到平衡

D．即便试算平衡，也不能说明科目记录绝对正确

解析：选 BCD。如果试算平衡，也不能说明科目记录正确无误，因为漏记、重记、记错会计科目等错误检不出来。

9．下列各项中，属于登记会计账簿应遵循的规则有（　　）

A．登记会计账簿时，应当将会计凭证日期、编号、业务内容摘要、金额和其他有关资料逐项填写

B．登记完毕后，要在记账凭证上签名或盖章，并注明已经登账的符号，表示已经登账

C．账簿中书写的文字和数字应紧靠底线书写，上面要留有适当空格，不要写满格

D．登记账簿要用蓝黑墨水或者碳素墨水书写，不得使用圆珠笔（银行的复写账簿除外）或者铅笔

答案：选 ABCD。

10. 下列会计科目中，适用按会计科目贷方分别编制汇总付款凭证的有（　　）

A. 应付账款　　B. 库存现金
C. 其他应付款　　D. 银行存款

解析：选 BD。汇总付款凭证根据“库存现金”和“银行存款”账户的贷方进行编制。

11. 下列关于固定资产折旧的会计处理表述中，正确的有（　　）

A. 未使用的固定资产，其计提的折旧应记入管理费用

B. 经营租出的固定资产，其计提的折旧应记入其他业务成本

C. 自行建造固定资产过程中使用的固定资产，其计提的折旧应记入在建工程

D. 生产车间所使用的固定资产，其计提的折旧应记入制造费用

解析：选 ABCD。本题考核固定资产计提折旧的会计处理。根据“谁受益、谁承担”原则，分别计入各有关账户。

12. 以下有关明细分类科目的表述中，正确的有（　　）

A. 能提供更加详细、更加具体会计信息的科目

B. 除国家统一会计制度规定设置的以外，各单位可以根据实际需要自行设置

C. 也称一级会计科目

D. 是对总分类科目作进一步分类的科目

解析：选 ABD。称一级会计科目的是总分类科目。

13. 下列项目中属于利润表项目的有（　　）

A. 净利润　　B. 营业利润
C. 利润总额　　D. 利润分配

答案：选 ABC。

14. 以下说法中，不正确的是（　　）

A. 记账凭证账务处理程序登记总分类账的工作量小

B. 汇总记账凭证账务处理程序在转账凭证较多的时候，编制汇总转账凭证的工作量大

C. 汇总记账凭证按照每一贷方科目编制汇总转账凭证，有利于企业日常分工

D. 科目汇总表账务处理程序在总账中清晰反映科目之间的对应关系

解析：选 ACD。记账凭证账务处理程序登记总分类账的工作量比较大。

汇总记账凭证按照每一贷方科目编制汇总转账凭证，不利于企业日常分工。科目汇总表账务处理程序在总账中不能反映科目之间的对应关系。

15．企业结转固定资产清理净损益时，可能涉及的会计科目有（　　）

A．营业外收入　　　　B．固定资产清理

C．管理费用　　　　D．营业外支出

解析：选 ABD。结转固定资产清理净收益，应记入营业外收入；结转固定资产清理净损失，应记入营业外支出。

16．某公司 2013 年期初利润分配无余额，当年实现净利润 800 000 元，按净利润 10% 的比例提取盈余公积，向投资者宣告分配现金股利 500 000 元，下列说法中正确的有（　　）

A．宣告分配现金股利的账务处理为：

借：利润分配　　500 000

　贷：应付股利　　500 000

B．实现本年净利润的账务处理为：

借：本年利润　　800 000

　贷：利润分配　　800 000

C．2013 年末利润分配余额为 220 000 元

D．提取盈余公积的账务处理为：

借：利润分配　　80 000

　贷：盈余公积　　80 000

解析：选 ABCD。2013 年末利润分配余额 = 800 000 − 80 000 − 500 000 = 220 000（元）。

17．以下关于职工薪酬的表述中，能记入产品成本的是（　　）

A．车间管理人员薪酬　　　　B．专设销售机构人员薪酬

C．企业管理人员薪酬　　　　D．车间生产工人薪酬

解析：选 AD。产品成本包括直接材料、直接人工和制造费用。选项 A 属于制造费用；选项 D 属于直接人工。选项 B 属于销售费用，选项 C 属于管理费用。

18．某公司 2009 年 12 月 31 日固定资产账户余额为 3 000 万元，累计折旧账户余额为 900 万元，固定资产减值准备账户余额为 100 万元，工程物资账户余额为 200 万元，则该公司 2009 年 12 月 31 日资产负债表中“固定资产”项目的金额不可能为（　　）万元

A．2 000　　B．2 900　　C．2 100　　D．2 200

解析：选 BCD。资产负债表中“固定资产”项目的金额 = 3 000 − 900 −

100 =2 000（万元）。

19．下列关于历史成本计量的表述中，正确的有（　　）

A．在历史成本计量下，资产按照当前市场条件，重新取得同样一项资产所需支付的现金或现金等价物的金额计量

B．在历史成本计量下，资产按照其购置时支付的现金或者现金等价物的金额计量

C．在历史成本计量下，负债按照其因承担现时义务而实际收到的款项或者资产的金额计量

D．历史成本就是取得或制造某项财产物资时所实际支付的现金或其他等价物

解析：选 BCD。选项 A 应为重置成本。

20．下列对会计档案管理的描述中，正确的是（　　）

A．当年形成的会计档案可以在财务会计部门保管一年，期满后移交本单位的档案管理部门进行保管

B．原始凭证较多时，可以单独装订，但应在凭证的封面注明所属记账凭证的日期、编号和种类

C．会计档案不得外借

D．出纳可以监管会计档案保管

解析：选 ABC。出纳不得监管会计档案保管。

21．下列属于会计核算具体内容的有（　　）

A．款项和有价证券的收付、资本的增减

B．财物的收发、增减和使用

C．债权债务的发生和结算、财务成果的计算和处理

D．收入、支出、费用、成本的计算

解析：选 ABCD。会计核算的具体内容包括：①款项和有价证券的收付；②财物的收发、增减和使用；③债权债务的发生和结算；④资本的增减；⑤收入、支出、费用、成本的计算；⑥财务成果的计算和处理。

22．结账的内容通常包括（　　）

A．在会计期末将本期所有发生的经济业务事项全部登记入账

B．结清各种损益类账户，并据以计算和确定本期利润

C．结清各资产、负债和所有者权益账户，分别给出本期发生额合计和余额

D．期末有余额的账户，要将其余额结转下一会计期间

解析：选 BC。结账的内容通常包括两个方面：一是结清各种损益类账

户，并据以计算和确定本期利润；二是结算各资产、负债和所有者权益账户，分别给出其本期发生额和期末余额。

23. 下列各项中，在汇总记账凭证账务处理程序下应设置的有（　　）

A. 现金和银行存款日记账

B. 收款凭证、付款凭证和转账凭证

C. 总分类账

D. 汇总收款凭证、汇总付款凭证和汇总转账凭证

答案：选 ABCD。

24. 以下符合借贷记账法的记账规则的有（　　）

A. 资产与权益同时增加，总额增加

B. 资产与负债一增一减，总额不变

C. 资产内部同时减少，总额减少

D. 权益内部一增一减，总额不变

解析：选 AD。根据资产 = 负债 + 所有者权益，选项 B、C 破坏了会计恒等式的恒等关系。

25. 下列各项中如果存在余额应该列入“存货”项目中反映的有（　　）

A. 原材料　　B. 库存商品

C. 发出商品　　D. 委托加工物资

解析：选 ABCD。存货是指企业在日常活动中持有以备出售的产成品或商品、处在生产过程中的在产品、在生产过程或提供劳务过程中耗用的材料、物料等。存货区别于固定资产等非流动资产的最基本特征是企业持有存货的最终目的是出售，不论是可供直接销售，如企业的产成品、商品等，还是需经过进一步加工后才能出售，如原材料等。

26. 各单位在进行会计核算时，应符合的一般要求有（　　）

A. 必须根据实际发生的经济业务事项进行会计核算

B. 发生的各项经济业务事项应当在依法设置的会计账簿上统一登记、核算

C. 会计记录的文字只能使用中文

D. 使用电子计算机进行会计核算的，其软件及其生成的会计资料必须符合国家统一会计制度的规定

解析：选 ABD。根据《会计法》的规定，在我国境内的企业、事业单位会计记录所使用的文字为中文。民族自治地方，会计记录还可以同时使用当地通用的一种民族文字，在中华人民共和国境内的外商投资企业、外国企业和其他外国组织的会计记录，可以同时使用一种外国文字。

27. 以下关于订本账的表述中，正确的有（ ）

A. 订本式是指在账簿启用前，就将若干账页固定装订成册的账簿

B. 同一账簿在同一时间能由多人记载，便于记账人员分工记账

C. 订本式账簿一般适用于总分类账、现金日记账和银行存款日记账

D. 使用订本账的优点是可以防止账页被抽换，避免账页散失

解析：选 ACD。选项 B 属于活页账的特点。

28. 下列项目中，属于备查账簿的有（ ）

A. 应收票据贴现登记簿　　B. 租入固定资产登记簿

C. 现金日记账　　D. 固定资产卡片

解析：选 AB。备查账簿，又称辅助登记簿或补充登记簿，是指对某些在序时账簿和分类账簿中未能记载或记载不全的经济业务进行补充登记的账簿。备查账簿只是对其他账簿记录的一种补充，与其他账簿之间不存在严密的依存和钩稽关系。

29. 下列各项中，属于会计档案的有（ ）

A. 会计档案销毁清册　　B. 银行对账单

C. 银行存款余额调节表　　D. 会计档案保管清册

答案：选 ABCD。

30. 下列结账中，划通栏双红线的有（ ）

A. 本月合计　　B. 本年累计

C. 本年合计　　D. 12 月末的本年累计

解析：选 CD。结账时通栏划双红线只有本年合计（或全年合计）以及 12 月末的本年累计（或全年累计）两种情况。

31. 属于账实核对主要内容的有（ ）

A. 银行存款日记账账面金额与银行对账单核对

B. 各项应收应付款明细分类账的账面金额与有关单位和个人核对

C. 现金日记账的账面金额与现金实存数核对

D. 各项财产物资账面数与实有数核对

答案：选 ABCD。

32. 内部报表主要有（ ）

A. 管理费用明细表　　B. 制造费用明细表

C. 商品成本明细表　　D. 主要产品单位成本明细表

解析：选 ABCD。内部报表主要有管理费用明细表、制造费用明细表、商品成本明细表、主要产品单位成本明细表。

33. 企业需要进行财产全面清查的有（　　）

A. 出纳人员调离工作前　　B. 公司总经理调离工作前

C. 企业合并前　　D. 企业股份制改造前

解析：选 BCD。需要进行财产全面清查的情况主要有：年终决算之前；单位撤销、合并或改变隶属关系前；中外合资、国内合资前；企业股份制改造前；开展全面资产评估、清产合资前；单位主要领导调离工作前。选项 A 不是单位主要领导，只需局部清查。

34. 将一项现时义务确认为负债，需要符合负债的定义，同时还应满足以下（　　）条件

A. 与该资源有关的经济利益很可能流入企业

B. 与该义务有关的经济利益很可能流出企业

C. 该资源的成本或价值能够可靠地计量

D. 未来流出的经济利益的金额能够可靠地计量

解析：选 BD。负债还应满足的条件是与该义务有关的经济利益很可能流出企业，未来流出的经济利益的金额能够可靠地计量。

35. 某公司材料按计划成本计价核算，“原材料”账户期末余额为 80 000 元，如果：①“材料成本差异”账户为借方余额 6 000 元；②“材料成本差异”账户为贷方余额 5 000 元，则上述两种情况下原材料的实际成本分别为（　　）元

A. 86 000　　B. 85 000　　C. 74 000　　D. 75 000

解析：选 AD。“材料成本差异”账户为借方余额 6 000 元，为超支差，所以实际成本 = 80 000 + 6 000 = 86 000（元）；“材料成本差异”账户为贷方余额 5 000 元，为节约差，所以实际成本 = 80 000 − 5 000 = 75 000（元）。

36. 下列各项中，属于“库存商品”科目核算内容的有（　　）

A. 存放在门市部准备出售的商品　　B. 发出展览的商品

C. 外购商品　　D. 库存产成品

解析：选 ABCD。“库存商品”账户属于资产类账户，用以核算企业库存的各种商品的实际成本（或进价）或计划成本（或售价），包括库存产成品、外购商品、存放在门市部准备出售的商品、发出展览的商品以及寄存在外的商品等。

37. 应采用实地盘点法进行清查的是（　　）

A. 库存商品　　B. 固定资产　　C. 银行存款　　D. 库存现金

解析：选 ABD。银行存款采用与银行对账的方式清查。

38．关于原始凭证的审核，下列表述中正确的有（　　）

A．外来原始凭证必须有填制单位公章和填制人员的签章

B．自制原始凭证必须有经办部门和经办人员的签名或者盖章

C．审核原始凭证所记录的经济业务是否符合企业生产经营活动的需要，是否符合有关计划和预算等

D．对于不真实、不合法的原始凭证，会计机构和会计人员有权不予接受，并向单位负责人报告

解析：选ABCD。原始凭证审核的内容主要包括审核原始凭证的真实性、合法性、合理性、完整性、正确性、及时性。

39．下列项目中，属于财务成果的计算和处理内容的有（　　）

A．利润分配　　B．利润的计算

C．亏损弥补　　D．所得税费用的计算

解析：选ABCD。财务成果的计算和处理一般包括利润的计算、所得税费用的计算、利润分配和亏损弥补等。

40．下列人员中，属于需要在自制原始凭证上签字或盖章的有（　　）

A．经办部门的负责人　　B．出纳人员

C．记账人员　　D．经办人员

解析：选AD。出纳人员、记账人员需在记账凭证上签字或盖章。

二、计算分析题（共8题，建议学习时间为68分钟）

1．新源公司于2014年1月1日向银行借入一笔生产经营用短期借款，共计900 000元，期限为6个月，年利率为6%。根据与银行签署的借款协议，该项借款的本金到期后一次归还。利息分月预提，按季支付。

要求：根据下列经济业务，编制相关会计分录：

（1）1月1日，借入短期借款，款项存入银行账户。

（2）1月31日，计提1月份短期借款利息。

（3）3月31日，支付第一季度利息费用。

（4）4月30日，计提4月份短期借款利息。

（5）6月30日，支付第二季度利息费用，同时归还本金。

解析：

（1）1月1日，借入短期借款：

借：银行存款　　900 000

　贷：短期借款　　900 000

（2）1 月 31 日，计提本月利息：短期借款利息 = 900 000 × 6% ÷ 12 = 4 500（元）

借：财务费用　　4 500
　贷：应付利息　　4 500

（3）3 月 31 日，支付第一季度利息费用：

借：应付利息　　9 000
　　财务费用　　4 500
　贷：银行存款　　13 500

（4）4 月 30 日，计提本月利息：

借：财务费用　　4 500
　贷：应付利息　　4 500

（5）6 月 30 日，支付第二季度利息费用，同时归还本金：

借：应付利息　　9 000
　　财务费用　　4 500
　　短期借款　　900 000
　贷：银行存款　　913 500

2. 明旭公司执行企业会计制度，备用金采用非定额备用金核算；2010 年 11 月该公司发生如下业务：

（1）签发库存现金支票，为备发工资从银行提取库存现金 100 000 元。

（2）公司职工姚莉借款 1 000 元，用现金支付。

（3）采购员韩晶出差归来，报销差旅费 1 500 元，预借差旅费 2 000 元，余款 500 元退回财务部门。

（4）用现金发放职工工资 80 000 元。

（5）月末库存现金清查时发现库存现金短缺 200 元，无法查明原因，由公司承担损失。

要求：编制上述业务（1）~（5）的相关会计分录。

解析：

（1）提取现金：

借：库存现金　　100 000
　贷：银行存款　　100 000

（2）职工借款：

借：其他应收款——姚莉　　1 000
　贷：库存现金　　1 000

（3）报销差旅费：

借：管理费用　　1 500

　　库存现金　　500

　贷：其他应收款——韩晶　　2 000

（4）用现金发放职工工资：

借：应付职工薪酬　　80 000

　贷：库存现金　　80 000

（5）发现库存现金短缺，无法查明原因，由公司承担损失：

借：待处理财产损溢——待处理流动资产损溢　　200

　贷：库存现金　　200

借：管理费用　　200

　贷：待处理财产损溢——待处理流动资产损溢　　200

3. 创元公司以应收账款余额百分比法计提坏账损失，本年末是第一次计提，年末时应收账款余额为100万元，计提比例0.5%。第二年，确认甲客户所欠的20 000元确实无法收回，经批准确认为坏账。第二年末应收账款余额为150万元。第三年末应收账款余额为100万元。

要求：请做出这三年年末计提坏账准备的分录，写出第二年确认坏账的分录。

解析：

（1）第一年末，计提坏账准备。第一年末坏账准备账户余额=1 000 000×0.5%=5 000（元），第一年末坏账准备计提金额=第一年末坏账准备账户余额。会计分录为：

借：资产减值损失　　5 000

　贷：坏账准备　　5 000

（2）第二年确认坏账时，会计分录为：

借：坏账准备　　20 000

　贷：应收账款　　20 000

（3）第二年末计提坏账准备：计提坏账准备前，坏账准备的余额是借方15 000元，根据应收账款余额1 500 000元，坏账准备应该有贷方余额1 500 000×0.5%=7 500（元），所以应计提7 500+15 000=22 500（元）。会计分录为：

借：资产减值损失　　22 500

　贷：坏账准备　　22 500

（4）第三年末计提坏账准备，根据应收账款余额可以计算出，坏账准备应有贷方余额 1 000 000 ×0.5% =5 000（元），当前坏账准备的贷方余额为 7 500 元，所以冲回 7 500 -5 000 =2 500（元）。会计分录为：

借：坏账准备　　2 500

　贷：资产减值损失　　2 500

4. 绿叶公司为增值税一般纳税人，适用的增值税率为 17%，假定该公司 2013 年 1—11 月份共实现净利润 85 0000 元。12 月份的有关资料如下：

科目名称	借方	贷方
主营业务收入		800 000
主营业务成本	540 000	
营业税金及附加	19 000	
管理费用	5 000	
销售费用	2 000	
财务费用	4 000	
营业外收入		20 000
营业外支出	30 000	

2013 年 12 月 31 日又发生以下业务：

①计提本月行政管理部门使用固定资产折旧 2 000 元。

②以银行存款支付广告费 8 000 元。

③计算本月应交城市维护建设税 10 000 元。

④假设该公司按月计算所得税费用，本月没有任何调整事项，公司根据利润总额计算公司本期应交纳的所得税（所得税率为 25%）。

要求：请计算 2013 年 12 月份的营业利润、利润总额和净利润。

解析：

（1）营业利润为 210 000 元。

营业利润 = 主营业务收入 - 主营业务成本 - 营业税金及附加 - 管理费用 - 销售费用 - 财务费用 =800 000 -540 000 -（19 000 +10 000）-（5 000 +2 000）-（2 000 +8 000）-4 000 =210 000（元）。

（2）利润总额为200 000元。

利润总额 = 营业利润 + 营业外收入 - 营业外支出 = 210 000 + 20 000 - 30 000 = 200 000（元）。

（3）净利润为150 000元。

净利润 = 200 000 - 200 000 × 25% = 150 000（元）。

5. 2009年5月13日，甲公司支付价款1 060 000元从二级市场购入乙公司发行的股票100 000股，每股价格10.60元（含已宣告但尚未发放的现金股利0.6元），另支付交易费用1 000元。甲公司将持有的乙公司股权划分为交易性金融资产，且持有乙公司股权后对其无重大影响。甲公司其他相关资料如下：①5月23日，收到乙公司发放的现金股利；②6月30日，乙公司股票价格涨到每股13元；③8月15日，将持有的乙公司股票全部售出，每股售价15元。

要求：请编制相关会计分录。

解析：

假定不考虑其他因素，甲公司的账务处理如下：

（1）5月13日，购入乙公司股票：

借：交易性金融资产——成本	1 000 000	
应收股利	60 000	
投资收益	1 000	
贷：银行存款		1 061 000

（2）5月23日，收到乙公司发放的现金股利：

借：银行存款	60 000	
贷：应收股利		60 000

（3）6月30日，确认股票价格变动：

借：交易性金融资产——公允价值变动	300 000	
贷：公允价值变动损益		300 000

（4）8月15日，将乙公司股票全部售出：

借：银行存款	1 500 000	
贷：交易性金融资产——成本		1 000 000
——公允价值变动		300 000
投资收益		200 000
借：公允价值变动损益	300 000	
贷：投资收益		300 000

6. 紫鑫公司5月1日将蓝想公司在3月1日出票，期限为6个月，面值100 000元，票面利率为6%的银行承兑汇票向银行贴现，贴现利率为12%。

要求：请计算贴现所得，并写出相关会计分录。

解析：

（1）贴现期为4个月。

（2）票据到期值 = 票面值 + 面值利息 = 100 000 + 100 000 × 6% ÷ 12 × 6 = 103 000（元）。

（3）贴现利息 = 到期值 × 贴现利率 × 贴现期 = 103 000 × 12% ÷ 12 × 4 = 4 120（元）。

（4）贴现所得 = 到期值 - 贴现利息 = 103 000 - 4 120 = 98 880（元）。

（5）票据贴现会计分录为：

借：银行存款　　98 880

　　财务费用　　1 120

　贷：应收票据——蓝想公司　　100 000

7. 根据以下资料，计算资产负债表中的相关数据。

（1）维安公司“应付账款”明细账期末余额情况：“应付账款——清海公司”账户贷方余额为200 000元，“应付账款——蓝天公司”账户借方余额为180 000元，“应付账款——绿地公司”账户贷方余额为300 000元。假设该公司“预付账款”明细账均为借方余额，则该公司资产负债表中“应付账款”项目的金额为（　　）元。

（2）畅捷公司2013年初“利润分配——未分配利润”账户的余额在借方，金额为50万元，2013年实现净利润200万元，提取盈余公积20万元，分配利润50万元，则2013年末未分配利润的金额为（　　）万元。

（3）连佳公司期末“工程物资”、“在建工程”、“原材料”、“库存商品”、“生产成本”总账借方余额分别为2 000元、3 600元、3 000元、8 000元和2 400元。该公司资产负债表中“存货”项目期末数为（　　）元。

（4）惠普公司期末“工程物资”账户的余额为100万元，“低值易耗品”账户的余额为50万元，“库存商品”账户的余额为60万元，“存货跌价准备”账户的余额为20万元，假定不考虑其他因素，该公司资产负债表中“存货”项目的金额为（　　）万元。

（5）平成公司“应付账款”明细账户月末贷方余额为40 000元，其中“甲公司”明细账户贷方余额为50 000元，“乙公司”明细账户借方余额为10 000元；“预付账款”明细账户月末借方余额为60 000元，其中“A公司”明细账户借方余额为80 000元，“B公司”明细账户贷方余额为20 000元。

该公司月末资产负债表中“应付账款”项目的金额为（　　）元。

解析：

（1）500 000。“应付账款”项目根据“应付账款”和“预付账款”账户所属各明细账户的期末贷方余额合计数填列。“应付账款”项目的金额 = 200 000 + 300 000 = 500 000（元）。

（2）80。年末结转之后，如果“利润分配——未分配利润”账户的余额在贷方，则表示的是未分配利润的数额；如果在借方，表示的是未弥补亏损的数额。“利润分配——未分配利润”账户的期初余额 50 万元在借方，2013 年的 200 万元净利润转入该账户的贷方，提取的盈余公积及分配的利润合计 70 万元最终转入该账户的借方，结果“利润分配——未分配利润”账户的余额在贷方，为 80 万元。

（3）13 400。“工程物资”、“在建工程”不属于“存货”项目，则该公司资产负债表中“存货”项目期末数 = 3 000 + 8 000 + 2 400 = 13 400（元）。

（4）90。该公司资产负债表中“存货”项目的金额 = “低值易耗品”账户余额 + “库存商品”账户余额 - “存货跌价准备”账户余额 = 50 + 60 - 20 = 90（万元）。

（5）70 000。该公司月末资产负债表中“应付账款”项目的金额 = “应付账款——甲公司”明细账户贷方余额 + “预付账款——B 公司”明细账户贷方余额 = 50 000 + 20 000 = 70 000（元）。

8. 神舟公司 2013 年损益类账户发生额资料如下（单位：元）：

科目名称	借方	贷方
主营业务收入		800 000
主营业务成本	600 000	
营业税金及附加	10 000	
管理费用	40 000	
销售费用	3 500	
财务费用	3 000	
营业外收入		20 000
营业外支出	10 000	
其他业务收入		20 000

（续上表）

科目名称	借方	贷方
其他业务成本	15 000	
资产减值损失	1 000	
公允价值变动损益	2 000	
投资收益		40 000

注：该公司所得税率为25%，假设无其他纳税调整事项。

要求：根据上述资料分别计算该公司在该会计期间内下列有关项目金额（要求列出计算过程）。

（1）营业收入。

（2）营业成本。

（3）营业利润。

（4）利润总额。

（5）净利润。

解析：

（1）820 000。营业收入＝主营业务收入＋其他业务收入＝800 000＋20 000＝820 000（元）。

（2）615 000。营业成本＝主营业务成本＋其他业务成本＝600 000＋15 000＝615 000（元）。

（3）185 500。营业利润＝营业收入－营业成本－营业税金及附加－管理费用－销售费用－财务费用－资产减值损失－公允价值变动损益＋投资收益＝820 000－615 000－10 000－40 000－3 500－3 000－1 000－2 000＋40 000＝185 500（元）。

（4）195 500。利润总额＝营业利润＋营业外收入－营业外支出＝185 500＋20 000－10 000＝195 500（元）。

（5）146 625。净利润＝利润总额－所得税费用＝195 500－195 500×25%＝146 625（元）。

7 第七天　冲刺训练　全真模拟（一）

全真套题演练 1

一、单项选择题（本题共 20 题，每题 1 分，共 20 分）

1. 在合理预期下，财务报表某项目的省略或错报会影响使用者据此作出的经济决策，说明该项目具有（　　）

A. 相关性　B. 可报告性　C. 一致性　D. 重要性

2. 按照一定的步骤反复运行的会计程序，就是（　　）

A. 资金循环　B. 会计循环　C. 资金周转　D. 会计核算

3. 可以采用三栏式明细账的是（　　）

A. 库存商品明细账　B. 制造费用明细账

C. 固定资产明细账　D. 其他应收款明细账

4. 下列报表中，属于静态报表的是（　　）

A. 现金流量表　B. 资产负债表

C. 股东权益增减变动表　D. 利润表

5. 借贷记账法下，“盈余公积”账户的期末余额等于（　　）

A. 期初借方余额 + 本期贷方发生额 - 本期借方发生额

B. 期初借方余额 + 本期借方发生额 - 本期贷方发生额

C. 期初贷方余额 + 本期贷方发生额 - 本期借方发生额

D. 期初贷方余额 + 本期借方发生额 - 本期贷方发生额

6. 库存商品因管理不善盘亏，经批准核销时，应借记（　　）账户

A. 管理费用　B. 营业外支出

C. 库存商品　D. 待处理财产损溢

7. 在各种不同账务处理程序中，不能作为登记总账依据的是（　　）

A. 记账凭证　B. 汇总记账凭证

C. 汇总原始凭证　D. 科目汇总表

8. 下列会计科目中，企业在计提固定资产折旧时不可能涉及的是（　　）

A. 制造费用　　B. 累计折旧　　C. 固定资产　　D. 管理费用

9. 企业计提坏账准备，下列会计分录中，正确的是（　　）

A. 借记“管理费用”科目，贷记“坏账准备”科目

B. 借记“坏账准备”科目，贷记“应收账款”科目

C. 借记“坏账准备”科目，贷记“资产减值损失”科目

D. 借记“资产减值损失”科目，贷记“坏账准备”科目

10. 某会计人员在审核记账凭证时，发现之前记账误将 3 000 元写成 300 元，尚未入账，下列错账更正方法中，正确的是（　　）

A. 红字更正法　　B. 冲销法

C. 补充登记法　　D. 重新编制记账凭证

11. 下列选项中，不能通过“其他货币资金”账户核算的是（　　）

A. 存出投资款　　B. 信用证存款

C. 信用卡存款　　D. 备用金

12. 下列关于全面清查和局部清查划分标准的各项中，正确的是（　　）

A. 财产清查的范围　　B. 财产清查的方法

C. 财产清查的性质　　D. 财产清查的时间

13. 下列经济业务中，会使企业月末资产总额发生变化的是（　　）

A. 从银行提取现金　　B. 将现金存入银行

C. 购买原材料，货款未付　　D. 购买原材料，货款已付

14. 下列各项中，一般适用于序时账簿和总分类账簿的是（　　）

A. 活页式　　B. 辅助式　　C. 订本式　　D. 卡片式

15. 按填制的手续及内容分类，下列对差旅费报销单性质的描述中，正确的是（　　）

A. 一次凭证　　B. 汇总凭证　　C. 专用凭证　　D. 累计凭证

16. 会计管理工作与其他经济管理工作的主要区别是（　　）

A. 会计以货币为主要计量单位来管理经济活动

B. 会计通过预测和决策来管理经济活动

C. 会计要运用统计方法

D. 会计以原始凭证来证明经济活动

17. 某公司对发出的存货采用全月一次加权平均法计价，本月初 M 材料的数量为 50 公斤，单价为 301.86 元，本月一次购入 M 材料 500 公斤，单价为 310 元。则本月发出存货的单价为（　　）元

A. 301.86　　B. 309.26　　C. 310　　D. 305.33

18. 下列不属于企业日常活动的是（ ）

A. 商品销售收入　　B. 材料销售收入

C. 出售固定资产收入　　D. 出让无形资产使用权收入

19. 下列各项中，属于科目汇总表汇总范围的是（ ）

A. 全部科目的借、贷方余额

B. 汇总收款凭证、汇总付款凭证、汇总转账凭证的合计数

C. 全部科目的借、贷方发生额和余额

D. 全部科目的借、贷方发生额

20. 公司购入甲材料，价款30 000元，增值税发票上的增值税额为5 100元，供应单位代垫运杂费2 000元，装卸费1 000元。该批材料的采购成本为（ ）元

A. 30 000　　B. 32 000　　C. 33 000　　D. 38 100

二、多项选择题（本题共20题，每题2分，共40分）

21. 关于实物资产清查的表述，正确的有（ ）

A. 在对实物资产的清查中，实物保管人员应自始至终在场

B. 要从数量上和质量上进行严格的清查

C. 清查时填写的“清查结果报告表”是用于调整账簿记录的原始凭证

D. 绝大部分实物资产都可以采用实地盘点法进行清查

22. 下列情况中，可能使企业银行存款日记账余额大于银行对账单余额的有（ ）

A. 银行已付，企业未付　　B. 企业已收，银行未收

C. 银行已收，企业未收　　D. 企业已付，银行未付

23. 下列说法中，正确的有（ ）

A. 没有余额的账户，应当在“借或贷”栏内写“0”，并在余额内用“0”表示

B. 银行存款日记账必须逐日结出余额

C. 库存现金日记账必须逐日结出余额

D. 凡需要结出余额的账户，结出余额后，应当在“借或贷”栏内写明“借”或者“贷”等字样

24. 下列各项税金中，不通过“营业税金及附加”科目核算的有（ ）

A. 个人所得税　　B. 企业所得税

C. 营业税　　D. 增值税

25．下列各项中，属于原始凭证按照来源不同所分类别的有（　　）

A．自制原始凭证　　B．收款凭证

C．外来原始凭证　　D．付款凭证

26．下列各项中，应记入营业外支出的有（　　）

A．公益性捐赠支出　　B．非流动资产处置损失

C．非常损失　　D．罚款支出

27．下列说法中，正确的有（　　）

A．对于涉及"库存现金"和"银行存款"之间的经济业务，一般只编制收款凭证

B．出纳人员必须根据会计主管或其指定人员审核无误的收、付款凭证办理收、付款业务

C．记账凭证上的日期指的是经济业务发生的日期

D．出纳人员不能直接依据有关收、付款业务的原始凭证办理收、付款业务

28．下列说法中正确的有（　　）

A．汇总记账凭证分为汇总收款凭证、汇总付款凭证和汇总转账凭证

B．汇总记账凭证是按每个科目设置，并按科目一方的对应科目进行汇总

C．汇总记账凭证账务处理程序是根据汇总记账凭证登记总分类账

D．汇总记账凭证账务处理程序适用于规模较大、经济业务较多的单位

29．企业发生下列经济业务事项时，应该办理会计手续并进行会计核算的有（　　）

A．收到货款　　B．原材料入库

C．支付职工工资　　D．签订远期购销合同

30．下列各项中，属于会计基本职能的有（　　）

A．会计决策　　B．会计核算　　C．会计预测　　D．会计监督

31．以下描述中，正确的有（　　）

A．会计核算过程中采用货币作为主要计量单位

B．我国会计企业的会计核算只能以人民币作为记账本位币

C．业务收支以外币为主的可以选择某种外币作为记账本位币

D．在境外设立的中国企业向国内报送的财务报告应折算成人民币

32．记账凭证账务处理程序、汇总记账凭证账务处理程序和科目汇总表账务处理程序的共同点是（　　）

A．登记现金日记账、银行存款日记账的依据、方法相同

B．登记明细账的依据、方法相同

C. 编制会计报表的依据、方法相同

D. 登记总账的依据、方法相同

33. 下列各项中，属于“收入”会计要素特征的有（　　）

A. 收入是企业在日常活动中形成的

B. 收入是与所有者投入资本无关的经济利益的总流入

C. 收入会导致所有者权益的增加

D. 经济利益的流入能够可靠地计量

34. 某公司当月领用材料 149 200 元，其中生产甲产品耗用 100 000 元，生产乙产品耗用 48 000 元，生产部门一般耗用 1 200 元，应编制会计分录（　　）

A. 借：生产成本——甲产品　100 000
　　贷：原材料　100 000

B. 借：生产成本——乙产品　48 000
　　贷：原材料　48 000

C. 借：制造费用　1 200
　　贷：原材料　1 200

D. 借：管理费用　149 200
　　贷：原材料　149 200

35. 资产负债表中，“一年内到期的非流动负债”项目应根据下列科目贷方余额分析填列的是（　　）

A. 应付票据　B. 应付债券　C. 长期借款　D. 长期应付款

36. 下列关于会计要素变动关系的说法中，正确的是（　　）

A. 某一项资产增加和另一项资产减少

B. 某一项资产减少和某一项权益增加

C. 某一项权益增加和另一项权益减少

D. 某一项资产增加和某一项权益减少

37. 资产负债表的下列项目中，需要根据总账科目余额减去其备抵项目后的净额填列的有（　　）

A. 应收账款　B. 长期股权投资

C. 存货　D. 固定资产

38. 下列固定资产中，应在当月计提折旧的是（　　）

A. 当月增加的固定资产　B. 当月减少的固定资产

C. 提前报废的固定资产　D. 大修理停用的固定资产

39. 备查账簿、序时账簿和分类账簿的不同之处在于（　　）

A. 登记依据不同　B. 账簿格式不同

C. 登记方法不同　　　　　　　　D. 账簿种类不同

40. 下列关于“坏账准备”科目的表述中，正确的有（　　）

A. 借方登记实际发生的坏账损失金额和冲减的坏账准备金额

B. 贷方登记当期应计提的坏账准备金额

C. 期末借方余额反映企业已计提但尚未转销的坏账准备

D. 期末贷方余额反映企业已计提但尚未转销的坏账准备

三、判断题（本题共20题，每题1分，共20分）

41. 甲商业银行于2009年8月1日向某公司发放一笔贷款600万元，期限为2年，年利率为4%，按月确认利息收入。则2010年12月31日应确认的当月利息收入为20 000元。（　　）

42. 科目汇总表不仅反映各个科目的借方本期余额和贷方本期余额，而且反映各个会计科目之间的对应关系。（　　）

43. 管理费用是企业行政管理部门为组织和管理生产经营活动而发生的各项费用，包括行政人员的工资和福利费、办公费、折旧费、广告宣传费、借款利息等。（　　）

44. 损益类账户的期末余额 = 期初余额 + 本期贷方发生额 - 本期借方发生额。（　　）

45. 将记账凭证分为收款凭证、付款凭证和转账凭证的依据是凭证填制手续的不同。（　　）

46. 在固定资产改良过程中发生的变价收入，应通过“营业外收入”科目核算。（　　）

47. 每日终了，银行存款日记账必须给出余额，并与银行对账单核对相符。（　　）

48. 财务会计报告的真实可靠是指企业财务会计报告要真实地反映交易或事项的实际情况。（　　）

49. 在重置成本计量下，资产和负债在公平交易中，熟悉情况的双方按照自愿进行资产交换或债务清偿的金额计量。（　　）

50. 复式记账是以资产与权益平衡关系作为记账基础，对发生的每一项经济业务，都以相等的金额在任意的两个或两个以上账户中进行记录的一种记账方式。（　　）

51. 签订经济合同是企业开展的经济活动，因此都属于会计对象。（　　）

52. 记账凭证账务处理程序是指对所发生的经济业务事项，根据原始凭证或汇总凭证编制记账凭证，并根据记账凭证逐笔登记总分类账的一种账务

处理程序。( )

53. 通过平行登记，可以使总分类账户与其所属明细分类账户保持统驭关系，以便于核对与检查，纠正错误与遗漏。( )

54. 资产负债表中，“无形资产”项目的金额根据“无形资产”账户的期末余额，减去“累计摊销”后的期末余额计算填列。( )

55. 单位收取的现金，应于当日送存银行，当日送存确有困难的，由开户银行确定送存时间。( )

56. 实物盘点后，应将“实存账存对比表”作为调整账面余额记录的原始依据。( )

57. 现金、银行存款收支业务的凭证，如果填写错误，不能在凭证上更改，应加盖“作废”戳记，重新填写，以免错收、错付。( )

58. 定期清查通常在月末、季末、年末进行，清查范围通常根据管理的需要而定，可以是全面清查，也可以是局部清查。( )

59. “低值易耗品”科目用于核算企业单位价值较低、使用年限较长、按规定不能作为固定资产核算的各种用具物品。( )

60. 本年利润从会计要素来讲属于利润类要素，从科目类别来讲属于所有者权益类科目。( )

四、计算分析题（本题共 2 题，每题 10 分，共 20 分）

61. 甲公司为增值税一般纳税人，增值税率为 17%，采用备抵法核算坏账。2013 年 12 月 1 日，甲公司“应收账款”科目借方余额为 200 万元，“坏账准备”科目贷方余额为 25 万元。12 月份，甲公司发生如下相关业务：

(1) 12 月 5 日，向乙公司赊销商品一批，开具的增值税专用发票上注明的售价为 50 万元，增值税额为 8.5 万元。甲公司已将商品运抵乙公司，货款尚未收到。该批商品的成本为 28 万元。

(2) 12 月 9 日，一客户破产，根据清算程序，有应收账款 20 万元不能收回，确认为坏账损失。

(3) 12 月 21 日，收到乙公司的销货款 30 万元，存入银行。

(4) 12 月 31 日，甲公司对应收账款进行减值测试，预计其未来现金流量现值为 170 万元，计算应计提的坏账准备。

要求：根据上述资料，逐笔编制相关会计分录。

62. 甲公司为增值税一般纳税人，增值税率为 17%。生产中所需 #882 材料按实际成本核算。2014 年 6 月份发生的与 #882 材料有关的业务如下：

(1) 6 月 6 日，签发一张商业承兑汇票购入#882 材料，增值税专用发票上注明的货款为163万元，增值税额为27.71万元，对方代垫保险费0.4万元。材料已验收入库。

（2）6月10日，收到乙公司作为资本投入的#882材料，并验收入库。投资合同约定该批原材料价值（不含可抵扣的增值税进项税额）为1 415万元，增值税进项税额为240.55万元，乙公司开具增值税专用发票。假定合同约定的价值与公允价值相等，未发生资本溢价。

（3）6月20日，销售#882材料，开出增值税专用发票上注明的售价为171万元，增值税额为29.07万元，款项已由银行收妥。该批#882材料实际成本为168万元。

（4）6月30日，因自然灾害毁损#882材料14万元，该批材料购入时支付的增值税额为2.38万元。经保险公司核定应赔偿10万元，款项尚未收到，其余损失已由有关部门批准处理。

（5）6月份，生产车间领用#882材料560万元；车间管理部门领用#882材料196万元；企业行政管理部门领用#882材料126万元。

要求：逐笔编制甲公司上述业务的会计分录（单位：万元）。

参考答案及解析

一、单项选择题

1. D【解析】在合理预期下，财务报表某项目的省略或错报会影响使用者据此作出的经济决策，说明该项目具有重要性。

2. B【解析】会计循环是指按照一定的步骤反复运行的会计程序。

3. D【解析】三栏式明细账适用于债权债务明细核算。

4. B【解析】静态报表是指反映企业资金运动处于某一相对静止状态的会计报表。资产负债表是反映企业在某一特定日期的财务状况的报表，属于静态报表。

5. C【解析】借贷记账法下，“盈余公积”账户是所有者权益类账户，贷方登记增加，借方登记减少，所以期末余额＝期初贷方余额＋本期贷方发生额－本期借方发生额。

6. A【解析】库存商品属于存货，因管理不善盘亏，经批准核销时，应借记管理费用账户。

7. C【解析】汇总原始凭证是原始凭证，不能作为登记总账依据。

8. C。

9. D。

10. D【解析】发现记账凭证有误时应重新编制正确记账凭证。

11. D【解析】备用金是通过“其他应收款”账户核算。

12. A【解析】按照清查范围分类，财产清查分为全面清查和局部清查。

13. C【解析】选项A、B、D都是资产内部项目一增一减，资产总额不变。

14. C【解析】序时账簿和总分类账簿必须是订本账。

15. B【解析】汇总凭证应由相关人员在汇总一定时期内反映同类经济业务的原始凭证后填制完成。

16. A【解析】会计是以货币为主要计量单位，运用专门的方法，核算和监督一个单位经济活动的一种经济管理工作。

17. B【解析】在全月一次加权平均法下，发出存货的单位成本=（月初结存金额+本月收入金额）÷（月初结存数量+本月收入数量）=（50×301.86+500×310）÷（50+500）=309.26（元）。

18. C【解析】出售固定资产收入属于企业的偶得。

19. D【解析】科目汇总表，又称记账凭证汇总表，是企业通过定期对全部记账凭证进行汇总后，按照不同的会计科目分别列示各账户借方发生额和贷方发生额的一种汇总凭证。

20. C【解析】材料的采购成本是指企业物资从采购到入库前所发生的全部支出，包括购买价款、相关税费、运输费、装卸费、保险费以及其他可归属于采购成本的费用。则该批材料的采购成本=30 000+2 000+1 000=33 000（元）。

二、多项选择题

21. ABCD。

22. AB【解析】企业银行存款日记账余额大于银行对账单余额的原因是银行存在未达账项，即存在“银行已付，企业未付”和“企业已收，银行未收”两种情况。

23. BCD【解析】没有余额的账户，应当在“借或贷”栏内写“平”。

24. ABD【解析】“营业税金及附加”账户核算企业经营活动发生的营业税、消费税、城市维护建设税、资源税和教育费附加等相关税费。

25. AC【解析】原始凭证按照取得的来源可分为自制原始凭证和外来原始凭证。

26. ABCD【解析】“营业外支出”账户核算企业发生的各项营业外支

出，包括非流动资产处置损失、非货币性资产交换损失、债务重组损失、公益性捐赠支出、非常损失、盘亏损失等。

27. BD【解析】对于涉及“库存现金”和“银行存款”之间的经济业务，一般只编制付款凭证；记账凭证上的日期指的是编制记账凭证的日期。

28. ABCD。

29. ABC【解析】签订远期购销合同未完成购销业务，不办理会计手续并进行会计核算。

30. BD【解析】会计具有会计核算和会计监督两项基本职能。

31. ACD【解析】中国企业会计准则规定，中华人民共和国境内的企业应以人民币为记账本位币，业务收支以外币为主的企业，也可以某种外币作为记账本位币，但编制的会计报表应当折算为人民币反映。

32. ABC【解析】三种账务处理程序之间的主要区别为登记总分类账的依据和方法不同。

33. ABC。

34. ABC【解析】选项D是在行政管理部门耗用材料时做的会计分录。

35. BCD【解析】一年内到期的非流动负债是根据“应付债券”、“长期借款”、“长期应付款”科目贷方余额分析填列的。

36. AC【解析】会计恒等式：资产＝负债＋所有者权益。等式同边的要素变动是一增一减，等式不同边的要素变动是同增同减。

37. ABCD。

38. BD【解析】当月增加的固定资产下月计提折旧，提前报废的固定资产不再计提折旧。

39. ABC【解析】备查账簿，又称辅助登记簿或补充登记簿，备查账簿与序时账簿和分类账簿相比，存在两点不同之处：一是登记依据可能不需要记账凭证，甚至不需要一般意义上的原始凭证；二是账簿的格式和登记方法不同，备查账簿的主要栏目不记录金额，它更注重用文字来表述某项经济业务的发生情况，即无固定格式。

40. ABD【解析】“坏账准备”是“应收账款”的备抵账户，贷方登记当期应计提的坏账准备金额，借方登记实际发生的坏账损失金额和冲减的坏账准备金额，期末余额一般在贷方，反映企业已经计提但尚未转销的坏账准备。

三、判断题

41. 对【解析】当月利息收入＝6 000 000×4%÷12＝20 000（元）。

42. 错【解析】科目汇总表的编制方法是，根据一定时期内的全部记账凭证，按照会计科目进行归类，定期汇总出每一个账户的借方本期发生额和贷方本期发生额，填写在科目汇总表的相关栏内，不能反映各个会计科目之间的对应关系。

43. 错【解析】借款利息属于财务费用，广告宣传费属于销售费用。

44. 错【解析】损益类账户在会计期末将本期发生额转入“本年利润”账户，转后该账户无余额。

45. 错【解析】分类反映经济业务的记账凭证，按其反映的经济业务内容，可分为收款凭证、付款凭证和转账凭证。

46. 错【解析】对企业改良后的固定资产成本，应按原有固定资产原价，减去改良过程中发生的变价收入，加上改良过程中的支出来确定。改良过程中发生的变价收入和支出，应在“在建工程”科目核算，完工后，将改良工程的净支出并入原有固定资产账面原价。

47. 错【解析】每日终了，银行存款日记账必须给出余额。银行对账单核对是定期进行的，每月至少进行一次。

48. 对。

49. 错【解析】重置成本，又称现行成本，是指按照当前市场条件，重新取得同样一项资产所需要支付的现金或者现金等价物金额。

50. 对。

51. 错【解析】签订经济合同虽然是企业开展的经济活动，但购销业务并未发生，故不属于会计核算的对象。

52. 对。

53. 对。

54. 错【解析】资产负债表中，“无形资产”项目的金额根据“无形资产”账户的期末余额，减去“累计摊销”和“无形资产减值准备”后的期末余额计算填列。

55. 对。

56. 对。

57. 对。

58. 对。

59. 错【解析】“低值易耗品”科目用于核算企业单位价值较低、使用年限较短、按规定不能作为固定资产核算的各种用具物品。

60. 对。

四、计算分析题

61. **解析：**

（1）赊销商品：

借：应收账款——乙公司　　585 000

　贷：主营业务收入　　500 000

　　　应交税费——应交增值税（销项税额）　　85 000

借：主营业务成本　　280 000

　贷：库存商品　　280 000

（2）应收账款不能收回，确认为坏账损失：

借：坏账准备　　200 000

　贷：应收账款　　200 000

（3）收到销货款，存入银行：

借：银行存款　　300 000

　贷：应收账款——乙公司　　300 000

（4）计提坏账准备：当期应提取的坏账准备 = 当期按应收款项计算应提坏账准备金额 - “坏账准备”科目的贷方余额 = （208.5 - 170） - 5 = 33.5（万元）。

借：资产减值损失　　335 000

　贷：坏账准备　　335 000

62. **解析：**

（1）签发一张商业承兑汇票购入材料：

借：原材料——#882 材料　　163.40

　　应交税费——应交增值税（进项税额）　　27.71

　贷：应付票据　　191.11

（2）收到投入材料：

借：原材料——#882 材料　　1 415.00

　　应交税费——应交增值税（进项税额）　　240.55

　贷：实收资本——乙公司　　1 655.55

（3）销售材料，取得收入：

借：银行存款　　200.07

　贷：其他业务收入　　171.00

　　　应交税费——应交增值税（销项税额）　　29.07

结转销售成本：

借：其他业务成本　　168.00

　贷：原材料　　168.00

（4）因自然灾害毁损材料：

批准前：

借：待处理财产损溢——待处理流动资产损溢　　16.38

　贷：原材料　　14

　　应交税费——应交增值税（进项税额转出）　　2.38

批准后：

借：其他应收款　　10.00

　　营业外支出——非常支出　　6.38

　贷：待处理财产损溢——待处理流动资产损溢　　16.38

（5）领用材料：

借：生产成本　　560.00

　　制造费用　　196.00

　　管理费用　　126.00

　贷：原材料——#882 材料　　882.00

全真套题演练 2

一、单项选择题（本题共 20 题，每题 1 分，共 20 分）

1. 通过银行转账偿付所欠原材料采购款，下列会计分录中，正确的是（　　）

A. 借：银行存款　贷：应收账款　　B. 借：应收账款　贷：银行存款

C. 借：银行存款　贷：应付账款　　D. 借：应付账款　贷：银行存款

2. 部分账户的期末余额如下：应付账款总账和明细账都是贷方余额 60 万元；预付账款总账借方余额 20 万元，其明细账中有借方余额 28 万元，贷方余额 8 万元；预收账款明细账借方余额 2 万元，贷方余额 10 万元。则资产负债表中的“应付账款”项目应填列的金额为（　　）万元

A. 60　　B. 68　　C. 70　　D. 78

3. 账簿按账页格式的不同分类，不包括（　　）

A. 两栏式账簿　　B. 三栏式账簿

C. 多栏式账簿　　D. 活页式账簿

4. 记账凭证是根据审核无误的（　　）填制的

A. 会计科目　　B. 借贷记账法

C. 会计要素　　D. 原始凭证

5. 以收付实现制为核算基础，下列各项中不属于本期收入或费用的是（　　）

A. 本期支付下期的房租　　B. 本期预收的款项

C. 本期预付的款项　　D. 本期采购设备尚未支付的款项

6. 企业出售管理设备，下列会计科目中，借方反映该项目设备处置损失的是（　　）

A. 生产成本　　B. 营业外支出

C. 管理费用　　D. 制造费用

7.（　　）是在经济业务发生或完成时取得或填制的，用以记录或证明经济业务的发生或完成情况的书面证明

A. 原始凭证　　B. 记账凭证　　C. 收款凭证　　D. 付款凭证

8. 某公司资产总额为 180 万元，负债为 60 万元，在偿还欠款 20 万元、

购买设备支付货款20万元之后，公司的负债总额为（　　）万元

A. 20　　B. 40　　C. 60　　D. 80

9. 下列关于本年利润账户的表述中，正确的是（　　）

A. 借方登记转入的营业收入、营业外收入等金额

B. 贷方登记转入的营业成本、营业支出等金额

C. 年度终了结账后，该账户无余额

D. 全年的任何一个月末都不应有余额

10. 资产负债表中，“应收账款”项目应根据（　　）填列

A. “应收账款”总分类账户期末余额

B. “应收账款”各明细分类账户期末借方余额合计

C. “应收账款”、“预收账款”两个科目所属的有关明细科目的期末借方余额计算后

D. “应收账款”、“预收账款”两个科目所属的有关明细科目的期末贷方余额计算后

11. 将分散的零星的日常会计资料归纳整理为更集中、更系统、更概括的会计资料，以总括反映企业财务状况和经营成果的方法是（　　）

A. 编制会计凭证　　B. 编制记账凭证

C. 编制会计报表　　D. 登记会计账簿

12. 某公司“预收账款”明细账期末余额情况如下：“预收账款——A公司”贷方余额为250 000元，“预收账款——B公司”借方余额为35 500元，“预收账款——C公司”贷方余额为470 000元。假如该公司“应收账款”明细账均为借方余额，则根据以上数据计算的反映在资产负债表中的“预收账款”项目的金额为（　　）元

A. 285 500　　B. 684 500　　C. 720 000　　D. 250 000

13. 可以使使用者一目了然地看出单位所拥有的或控制的经济资源及其结构的报表是（　　）

A. 资产负债表　　B. 利润表

C. 现金流量表　　D. 利润分配表

14. 对“开出现金支票支付机器设备修理费51 000元”这项业务，若发生记账错误，下列做法中正确的是（　　）

A. 若编记账凭证时无误，账簿记录中将51 000元误记为15 000元，应采用补充登记法予以更正

B. 若编记账凭证时将51 000元误记为510 000元，会计科目正确，且已登记入账，应采用划线更正法予以更正

C. 若编记账凭证时将贷方科目记为“库存现金”，金额记为 15 000 元，且已登记入账，应采用补充登记法予以更正

D. 若编记账凭证时将借方科目记为“生产成本”且已登记入账，应采用红字更正法予以更正

15. 以下项目中，属于科目汇总表账务处理程序缺点的是（　　）

A. 增加了会计核算的账务处理程序

B. 增加了登记总分类账的工作量

C. 不便于检查核对账目

D. 不便于进行试算平衡

16. 对账就是核对账目，其主要内容包括（　　）

A. 账实核对、账表核对、账账核对

B. 账账核对、账证核对、账表核对

C. 账账核对、账证核对、表表核对

D. 账证核对、账账核对、账实核对

17. 下列各项中，属于一次凭证和累计凭证的主要区别的是（　　）

A. 一次凭证是通用凭证，累计凭证是专用凭证

B. 累计凭证是自制原始凭证，一次凭证是外来原始凭证

C. 累计凭证填制的手续是多次完成的，一次凭证填制的手续是一次完成的

D. 累计凭证是汇总凭证，一次凭证是单式凭证

18. 复式记账法按照（　　）的不同，分为借贷记账法、（　　）

A. 记账符合　增减记账法和单式记账法

B. 记账基础　增减记账法和收付记账法

C. 记账符号　增减记账法和收付记账法

D. 记账规则　增减记账法和收付记账法

19. “资产减值损失”科目按其所归属的会计要素不同，属于（　　）类科目

A. 资产　　B. 成本　　C. 负债　　D. 损益

20. 下列不属于流动负债的是（　　）

A. 应付账款

B. 预付账款

C. 在一年内的一个营业周期内偿还的债务

D. 将于一年内到期的长期借款

二、多项选择题（本题共20题，每题2分，共40分）

21. 下列各项中，（　　）属于企业资产负债表编制格式

A. 报告式　B. 账户式　C. 单步式　D. 多步式

22. 下列各项中，（　　）属于最低保管期限为15年的会计档案

A. 会计档案移交清册　B. 现金日记账

C. 记账凭证　D. 总账

23. 下列情况中，企业应当对财产进行不定期清查的是（　　）

A. 发现财产被盗　B. 与其他企业合并

C. 财产保管人员变动　D. 自然灾害造成部分财产损失

24. 下列各项中，（　　）可以作为填制记账凭证的依据

A. 收款凭证　B. 付款凭证

C. 自制原始凭证　D. 外来原始凭证

25. 下列项目中，应记入资产负债表“非流动资产合计”的是（　　）

A. 商誉　B. 持有至到期投资

C. 可供出售金融资产　D. 预收账款

26. 下列各项中，属于所有者权益类科目的有（　　）

A. 长期股权投资　B. 实收资本

C. 资本公积　D. 未分配利润

27. 下列属于负债的有（　　）

A. 应收账款　B. 预收账款　C. 应付账款　D. 预付账款

28. 关于商业汇票，下列说法中正确的有（　　）

A. 商业汇票的付款期限最长不得超过6个月

B. 商业汇票按其承兑人不同，分为商业承兑汇票和银行承兑汇票

C. 商业汇票只适用于赊销

D. 仅局限于同一票据交换区域内

29. 某公司销售自产产品一批，该产品售价100 000元，成本70 000元，款项已经收到，存入银行。假设不考虑增值税等相关税费，下列关于此业务的账务处理中，正确的有（　　）

A. 借：银行存款　100 000
　　贷：主营业务收入　100 000

B. 借：库存商品　70 000
　　贷：主营业务成本　70 000

C. 借：银行存款　10 000
　　贷：预收账款　10 000

D．借：主营业务成本 70 000

贷：库存商品 70 000

30．存货的确认条件包括（ ）

A．与该存货有关的经济利益很可能流入企业

B．该存货的成本不能够可靠地计量

C．与该存货有关的经济利益不太可能流入企业

D．该存货的成本能够可靠地计量

31．下列项目中，应通过“其他应收款”核算的有（ ）

A．应向责任人收取的赔款　　B．应收的各种罚款

C．收取的各种押金　　D．租入包装物支付的押金

32．利润表中的“营业收入”项目填列的依据有（ ）

A．“营业外收入”发生额　　B．“主营业务收入”发生额

C．“其他业务收入”发生额　　D．“投资收益”发生额

33．下列关于会计账簿的更换和保管的表述中，正确的有（ ）

A．总账、日记账和多数明细账每年更换一次

B．变动较小的明细账可以连续使用，不必每年更换

C．备查账不可以连续使用

D．会计账簿由本单位财务会计部门保管半年后，交由本单位档案管理部门保管

34．在编制资产负债表时，应根据总账科目的期末贷方余额直接填列的项目有（ ）

A．应交税费　B．固定资产　C．实收资本　D．应付利息

35．资产负债表的相关项目，可以根据（ ）

A．总账科目余额直接填列

B．明细科目余额计算填列

C．总账科目余额和明细科目余额计算填列

D．总账科目余额计算填列

36．采用科目汇总表账务处理程序时，月末应将（ ）与总分类账进行核对

A．现金日记账　　B．明细分类账

C．汇总记账凭证　　D．银行存款日记账

37．下列关于账户与会计科目的联系与区别的表述中，正确的有（ ）

A．会计科目是账户的名称，也是设置账户的依据；账户是根据会计科目设置的，账户是会计科目的具体运用

B. 会计账户的性质决定了会计科目的性质，两者的分类一样

C. 会计科目和账户对会计对象经济内容分类的方法、分类的用途和分类的结果是完全相同的

D. 没有会计科目，账户便失去了设置的依据；没有账户，就无法发挥会计科目的作用

38. 企业收入的取得可能影响下列会计要素的情况有（　　）

A. 资产的增加　　B. 负债的减少

C. 费用的减少　　D. 所有者权益的增加

39. 会计分期的意义有（　　）

A. 为企业选择会计处理方法、进行会计要素的确认和计量提供了基本前提

B. 为及时提供会计信息提供了前提

C. 为会计进行分期核算提供了前提

D. 为应收、应付、递延、待摊等会计处理方法提供了前提

40. 下列各项中属于企业经济事项的是（　　）

A. 支付职工工资　　B. 购买办公用品

C. 销售商品　　D. 计提折旧

三、判断题（本题共20题，每题1分，共20分）

41. 各单位保存的会计档案不得借出，本单位内部人员查阅或复制会计档案，应经会计主管人员批准。（　　）

42. 会计凭证类会计档案包括原始凭证、记账凭证、汇总凭证和其他会计凭证。（　　）

43. 科目汇总表账务处理程序是会计核算中最基本的账务处理程序，其他账务处理程序都是在这种账务处理程序的基础上发展、演变而形成的。（　　）

44. 对仓库中的所有存货进行盘点是全面清查。（　　）

45. 记账凭证账务处理程序、汇总记账凭证账务处理程序和科目汇总表账务处理程序不存在任何相同之处。（　　）

46. 账簿中的每一账页就是账户的存在形式和载体，没有账簿，账户就无法存在。（　　）

47. 为了保证会计信息的可比性，总分类科目一般由各省财政厅统一设置。（　　）

48. 发生自然灾害或意外事故导致财产毁损时，必须进行全面清查。（　　）

49. 收入类科目的结构与所有者权益类科目的结构相反。（　　）

50. 权责发生制和收付实现制两种不同会计基础的形成，是基于持续经

营假设的。(　　)

51．会计账簿类会计档案包括总账、明细账、日记账、固定资产卡片、辅助账簿、其他会计账簿。(　　)

52．生产车间管理人员的福利费用记入管理费用中核算。(　　)

53．资产负债表中的“长期待摊费用”项目应根据“长期待摊费用”科目的余额直接填列。(　　)

54. 资产负债表和利润表都是根据有关账户的本期发生额填列的。(　　)

55．一套完整的财务报表至少应当包括资产负债表、利润表、现金流量表、所有者权益变动表和附注等部分。(　　)

56．采用记账凭证账务处理程序时，总分类账是根据经审核的记账凭证逐笔登记的。(　　)

57．收款凭证左上角是“贷方科目”，应填写“库存现金”或“银行存款”。(　　)

58．审核原始凭证的内容包括审核所记录的经济业务是否符合企业生产经营活动的需要，是否符合有关计划和预算等。(　　)

59. 发生额试算平衡是根据资产与权益的恒等关系，检验本期发生额记录是否正确的方法。(　　)

60. 按照谨慎性要求，企业可以合理估计可能发生的损失和费用，因此企业可以自行决定是否对其资产计提减值准备以及对各项资产提取减值准备的金额。(　　)

四、计算分析题（本题共 2 题，每题 10 分，共 20 分）

61．青瓷公司2013 年 12 月 31 日总分类账户及明细账户的期末余额如下：

总分类账户余额

单位：元

总分类账户名称	借方余额	贷方余额
库存现金	1 950	
银行存款	136 000	
应收账款	5 000	
坏账准备		600
预付账款	6 000	

（续上表）

总分类账户名称	借方余额	贷方余额
原材料	73 400	
库存商品	62 400	
生产成本	13 500	
固定资产	342 500	
累计折旧		25 000
无形资产	22 000	
累计摊销		4 200
短期借款		29 000
应付账款		25 000
预收账款		8 000
长期借款		220 000
实收资本		314 650
盈余公积		18 500
利润分配		17 800
合计	662 750	662 750

有关明细账户余额 单位：元

账户名称	借/贷	金额
应收账款	借	5 000
——X 公司	借	6 000
——Y 公司	贷	1 000
预收账款	贷	8 000
——Q 公司	贷	9 600
——P 公司	借	1 600
预付账款	借	6 000
——M 公司	借	6 800
——N 公司	贷	800

（续上表）

账户名称	借/贷	金额
应付账款	贷	25 000
——D 公司	贷	25 000

补充资料：长期借款中将于一年内到期归还的金额为 20 000 元。

要求：根据上述资料，计算青瓷公司 2013 年 12 月 31 日资产负债表下列项目的金额：

（1）应收账款（　　）元。

（2）存货（　　）元。

（3）资产合计（　　）元。

（4）应付账款（　　）元。

（5）流动负债合计（　　）元。

62. 太宇公司 12 月份发生下列有关存货的经济业务：

（1）12 月 1 日，购入 A 材料 50 公斤，每公斤 100 元，计价款 5 000 元，增值税进项税额为 850 元，均已用银行存款支付，材料尚未到达。

（2）12 月 5 日，购入 B 材料 200 公斤，每公斤 400 元，计价款 80 000 元，增值税进项税额为 13 600 元，款项未付，材料已验收入库。

（3）12 月 6 日，上月购入的 C 材料 200 公斤，每公斤 200 元，计价款 40 000 元，今日到达并验收入库。

（4）12 月 12 日，销售给览古工厂甲产品 100 公斤，每公斤 2 000 元，计价款 200 000 元，增值税销项税额为 34 000 元，款项尚未收到。

（5）12 月 17 日，收到红光厂转来的货款 234 000 元，存入银行。

要求：根据上述资料，使用借贷记账法编制会计分录。

参考答案及解析

一、单项选择题

1. D【解析】通过银行转账偿付所欠原材料的购货款，应付账款减少，银行存款减少。

2. B。

3. D【解析】选项 D 是账簿按照外形特征分类的。

4. D【解析】填制记账凭证的依据，必须是经审核无误的原始凭证。

5. D【解析】收付实现制是以收到或支付的现金作为确认收入和费用等的依据。选项D尚未支付款项，所以不属于本期的费用。

6. B【解析】固定资产清理完成后的损失，借记“营业外支出”科目，贷记“固定资产清理”科目；固定资产清理完成后的净收益，借记“固定资产清理”科目，贷记“营业外收入”科目。

7. A【解析】原始凭证又称为单据，是在经济业务发生或完成时取得或填制的，用以记录或证明经济业务的发生或完成情况、明确经济责任的文字凭据。

8. B【解析】资产总额为180万元，负债为60万元，那么所有者权益为120万元，偿还欠款20万元，负债减少20万元，资产减少20万元。购买设备支付货款20万元，属于资产内部一增一减，不影响负债。所以负债总额=60-20=40（万元）。

9. C【解析】在会计核算中，将发生的各项费用和收益全部记入各有关收益、费用账户。期末，将各收益类账户的贷方余额转入本年利润账户，借记各收益账户，贷记本年利润账户；同时将各成本、费用和支出类账户的借方余额转入本年利润账户的借方：借记本年利润账户，贷记各成本、费用和支出类账户。转账后，本年利润账户如为贷方余额，则反映本年度自年初开始累计发生的净利润。反之，如为借方余额，则反映本年度自年初开始累计发生的净亏损。年度终了，将本年利润账户的全部累计发生额转入利润分配账户：若为贷方余额（净利润），则借记本年利润账户，贷记利润分配——未分配利润账户；若为借方余额（净亏损），则借记利润分配——未分配利润账户，贷记本年利润账户。年度结账后，本年利润账户无余额。

10. C。

11. C【解析】本题考查会计报表的概念。

12. C【解析】资产负债表中的“预收账款”项目的金额=250 000+470 000=720 000（元）。

13. A【解析】资产负债表反映了单位在某一特定日期所拥有或控制的经济资源、所承担的现时义务和所有者对净资产的要求权。通过资产负债表，报表的使用者可以一目了然地看出单位所拥有或者控制的资产总量及其结构。

14. D【解析】本题考查错账更正方法的适用情况。记账凭证无误，只能用划线更正法，故选项A不对；记账凭证上因金额多记导致的账簿记录错误，应该采用红字更正法，故选项B不对；用错科目只能用红字更正法，故选项C错误。

15. C【解析】本题考查科目汇总表账务处理程序的缺点：科目汇总表不能反映账户之间的对应关系，不便于查对账目。

16. D【解析】对账包括账证核对、账账核对、账实核对。

17. C【解析】本题考查原始凭证的分类。累计凭证填制的手续是多次完成的，一次凭证填制的手续是一次完成的，这是一次凭证和累计凭证的主要区别。

18. C【解析】本题考查复式记账法的分类。复式记账法按照记账符号的不同，分为借贷记账法、增减记账法和收付记账法。

19. D【解析】“资产减值损失”属于损益类科目。

20. B【解析】预付账款属于流动资产。

二、多项选择题

21. AB【解析】资产负债表主要有账户式和报告式两种。我国企业的资产负债表采用账户式结构。

22. ACD【解析】选项 B 的最低保管期限为 25 年。

23. ABCD【解析】对于选项 A、B、C、D 四种情况的清查都不是按照管理规定的时间来安排，都是临时性的，所以都是进行不定期清查。

24. CD【解析】原始凭证是填制记账凭证的依据，原始凭证包括自制原始凭证和外来原始凭证。

25. ABC【解析】选项 D 属于流动负债。

26. BCD【解析】长期股权投资属于资产类会计科目。

27. BC【解析】应付账款和预收账款属于负债类会计科目，应收账款和预付账款属于资产类会计科目。

28. ABC。

29. AD【解析】本题考查销售产品的处理。账务处理为：

借：银行存款	100 000	
贷：主营业务收入		100 000
借：主营业务成本	70 000	
贷：库存商品		70 000

30. AD【解析】某一资产项目要作为存货加以确认，首先，需要符合存货的定义。其次，应符合存货的以下确认条件：①与该存货有关的经济利益很可能流入企业；②该存货的成本能够可靠地计量。

31. ABD【解析】其他应收款是指除应收票据、应收账款和预付账款以外的，企业应收、暂付其他单位和个人的各种款项。主要包括：预付给企业各内部单位的备用金；应收保险公司或其他单位和个人的各种赔款；应收的各种罚款；应收出租包装物的租金；存出的保证金；应向职工收取的各种垫付款项；应收、暂付上级单位或所属单位的款项等。收取的押金在“其他应付款”中核算。

32. BC【解析】本题考查利润表中“营业收入”项目的填列。营业收入=主营业务收入+其他业务收入。

33. AB【解析】备查账可以连续使用；会计账簿由本单位财务会计部门保管1年后，交由本单位档案管理部门保管。

34. ACD【解析】本题考查直接按照总账科目的期末余额填列的项目。在编制资产负债表时，“应交税费”、“实收资本”和“应付利息”可以根据总账科目的期末贷方余额直接填列。“固定资产”项目应该根据该科目的期末余额，减去“累计折旧”和“固定资产减值准备”科目期末余额后的净额填列。

35. ABCD【解析】本题考查资产负债表相关项目的填列。

36. ABD【解析】本题考查科目汇总表账务处理程序的内容。科目汇总表核算程序下，期末、库存现金日记账、银行存款日记账和明细分类账的余额同有关的总分类账进行核对。

37. ACD【解析】本题考查账户与会计科目的联系与区别。选项B会计科目的性质决定了会计账户的性质。

38. ABD【解析】本题考查会计等式的恒等关系。

39. BCD【解析】会计分期的意义包括为及时提供会计信息提供了前提；为会计进行分期核算提供了前提；为应收、应付、递延、待摊等会计处理方法提供了前提。

40. AD【解析】经济业务是指企业与其他单位和个人之间发生的各种经济利益的交换。经济事项是指在企业内部发生的具有经济影响的各类事项。

三、判断题

41. 错【解析】单位内部人员查阅会计档案时，应经会计主管人员或单位负责人批准后，办理查阅手续。

42. 对【解析】上述是会计凭证类会计档案的内容。

43. 错【解析】这三种账务处理程序的主要区别就是登记总账的依据不同，记账凭证账务处理程序的总账是根据记账凭证登记；汇总记账凭证账务处理程序的总账是根据汇总记账凭证登记，而汇总记账凭证是根据记账凭证编制的；科目汇总表账务处理程序登记总账的依据是科目汇总表，而科目汇总表也是根据记账凭证编制的，所以记账凭证账务处理程序是基础，其他两种是在此基础上发展、演变而形成的。

44. 错【解析】全面清查是指对全部财产进行盘点与核对。这里的全部财产不仅仅是企业的存货，还有货币资金和各项债权债务。

45. 错【解析】三种账务处理程序的主要区别是登记总账的依据和方法不同，其他步骤都是相同的，所以是存在相同之处的。

46. 对。

47. 错【解析】总分类科目由全国统一设置。

48. 错【解析】如果遭受自然灾害、发生盗窃事件以及更换相关工作人员，应对财产物资或资金进行局部的清点和盘查。

49. 错【解析】收入类科目的结构与所有者权益类科目的结构基本相同，通常表现为贷方表示增加，借方表示减少，但是收入类账户期末结转后通常无余额。

50. 错【解析】权责发生制和收付实现制两种不同会计基础的形成，是基于会计分期假设的。

51. 对。

52. 错【解析】生产车间管理人员的福利费用记入制造费用中核算。

53. 错【解析】本题考查资产负债表中的“长期待摊费用”项目。资产负债表中的“长期待摊费用”项目应根据“长期待摊费用”科目减去一年内到期的长期待摊费用后的差额来填列。

54. 错【解析】本题考查资产负债表和利润表的项目填列。资产负债表中的项目是根据相关账户余额进行填列的。

55. 对【解析】本题考查财务会计报表的组成。

56. 对【解析】本题考查记账凭证账务处理程序的特点。

57. 错【解析】收款凭证左上角是“借方科目”，应填写“库存现金”或“银行存款”。

58. 对【解析】本题考查原始凭证合理性的审核。

59. 错【解析】本题考查发生额试算平衡的含义。发生额试算平衡是根据所有账户借方发生额合计与贷方发生额合计的恒等关系，检验所有账户发生额记录是否正确的方法。

60. 错【解析】按照谨慎性要求，企业可以对可能发生的各项资产损失计提资产减值准备，但并不意味着企业可以随意提取资产减值准备，否则就属于滥用谨慎性要求。

四、计算分析题

61.【解析】

（1）7 000。应收账款 = 6 000 + 1 600 − 600 = 7 000（元）。

（2）149 300。存货 = 73 400 + 62 400 + 13 500 = 149 300（元）。

（3）636 350。资产合计 = 1 950 + 136 000 + 7 000 + 6 800 + 149 300 + 342 500 − 25 000 + 22 000 − 4 200 = 636 350（元）。

（4）25 800。应付账款 = 25 000 + 800 = 25 800（元）。

（5）85 400。流动负债合计 = 29 000 + 25 800 + 10 600 + 20 000 = 85 400（元）。

62.【解析】

（1）购入 A 材料，均已用银行存款支付，材料尚未到达：

借：在途物资　5 000
　　应交税费——应交增值税（进项税额）　850
　贷：银行存款　5 850

（2）购入 B 材料，款项未付，材料已验收入库：

借：原材料　80 000
　　应交税费——应交增值税（进项税额）　13 600
　贷：应付账款　93 600

（3）上月购入的 C 材料，到达并验收入库：

借：原材料　40 000
　贷：在途物资　40 000

（4）销售甲产品，款项尚未收到：

借：应收账款　234 000
　贷：主营业务收入　200 000
　　　应交税费——应交增值税（销项税额）　34 000

（5）收到货款，存入银行：

借：银行存款　234 000
　贷：应收账款　234 000

8 第八天　冲刺训练　全真模拟（二）

全真套题演练 3

一、单项选择题（本题共 20 题，每题 1 分，共 20 分）

1. 某公司期末库存材料账面价值为 100 万元。如果该材料受资产专用性限制无法直接出售，用该批材料生产产品，则产品的市场售价为 120 万元（不含增值税），已知用该批材料加工产品需要再投入加工成本 15 万元，预计发生销售费用为 2 万元，如果不考虑相关税费，则该批库存材料的可变现净值为（　　）万元

A. 83　　B. 85　　C. 103　　D. 105

2. 下列说法中，正确的是（　　）

A. 成本是对象化了的费用

B. 出售固定资产形成企业的收入

C. 经济利益的流入必然是由收入形成的

D. 费用就是成本

3. 下列说法中不正确的是（　　）

A. 会计科目仅是对会计要素具体内容进行分类核算的项目或标志

B. 账户是会计科目的具体运用

C. 在实际工作中，对账户和会计科目往往不加严格区分，而是相互通用

D. 账户没有固定的格式和结构

4. 设置会计科目和账户是对（　　）的具体内容进行分类核算和监督的一种专门方法

A. 资产　　B. 会计任务　　C. 会计要素　　D. 会计对象

5. 资产负债表的下列项目中，根据几个总账账户期末余额进行汇总填列的是（　　）

A. 短期投资　　B. 短期借款　　C. 货币资金　　D. 累计折旧

6. 下列描述中不属于会计信息质量要求的是（　　）

A. 要求企业提供的会计信息应当相互可比，保证同一企业不同时期可比、不同企业相同会计期间可比

B. 要求企业提供的会计信息应当清晰明了，便于财务会计报告使用者理解和使用

C. 要求企业对交易或者事项进行会计确认、计量和报告时保持应有的谨慎，不应高估资产或者收益、低估负债或者费用

D. 货币计量是指会计主体在会计确认、计量和报告时以货币作为计量尺度，反映会计主体的经济活动

7. 按现行企业会计制度的要求，企业对坏账损失的核算应该采用（　　）

A. 直接转销法　　B. 备抵法

C. 直接转销法和备抵法　　D. 平均法

8. 下列各项中，不属于记账凭证账务处理程序的是（　　）

A. 根据原始凭证、汇总原始凭证和记账凭证登记各种明细分类账

B. 根据原始凭证或汇总原始凭证编制收款凭证、付款凭证和转账凭证

C. 根据收款凭证和付款凭证逐笔登记现金日记账和银行存款日记账

D. 根据各种记账凭证登记有关汇总记账凭证

9. 全面清查和局部清查的划分标准是（　　）

A. 财产清查的性质　　B. 财产清查的时间

C. 财产清查的范围　　D. 财产清查的方法

10. 企业向职工实际发放工资，应借记的账户是（　　）

A. 银行存款　　B. 管理费用

C. 其他应付款　　D. 应付职工薪酬

11. 在科目汇总表核算形式下，记账凭证不可以用来（　　）

A. 登记库存现金日记账　　B. 登记总分类账

C. 登记明细分类账　　D. 编制科目汇总表

12. 一般来说，单位撤销、合并或改变隶属关系时，要进行（　　）

A. 全面清查　　B. 局部清查

C. 定期清查　　D. 技术推算盘点

13. 在登记账簿过程中，每一账页的最后一行及下一页第一行都要办理转页手续，是为了（　　）

A. 便于查账　　B. 防止遗漏

C. 防止隔页　　D. 保持记录的衔接和连续性

14. 企业收到购货方支付的前欠货款并存入银行。下列会计分录中，正确的是（　　）

A. 借：银行存款
　　贷：应付账款

B. 借：应付账款
　　贷：银行存款

C. 借：银行存款
　　贷：应收账款

D. 借：应收账款
　　贷：银行存款

15. 多栏式明细分类账适用于（　　）

A. 管理费用明细账　　B. 产成品明细账

C. 原材料明细账　　D. 物资采购明细账

16. “应收账款”账户借方期初余额为 2 500 元，借方本期发生额为 1 500 元，贷方本期发生额为 3 000 元，则该账户期末余额为（　　）

A. 借方 6 000 元　　B. 借方 1 000 元

C. 贷方 1 000 元　　D. 贷方 3 000 元

17. 下列业务中，应编制收款凭证的是（　　）

A. 销售商品 70 000 元，货款未收

B. 从银行提取库存现金 2 000 元备用

C. 向银行申请借入短期借款 100 000 元，存入存款户

D. 将库存现金 48 000 元存入银行

18. 下列会计处理方法中，符合权责发生制基础的是（　　）

A. 销售产品的收入只有在收到款项时才予以确认

B. 产品已销售，货款未收到也应确认收入

C. 厂房租金只有在支付时记入当期费用

D. 职工薪酬只能在支付给职工时记入当期费用

19. 预收账款不多的企业，可以不设“预收账款”科目，而将预收的款项记入（　　）

A. “应付账款”科目的借方　　B. “应付账款”科目的贷方

C. “应收账款”科目的借方　　D. “应收账款”科目的贷方

20. 下列各项中，属于记账凭证的是（　　）

A. 根据各种记账凭证编制有关汇总记账凭证

B. 根据各种汇总记账凭证登记总分类账

C. 根据各种记账凭证编制科目汇总表

D. 根据原始凭证编制汇总原始凭证

二、多项选择题（本题共 20 题，每题 2 分，共 40 分）

21. 账户中，年末结转后无余额的有（　　）

A. 利润分配　　B. 营业税金及附加

C. 预付账款　　　　　　　D. 本年利润

22. 单位财务会计报告反映的内容有（　　）

A. 某一会计期间现金流量　　　B. 某一会计期间成本水平

C. 某一会计期间经营成果　　　D. 某一特定日期财务状况

23. 下列会计科目中，不属于资产类科目但属于资产类要素的有（　　）

A. 劳务成本　B. 生产成本　　C. 管理费用　　D. 制造费用

24. 下列关于会计要素的表述中，正确的有（　　）

A. 现值是指对未来现金流量以恰当的折现率进行折现后的价值

B. 可变现净值等于预计售价减去进一步加工成本和销售费用以及相关税费后的净值

C. 公允价值，是指在公平交易中熟悉情况的买卖双方自愿进行资产交换或债务清偿的金额

D. 重置成本，是指按照当前市场条件重新取得同样一项资产所需支付的现金或现金等价物金额

25. 下列各项中，属于会计档案的有（　　）

A. 会计档案销毁清册　　　　B. 银行存款余额调节表

C. 银行对账单　　　　　　　D. 会计档案保管清册

26. 下列各项中，能够通过科目汇总表反映的有（　　）

A. 各个会计科目贷方本期余额

B. 各个会计科目借方本期发生额

C. 各个会计科目贷方本期发生额

D. 各个会计科目借方本期余额

27. 下列各项中，应采用实地盘点法进行清查的有（　　）

A. 固定资产　B. 库存商品　　C. 库存现金　　D. 银行存款

28. 下列各项中，属于由于记账凭证错误而导致账簿登记错误的错账更正方法的有（　　）

A. 红字更正法　　　　　　　B. 尾数更正法

C. 划线更正法　　　　　　　D. 补充登记法

29. 下列各项中，属于会计所运用的专门方法的有（　　）

A. 成本计算　　　　　　　　B. 复式记账

C. 设置会计科目　　　　　　D. 编制财务会计报告

30. 下列各项中，属于会计核算重要环节的有（　　）

A. 会计确认　B. 会计计划　　C. 会计计量　　D. 会计报告

31．下列关于明细分类账的账页格式的表述中，正确的有（　　）

A．三栏式适用于只进行金额核算的资本、债权、债务明细账

B．多栏式明细分类账适用于收入、成本、费用、利润和利润分配的明细账

C．多栏式明细账是将属于同一个总账科的多个明细科目合并在一张账页上进行登记

D．数量金额式明细账适用于既要进行金额核算又要进行数量核算的存货明细账

32．企业对存货采用计划成本法核算时，需要设置的科目有（　　）

A．原材料　　B．材料成本差异

C．材料采购　　D．在途物资

33．下列各项中，属于汇总记账凭证账务处理程序流程的有（　　）

A．根据原始凭证或原始凭证汇总表填制证账凭证

B．根据原始凭证或原始凭证汇总表、记账凭证登记明细账

C．根据收款凭证、付款凭证登记现金日记账和银行存款日记账

D．根据记账凭证编制汇总记账凭证，登记总分类账

34．下列符合原始凭证填制基本要求中内容完整的描述有（　　）

A．年、月、日要按照经济业务实际发生日期填写

B．名称要齐全，不能简化

C．品名或用途要填写明确，不能含糊不清

D．有关人员的签章必须齐全

35．工业企业在经营活动中，需要在“销售费用”账户中核算的有(　　)

A．广告费　　B．展览费

C．专设销售机构的人员工资　　D．专设销售机构的房屋租金

36．下列各项中不属于利润表中“营业成本”项目填列依据的有（　　）

A．“劳务成本”的本期发生额

B．“生产成本”的期末余额

C．“其他业务成本”的期末余额

D．“其他业务成本”的本期发生额

37．下列属于固定资产清查的说法中，正确的有（　　）

A．固定资产盘亏可以通过“待处理财产损溢”科目核算

B．盘盈的固定资产作为前期差错更正，通过“以前年度损益调整”科目核算

C. 固定资产通过实地盘点法进行清查

D. 固定资产盘亏的净损失记入营业外支出中核算

38. 下列说法中不正确的是（　　）

A. 在记账之前应由会计人员对记账凭证进行审核

B. 记账凭证都必须附有原始凭证

C. 记账凭证的日期必须与所附原始凭证的日期一致

D. 记账凭证记录的金额与原始凭证的有关金额应该一致

39. 导致所有者权益增加的经济业务事项是（　　）

A. 收入的实现　　B. 接受投资，资本产生溢价

C. 提取盈余公积　　D. 向投资者分配利润

40. 在记账凭证账务处理程序下，登记明细账的依据可以是（　　）

A. 原始凭证　　B. 汇总原始凭证

C. 记账凭证　　D. 汇总记账凭证

三、判断题（本题共20题，每题1分，共20分）

41. 记账凭证账务处理程序、汇总记账凭证账务处理程序和科目汇总表账务处理程序登记总分类账的依据和方法不同，总分类账的格式也不尽相同。（　　）

42. 甲公司2014年3月支付租入设备租金120 000元，租入的设备在第二季度用于生产，则120 000元租金应记入3月份的制造成本。（　　）

43. 账户式资产负债表中的资产各项目的合计数等于负债和所有者权益各项目的合计数之和。（　　）

44. 企业在日常活动中形成的经济利益的总流入称为收入，包括与所有者投入资本有关的经济利益流入。（　　）

45. 复式记账法是对全部经济交易与事项均进行完整记录且相互联系的一种记账方法。（　　）

46. 因为银行对账单上对银行存款的每一笔经济业务都反映得详细且真实，所以可以用银行对账单代替企业的银行存款日记账。这样，可以大大减少每日的工作量，且免去每月对账和编制银行存款余额调节表的烦琐。（　　）

47. 现金流量表是反映单位在一定会计期间现金和现金等价物流入和流出的会计报表，是动态的会计报表。（　　）

48. 现金日记账的日期栏应填入记账凭证的日期，与现金实际支付日期一致。（　　）

49. 企业可以在不违背国家统一的会计制度的原则下，针对特殊事项设

置一级会计科目，并依其设置总分类账户。（ ）

50. 投资者投入的固定资产，应按投资方原有账面价值作为入账价值。（ ）

51. 汇总记账凭证账务处理程序的优点之一是按每一贷方科目编制汇总转账凭证，有利于会计核算的日常分工。（ ）

52. 会计确认、计量、报告的基础主要有权责发生制和收付实现制。（ ）

53. 总分类账户根据总分类科目设置，为了保持会计信息的一致性、可比性，目前总分类账户一般根据国家统一的会计制度规定的总分类科目设置。（ ）

54. 2013 年 3 月 5 日，出纳员小王开具支票一张，出票日期的正确写法是“二零壹三年三月零五日”。（ ）

55. 会计分录中的账户之间的相互依存关系被称为账户的对应关系。（ ）

56. 对账工作必须在月末（包括季末、年末）进行，即在记账之后、结账之前进行。（ ）

57. 按计划成本计价核算的企业，存货平时的收、发均采用计划成本法核算，月末再计算出发出存货和结存存货应分摊的成本差异。（ ）

58. 企业的生产设备在技术上已经被淘汰，不能为企业带来未来的经济利益，该设备不能再确认为企业资产，而应确认为该项资产损失。（ ）

59. 甲公司对应收账款坏账准备采用余额百分比法计提，计提比例为 5%。2013 年 12 月初，“坏账准备”账户贷方余额为 27 000 元，当月确认坏账损失 6 000 元，收回已确认的坏账 10 000 元，2013 年 12 月 31 日，该公司应收账款借方余额为 700 000 元，则年末计提坏账准备后，“坏账准备”账户的余额为 31 000 元。（ ）

60. 企业财产清查中，发现账外设备一台，报经批准后，应冲减“营业外支出”。（ ）

四、计算分析题（本题共 2 题，每题 10 分，共 20 分）

61. 甲公司 2014 年 2 月发生以下经济业务：

（1）基本生产车间为生产产品领用原材料 6 000 元。

（2）分配本月工资费用 21 000 元。其中，生产工人工资 15 000 元，车间管理人员工资 6 000 元。

（3）计提生产车间固定资产折旧 1 000 元。

（4）结转本月制造费用7 000元，记入产品成本。

（5）结转本月完工产品成本18 000元。

要求：根据上述资料，逐笔编制相关会计分录。

62. 雪龙公司财务人员核对银行存款期末余额有关资料如下：

雪龙公司2014年7月20日至月末的银行存款日记账所记录的经济业务如下：

① 20日，收到销货款转账支票8 800元。

② 21日，开出支票#05130用以支付购入材料的货款20 000元。

③ 23日，开出支票#05131支付购料的运杂费1 000元。

④ 26日，收到销货款转账支票13 240元。

⑤ 28日，开出支票#05132支付公司日常办公费用2 500元。

⑥ 30日，开出支票#05133支付下半年的房租9 500元。

⑦ 31日，银行存款日记账的账面余额为241 800元。

银行对账单所列雪龙公司2014年7月20日至月末的经济业务如下：

① 20日，结算雪龙公司的银行存款利息1 523元。

② 22日，收到雪龙公司销售款转账支票8 800元。

③ 23日，收到雪龙公司开出的支票#05130金额为20 000元。

④ 25日，银行为雪龙公司代付水电费3 250元。

⑤ 26日，收到雪龙公司开出的支票#05131金额为1 000元。

⑥ 29日，为雪龙公司代收外地购货方汇来的货款5 600元。

⑦ 31日，银行对账单的存款余额数为244 433元。

要求：根据上述资料，完成以下银行存款余额调节表的编制。

银行存款余额调节表

编制单位：雪龙公司　　　　2014年7月31日　　　　单位：元

项目	金额	项目	金额
企业银行存款日记账余额	241 800	银行对账单余额	244 433
加：银行已收、企业未收的款项合计	（1）	加：企业已收、银行未收的款项合计	（3）
减：银行已付、企业未付的款项合计	3 250	减：企业已付、银行未付的款项合计	（4）
调节后余额	（2）	调节后余额	（5）

参考答案及解析

一、单项选择题

1. C【解析】可变现净值是指在正常的生产经营过程中，以预计售价减去进一步加工成本和预计销售费用以及相关税费后的净值。可变现净值 = 120 − 15 − 2 = 103（万元）。

2. A【解析】费用包括生产费用与期间费用。生产费用是指与企业日常生产经营活动有关的费用，按其经济用途可分为直接材料、直接人工和制造费用。

3. D【解析】账户具有固定的格式和结构。

4. C【解析】会计科目，简称科目，是对会计要素的具体内容进行分类核算的项目。

5. C【解析】“货币资金”项目应根据“现金”、“银行存款”、“其他货币资金”科目的期末余额合计填列。

6. D【解析】在会计信息质量要求中，选项 A 是可比性，选项 B 是可理解性，选项 C 是谨慎性。

7. B【解析】按现行企业会计制度的要求，企业对坏账损失的核算应该采用备抵法，其中包括余额百分比法、账龄分析法、赊销百分比法和个别认定法四种。

8. D【解析】根据各种记账凭证登记有关汇总记账凭证是汇总记账凭证账务处理程序的内容。

9. C。

10. D【解析】企业向职工实际发放工资的会计分录为：借：应付职工薪酬；贷：银行存款或库存现金。

11. B【解析】在科目汇总表核算形式下，总分类账是根据科目汇总表登记的。

12. A【解析】一般来说，单位撤销、合并或改变隶属关系时，要进行全面清查。

13. D【解析】在登记账簿过程中，每一账页的最后一行及下一页第一行都要办理转页手续，是为了保持记录的衔接和连续性。

14. C【解析】企业收到购货方支付的前欠货款并存入银行的会计分录是：借：银行存款；贷：应收账款。

15. A【解析】多栏式账簿是指在账簿的两个金额栏目（借方和贷方）

按需要分设若干专栏的账簿，适用于那些要求对金额进行分析的有关费用成本、收入成果类科目的明细分类核算，例如对“主营业务收入”、“管理费用”、“营业费用”、“生产成本”等明细核算。

16. B【解析】“应收账款”期末余额 =2 500 +1 500 -3 000 =1 000（元）。

17. C【解析】选项 A 编制转账凭证，选项 B、D 均编制付款凭证。

18. B【解析】权责发生制，也称应计制或应收应付制，是指收入、费用的确认应当以收入和费用的实际发生作为确认的标准，合理确认当期损益的一种会计基础。在我国，企业会计核算采用权责发生制。选项 A、C、D 均是收付实现制。

19. D【解析】因为预收账款是企业销售产品而预收的货款，而应收账款是资产负债双重性质的科目，又是客户往来性质科目，借方反映应收未收销货款的增加，贷方反映销货款收回情况和预收销货款的增加情况。

20. D【解析】选项 A、B 属于汇总记账凭证账务处理程序步骤，选项 C 属于科目汇总表账务处理程序步骤。

二、多项选择题

21. BD【解析】损益类账户年末将发生额结转入“本年利润”账户后没有余额。年度终了，“本年利润”账户余额结转入“利润分配”账户，“本年利润”账户余额为零。

22. ACD【解析】现金流量表反映某一会计期间现金流量，利润表反映某一会计期间经营成果，资产负债表反映某一特定日期财务状况。

23. ABD【解析】成本类科目在会计要素中属于资产类，包括劳务成本、生产成本、制造费用等。

24. ABCD。

25. ABCD。

26. BC【解析】科目汇总表，又称记账凭证汇总表，是企业通过定期对全部记账凭证进行汇总后，按照不同的会计科目分别列示各账户借方发生额和贷方发生额的一种汇总凭证。

27. ABC【解析】银行存款的清查是采用与开户银行核对账目的方法进行的。

28. AD【解析】不存在选项 B 此种错账更正方法；选项 C 适用于会计凭证没有错，只是错账笔误的更正。

29. ABCD【解析】会计核算方法体系由填制和审核会计凭证、设置会计科目和账户、复式记账、登记会计账簿、成本计算、财产清查、编制财务会计报告等专门方法构成。

30. ACD【解析】会计核算是会计基本职能之一，是指会计以货币为主要计量单位，对特定主体的经济活动进行确认、计量和报告。

31. ABCD。

32. ABC【解析】“在途物资”是在材料采用实际成本法核算时设置的会计科目。

33. ABCD。

34. BCD【解析】原始凭证，又称单据，是指在经济业务发生或完成时取得或填制的，用以记录或证明经济业务的发生或完成情况的原始凭据。所以选项A不完整，正确的应该是：年、月、日要按照经济业务实际发生或完成的日期填写。

35. ABCD【解析】“销售费用”账户用以核算企业发生的各项销售费用，包括企业在销售商品过程中发生的包装费、保险费、展览费和广告费、运输费、装卸费等。

36. ABC【解析】在利润表中，“营业成本”项目是根据“主营业务成本”和“其他业务成本”的本期发生额填列的。

37. ABCD。

38. BC【解析】为了保证会计信息的质量，在记账之前应由有关稽核人员对记账凭证进行严格的审核；记账凭证的日期应是填制记账凭证的日期。

39. ABC【解析】选项D导致所有者权益减少。

40. ABC【解析】在记账凭证账务处理程序下，登记明细账的依据可以是原始凭证、汇总原始凭证以及记账凭证。

三、判断题

41. 错【解析】记账凭证账务处理程序、汇总记账凭证账务处理程序和科目汇总表账务处理程序登记总分类账的依据和方法不同，总分类账的格式都是三栏式。

42. 错【解析】企业会计核算是以权责发生制为基础的，凡不属于本期的收入和费用，即使款项在本期收到或付出，也不应作为本期的收入和费用处理。3月支付租入设备的租金，因是第二季度用于生产的，应按月分摊记入第二季度的制造费用。

43. 对【解析】资产负债表以“资产＝负债＋所有者权益”为编制基础，应当分别列示资产总计项目和负债与所有者权益之和的总计项目，并且这二者的金额应当相等。

44. 错【解析】收入是指企业在日常活动中形成的、会导致所有者权益增加的、与所有者投入资本无关的经济利益的总流入。

45. 错【解析】复式记账法是指对于每一笔经济业务，都必须用相等的金额在两个或两个以上相互联系的账户中进行登记，全面系统地反映会计要素增减变化的一种记账方法。现代会计运用复式记账法。

46. 错【解析】尽管银行对账单上对银行存款的每一笔经济业务都反映得详细且真实，但也会出现错漏和未达账项，因此企业不能用银行对账单代替企业的银行存款日记账。

47. 对。

48. 对。

49. 对【解析】会计科目是由国家财政内部统一规定的，各单位由于经济业务活动的具体内容、规模大小与业务繁简程度等情况不尽相同，在具体设置会计科目时，应考虑其自身特点和具体情况。

50. 错【解析】投资者投入的固定资产，应按公允价值作为入账价值。

51. 对【解析】汇总转账凭证通常根据所设置账户的贷方进行编制。汇总转账凭证是在对所设置账户相对应的借方账户分类之后，进行汇总编制。

52. 对【解析】会计基础是指会计确认、计量和报告的基础，包括权责发生制和收付实现制。

53. 对【解析】账户是根据会计科目设置的。

54. 错【解析】支票上的出票日期必须大写，正确写法是“贰零壹叁年零叁月零伍日”。

55. 对【解析】账户的对应关系是指在采用借贷记账法对每笔交易或事项进行记录时，相关账户之间形成的应借、应贷的相互关系。存在对应关系的账户称为对应账户。

56. 对。

57. 对【解析】按计划成本计价核算的企业，存货平时的收、发均采用计划成本法核算，月末再计算出发出存货和结存存货应分摊的成本差异，将发出存货的计划成本调整为实际成本。

58. 对【解析】资产的最重要特征就是预期会给企业带来经济利益。该设备不能为企业带来未来的经济利益，就不能再确认为企业资产，而应确认为该项资产损失。

59. 错【解析】该公司年末计提坏账准备后，“坏账准备”账户的余额 = 700 000 × 5% = 35 000（元）。

60. 错【解析】企业财产清查中，发现账外设备一台，报经批准后，通过“以前年度损益调整”科目核算。

四、计算分析题

61.【解析】

（1）为生产产品领用原材料：

借：生产成本 6 000

贷：原材料 6 000

（2）分配本月工资费用：

借：生产成本 15 000

制造费用 6 000

贷：应付职工薪酬 21 000

（3）计提生产车间固定资产折旧：

借：制造费用 1 000

贷：累计折旧 1 000

（4）结转本月制造费用：

借：生产成本 7 000

贷：制造费用 7 000

（5）结转本月完工产品成本：

借：库存商品 18 000

贷：生产成本 18 000

62.【解析】

银行存款余额调节表

编制单位：雪龙公司　　2014 年 7 月 31 日　　单位：元

项目	金额	项目	金额
企业银行存款日记账余额	241 800	银行对账单余额	244 433
加：银行已收、企业未收的款项合计	（1） 7 123	加：企业已收、银行未收的款项合计	（3） 13 240
减：银行已付、企业未付的款项合计	3 250	减：企业已付、银行未付的款项合计	（4） 12 000
调节后余额	（2） 245 673	调节后余额	（5） 245 673

(1) 银行已收、企业未收的款项合计 = 银行结算银行存款利息 + 银行代收外地购货方汇来的货款 = 1 523 + 5 600 = 7 123 (元)。

(2) 企业银行存款日记账调节后余额 = 241 800 + 7 123 - 3 250 = 245 673 (元)。

(3) 企业已收、银行未收的款项合计为企业收到销货款转账支票13 240元。

(4) 企业已付、银行未付的款项合计 = 企业支付公司日常办公费用 + 企业支付下半年的房租 = 2 500 + 9 500 = 12 000 (元)。

(5) 银行调节后余额 = 244 433 + 13 240 - 12 000 = 245 673 (元)。

全真套题演练 4

一、单项选择题（本题共 20 题，每题 1 分，共 20 分）

1. 下列关于季度财务报告保管期限的表述中，正确的是（ ）

A. 永久 B. 15 年 C. 5 年 D. 3 年

2. 下列关于未达账项进行账务处理时间的表述中，正确的是（ ）

A. 编好银行存款余额调节表时 B. 查明未达账项时

C. 收到银行对账单时 D. 实际收到有关结算凭证时

3. 账簿按账页格式的不同分类，不包括（ ）

A. 两栏式账簿 B. 三栏式账簿

C. 多栏式账簿 D. 活页式账簿

4. 下列各项中，不属于损益类科目的是（ ）

A. 制造费用 B. 销售费用 C. 投资收益 D. 其他业务成本

5. 企业用现金购买办公用品，会计人员认为办公用品是用于总经理日常办公，故将该项支出作为管理费用处理，对上述过程表述正确的是（ ）

A. 该项处理属于会计确认 B. 该项处理属于会计计量

C. 该项处理属于会计记录 D. 该项处理属于会计报告

6. 自制原始凭证按（ ）分类分为一次凭证、累计凭证和汇总凭证

A. 用途 B. 取得来源 C. 填制手续 D. 格式

7. 限额领料单属于（ ）

A. 外来原始凭证 B. 累计凭证

C. 一次凭证 D. 汇总凭证

8. 甲公司 2014 年 3 月 1 日向银行贷款 50 万元，期限 6 个月，年利率为 6%，到期还本，按月计提利息，按季付息。该公司 3 月 31 日应计提的利息为（ ）元

A. 20 000 B. 5 000 C. 2 500 D. 30 000

9. 车间直接参加产品生产工人的工资，记入（ ）账户借方

A. 生产成本 B. 制造费用 C. 管理费用 D. 应付职工薪酬

10. 应当在“应收账款”账户贷方核算的是（ ）

A. 应收账款的增加数 B. 应收账款的收回数

C．应付账款的减少数　　D．坏账准备的提取数

11．库存现金的清查是通过（　　）进行的

A．实地盘点法　　B．账账核对法

C．技术分析法　　D．征询法

12．某公司在遭受洪灾后，对其受损的财产物资进行的清查，属于（　　）

A．局部清查和定期清查　　B．全面清查和定期清查

C．局部清查和不定期清查　　D．全面清查和不定期清查

13．恒大棉业有限公司是一家商贸公司，主要经销棉花。2014 年 3 月市国税稽查局人员对其 2013 年度的纳税情况进行检查时，发现该公司业务量不大，从库存商品总账上发现“现收 5 号凭证”有漏记销售的嫌疑。据此可判断该公司使用的会计核算程序是（　　）

A．记账凭证核算程序　　B．科目汇总表核算程序

C．汇总记账凭证核算程序　　D．多栏式日记账核算程序

14．企业在编制年度财务会计报告进行财产清查时，一般应进行（　　）

A．重点清查　　B．全面清查　　C．局部清查　　D．抽样清查

15．凡结账前发现记账凭证正确而登记账簿时发生错误的，可用（　　）更正

A．划线更正法　　B．补充登记法

C．红字更正法　　D．涂改法

16．银行存款日记账是根据（　　）逐日逐笔登记的

A．银行存款收、付款凭证　　B．转账凭证

C．库存现金收款凭证　　D．银行对账单

17．不需要在会计账簿扉页上的启用表中填列的内容是（　　）

A．账簿页数　　B．记账人员　　C．科目名称　　D．启用日期

18．会计科目按其所（　　）不同，可分为总分类科目和明细分类科目

A．反映的会计对象

B．归属的会计要素

C．提供信息的详细程度及其统驭关系

D．反映的经济业务

19．企业固定资产可以按照其价值和使用情况，确定采用某一方法计提折旧，它所依据的会计核算前提是（　　）

A．会计主体　　B．持续经营　　C．会计分期　　D．货币计量

20．确认办公楼租金 60 万元，用银行存款支付 10 万元，50 万元未付。按照权责发生制和收付实现制分别确认费用（　　）万元

A. 10，60　　　　B. 60，0
C. 60，50　　　　D. 60，10

二、多项选择题（本题共20题，每题2分，共40分）

21. 发生以下记账错误时，应选择红字更正法的有（　　）
A. 记账之后，发现记账凭证中的会计科目应用错误
B. 记账之后，发现记账凭证所列金额大于正确金额
C. 记账之后，发现记账凭证所列金额小于正确金额
D. 结账之前，发现账簿记录有文字错误，而记账凭证正确

22. 其他单位出于特殊原因而需要使用本单位的原始凭证，下列做法中，正确的有（　　）
A. 可以外借
B. 将外借的会计凭证拆封抽出
C. 不得外借，经本单位会计机构负责人或会计主管人员批准，可以复制
D. 将向外单位提供的凭证复印件在专设的登记簿上登记

23. 下列关于原始凭证的要求中，正确的有（　　）
A. 支付款项的原始凭证有银行汇款凭证即可
B. 发生销货退回的，除填制退货发票外，还必须有退货验收证明
C. 职工公出借款凭据，必须附在记账凭证之后
D. 上级有关部门批准的经济业务，应当将批准文件作为原始凭证附件

24. 关于原始凭证，不符合要求的是（　　）
A. 对外开出的原始凭证，必须加盖本单位公章
B. 发生销货退回的，必须有退货验收证明
C. 购买实物的原始凭证，经购买人查证核实后，会计人员据以入账
D. 收回借款时，可以退还原借款收据

25. 下列属于原始凭证基本内容的是（　　）
A. 填制日期　　　　B. 经济业务内容
C. 应借应贷科目　　D. 有关人员签章

26. 为了核算企业利润分配的过程、去向和结果，企业应设置的科目有（　　）
A. 利润分配　　B. 管理费用　　C. 盈余公积　　D. 应付利润

27. 选择恰当的账务处理程序，应考虑的因素有（　　）
A. 与单位的经营特点和形式等情况相适应
B. 能够及时、正确和完整地提供会计资料

C. 可以简化核算程序，提高工作效率，节约人力和物力

D. 能够科学组织会计核算工作

28. 下列各项中，可以作为记账凭证编制依据的有（　　）

A. 若干张同类原始凭证　　B. 每一张原始凭证

C. 付款凭证　　D. 原始凭证汇总表

29. 下列属于流动负债的有（　　）

A. 应付职工薪酬　　B. 其他应付款

C. 应付债券　　D. 应付股利

30. 下列各项中，反映企业财务状况的会计要素的有（　　）

A. 所有者权益　B. 费用　C. 资产　D. 负债

31. 计算利润总额的正确公式是（　　）

A. 营业收入 + 营业成本 - 销售费用 - 管理费用 - 财务费用

B. 营业利润 + 投资收益 + 营业外收入 - 营业外支出

C. 营业利润 + 营业外收入 - 营业外支出

D. 营业收入 - 营业成本 - 营业税金及附加 - 销售费用 - 管理费用 - 财务费用 - 资产减值损失 + 公允价值变动收益（或 - 公允价值变动损失） + 投资收益（或 - 投资损失） + 营业外收入 - 营业外支出

32. 未达账项的情况有（　　）

A. 企业已收款入账，而银行尚未收款入账

B. 企业已付款入账，而银行尚未付款入账

C. 银行已收款入账，而企业尚未收款入账

D. 银行已付款入账，而企业尚未付款入账

33. 保管期限为 3 年的会计档案有（　　）

A. 财政总预算会计月度报表　　B. 企业季度财务报告

C. 企业月度财务报告　　D. 财政总预算会计旬报

34. 下列属于财务会计报告使用者的是（　　）

A. 投资人　B. 债权人　C. 监管机构　D. 债务人

35. 订本式账簿主要适用于（　　）

A. 固定资产明细账　　B. 总分类账

C. 销售收入明细账　　D. 银行存款日记账

36. 关于银行存款日记账的表述，正确的是（　　）

A. 银行存款日记账应按企业在银行开立的账户和币种分别设置

B. 每个银行账户设置一本日记账

C. 银行存款日记账的格式与现金日记账相同

D. 由出纳人员根据与银行存款收、付业务有关的记账凭证，按时间先后顺序逐日逐笔进行登记

37. 会计凭证的保管是指会计凭证记账后的（　　）工作

A. 整理　　B. 装订　　C. 归档　　D. 存查

38. 下列有关收入的说法中，正确的有（　）

A. 收入在扣除相关成本费用后，必然会导致企业所有者权益增加

B. 企业销售商品采用预收货款形式的，应于收到货款时确认收入

C. 收入与所有者投入资本无关

D. 企业代收的款项不能作为收入确认

39. 在借贷记账法下，“期末余额 = 期初余额 + 本期贷方发生额 - 本期借方发生额”属于（　　）会计科目计算期末余额的公式

A. 资产类　　B. 负债类

C. 所有者权益类　　D. 成本类

40. 以下关于事中监督的描述中，正确的有（　　）

A. 事中监督是指在日常会计工作中，对现发生的问题提出建议，促使有关部门和人员采取改进措施

B. 事中监督是对经济活动的日常监督和管理

C. 事中监督是指以事先制定的目标，利用会计核算提供的资料，对已发生的经济活动进行的考核和评价

D. 事中监督是对未来经济活动的指导

三、判断题（本题共 20 题，每题 1 分，共 20 分）

41. 月末结转利润后，“本年利润”科目如为借方余额，表示自年初至本月累计发生的亏损。（　　）

42. 汇总记账凭证账务处理程序的缺点之一是当转账凭证较多时，编制汇总转账凭证的工作量较大。（　　）

43. 利润表中的各项目应根据有关损益类账户的本期发生额或余额分析计算填列。（　　）

44. 银行存款日记账与银行对账单余额不一致的主要原因是记账错误和存在未达账项。（　　）

45. 账簿中书写的文字和数字应该写满格。（　　）

46. 除了结账和更正错误的记账凭证可以不附原始凭证外，其余的记账凭证均应附有原始凭证。（　　）

47. 借贷记账法下，记账符号“借”表示增加，“贷”表示减少。（　　）

48. 其他单位如有特殊原因确实需要使用原始凭证时，经本单位会计机构负责人、会计主管人员批准，可以向外单位提供原始凭证复印件。(　　)

49. 会计期末，收入类科目的增加额一般要通过贷方转出，用以计算经营成果，因此，收入类账户期末通常没有余额。(　　)

50. 除了准则指南予以明确的明细科目外，企业可以根据本单位的实际需要设置明细科目。(　　)

51. 资产和权益在金额上一定是相等的。(　　)

52. 商业汇票的付款期限一般在1年以内，最长不得超过1年。(　　)

53. 乙公司于2009年10月1日接受一项设备安装任务，安装期为9个月。乙公司在资产负债表日提供的劳务能够可靠估计，至12月31日安装业务完成30%。由于合同约定安装业务结束时一次性支付，因此12月31日乙公司不可以确认劳务收入。(　　)

54. 资产负债表中的“期末余额”栏各项目主要是根据总账或有关明细账本期发生额直接填列的。(　　)

55. 财务会计报告是单位财务会计确认、计量结果的最终体现，属于通用的对外会计报告，其使用者主要是单位内部的有关人员。(　　)

56. 各种账务处理程序的不同之处在于登记明细账的直接依据不同。(　　)

57. 自制原始凭证都是一次凭证，外来原始凭证绝大多数是一次凭证。(　　)

58. 总分类账的借、贷本期发生额和期末余额与所属明细分类账的借、贷本期发生额和期末余额核对相符。(　　)

59. 按现值进行会计计量，是指资产按照预计从其持续使用和最终处置中所产生的未来净现金流入量的折现金额计量；负债按照预计期限内需要偿还的未来净现金流出量的折现金额计量。(　　)

60. 可变现净值是指在正常生产经营过程中，以预计售价减去进一步加工成本和预计销售费用以及相关税费后的净值。(　　)

四、计算分析题（本题共2题，每题10分，共20分）

61. 恒乐公司为增值税一般纳税人，适用的增值税率为17%。

2011年12月15日，接受乙公司作为资本投入的专用设备一台，合同约定该设备的价值为300万元（假定合同约定的固定资产价值与公允价值相符），增值税进项税额为51万元。经约定恒乐公司接受乙公司的投入资本为351万元。

恒乐公司收到该专用设备后立即投入基本生产车间使用。该专用设备估计使用年限为5年，预计净残值率为5%，采用年限平均法计提折旧。

2013年12月5日，恒乐公司将上述设备对外出售，开具的增值税专用发票上注明的价款为200万元，增值税额为34万元，已通过银行收回价款。

要求（金额单位：万元）：

（1）编制恒乐公司接受乙公司投入设备的会计分录。

（2）计算恒乐公司2011年度应计提的折旧额。

（3）编制恒乐公司计提2011年度固定资产折旧的会计分录。

（4）计算恒乐公司处置设备的净损益。

（5）编制恒乐公司处置设备净损益的会计分录。

62. 甲公司6月份发生以下业务：

（1）6月2日，用银行存款购入某上市公司股票20 000股，每股市价8元，另支付相关交易费用350元，甲公司将其划分为交易性金融资产进行核算。

（2）6月4日，销售一批商品，开具的增值税专用发票上注明的售价为800 000元，增值税额为136 000元。商品已发出，货款已收到并存入银行。该批商品的成本为600 000元。

（3）6月10日，用银行存款支付职工工资100 000元。

（4）6月28日，计算分配职工工资150 000元，其中：生产工人工资100 000元，车间管理人员工资20 000元，企业管理人员工资30 000元。

（5）6月30日，计提固定资产折旧48 000元，其中：管理设备折旧10 000元，生产设备折旧38 000元。

要求：逐笔编制甲公司上述业务的会计分录。

参考答案及解析

一、单项选择题

1. D【解析】月、季度财务报告保管期限为3年。

2. D【解析】对于银行已入而企业未付账的未达账项，企业应在收到有关结算凭证后再进行有关账务处理。银行对账单和银行存款余额调节表不能作为记账的依据。

3. D【解析】选项D是账簿按照外形特征分类的。

4. A【解析】制造费用属于成本类会计科目。

5. A【解析】会计确认是运用特定会计方法，以文字和金额同时描述某一交易或事项，使其金额反映在特定主体财务报表的合计数中的会计程序。会计确认解决的是定性问题，以判断发生的经济活动是否属于会计核算的内容，归属于哪类性质的业务，是作为资产还是负债或者其他会计要素等。

6. C【解析】自制原始凭证按其填制手续不同，可分为一次凭证、累计凭证、汇总凭证。

7. B【解析】最具代表性的累计凭证是“限额领料单”。

8. C【解析】该公司3月31日应计提的利息 $=50\times6\%\div12=0.25$（万元），即2 500元。

9. A【解析】直接参加产品生产工人的工资属于直接费用，所以在“生产成本”中归集。

10. B【解析】本题考查“应收账款”的核算。“应收账款”账户贷方核算的是应收账款的收回数和确认的坏账损失。

11. A【解析】本题考查货币资金的清查方法。

12. C【解析】本题考查财产清查的种类。发生自然灾害或意外损失，对其受损的财产物资进行的清查，属于局部清查和不定期清查。

13. A【解析】本题考查记账凭证核算程序的适用范围。该公司业务量不大，所以适用记账凭证核算程序。

14. B【解析】本题考查全面清查的适用情况。全面清查涉及的内容多，工作量大，范围广，清查费用相对较高，一般只在以下几种情况下进行：①年终决算，编制年度会计报表前；②企业撤销、合并、分立或发生隶属关系改变时，以明确经济责任；③企业清产核资或进行资产评估时，以摸清家底；④企业发生其他重大体制变更或改造时。

15. A【解析】本题考查划线更正法的适用范围。在结账前发现账簿记录有文字或数字错误，而记账凭证没有错误，采用划线更正法。

16. A【解析】转账凭证不涉及银行存款，不登记银行存款日记账，库存现金收款凭证应该登记现金日记账，银行对账单只起对账作用，不作为登记账簿的依据。

17. C【解析】本题考查会计账簿的启用。

18. C【解析】会计科目按其所提供信息的详细程度及其统驭关系不同，可分为总分类科目和明细分类科目。

19. B【解析】本题考查会计基本假设的意义。企业对于它所有的机器设备、厂房等固定资产，只有在持续经营的前提下，才可以在机器设备的使用年限内，按照其价值和使用情况，确定采用某一折旧方法计提折旧。

20. D【解析】确认办公楼租金60万元，用银行存款支付10万元，50

万元未付。权责发生制下发生了办公楼租金费用60万元，则权责发生制下应确认费用60万元；收付实现制下，由于只支付了10万元，因此应确认费用10万元。所以答案是D。

二、多项选择题

21. AB【解析】选项C应用补充登记法，选项D应用划线更正法。

22. CD【解析】原始凭证不得外借，其他单位如有特殊原因确实需要使用时，经本单位会计机构负责人、会计主管人员批准，可以查阅或者复印，并办理登记手续。

23. BCD【解析】支付款项的原始凭证，必须有收款凭证和收款人的收款证明，不能仅以支付款项的有关凭证如银行汇票凭证等代替。

24. CD【解析】购买实物的原始凭证，必须由购买人以外的第三者查证核实后，会计人员才据以入账。收回借款时，应当另开收据或者退还借款收据副本，不得退还原借款收据。

25. ABD【解析】应借应贷科目属于记账凭证的基本内容。

26. ACD【解析】本题考查利润分配核算中科目的设置。管理费用属于费用项目，与利润分配没有关系。

27. ABCD【解析】建立怎样的账务处理程序由多种因素决定，比如经济活动和财务收支的实际情况、经营管理的需要、会计核算手续等。以上都是选择恰当的账务处理程序应考虑的因素。

28. ABD【解析】记账凭证可以根据每一张原始凭证填制，或者根据若干张同类原始凭证汇总编制，也可以根据原始凭证汇总表编制。付款凭证本身就是记账凭证。

29. ABD【解析】应付债券属于非流动负债。

30. ACD。

31. CD【解析】营业利润 = 营业收入 − 营业成本 − 营业税金及附加 − 销售费用 − 管理费用 − 财务费用 − 资产减值损失 + 公允价值变动收益（或 − 公允价值变动损失）+ 投资收益（或 − 投资损失）+ 营业外收入 − 营业外支出；利润总额 = 营业利润 + 营业外收入 − 营业外支出。

32. ABCD【解析】本题考查未达账项的几种情况。

33. BCD【解析】本题考查会计档案的保管期限。财政总预算会计月度报表的保管期限是5年。

34. ABC【解析】本题考查财务会计报告的使用者。单位编制财务会计报告的主要目的，就是为投资人、债权人、政府及相关机构、企业管理人员、职工和社会公众等财务会计报告的使用者进行决策提供会计信息。

35. BD【解析】本题考查订本账的适用范围。选项 A 适用于卡片账形式；选项 C 适用于活页账形式。

36. ABCD【解析】本题考查银行存款日记账。

37. ABCD【解析】本题考查会计保管的概念。会计保管是指会计凭证记账后的整理、装订、归档和存查工作。

38. CD【解析】选项 C、D 符合收入类的说法。

39. BC【解析】本题考查借贷记账法的记账规则。资产类和成本类，在借贷记账法下期末余额 = 期初余额 + 本期借方发生额 - 本期贷方发生额。

40. AB【解析】事中监督是指对正在发生的经济活动过程和取得的核算资料进行审查、分析，并据以纠错纠偏，控制经济活动按预定目的和要求进行。选项 C 属于事后监督，选项 D 属于事前监督。

三、判断题

41. 对【解析】会计期末，结转完各损益类科目后，“本年利润”科目如为借方余额，表示自年初至本月累计发生的亏损。贷方余额为实现的累计净利润。年度终了后，将“本年利润”科目的余额转入“利润分配——未分配利润”科目，“本年利润”没有余额。

42. 对【解析】汇总记账凭证的缺点：按每一贷方科目编制汇总转账凭证，不利于会计核算的日常分工，并且当转账凭证较多时，编制汇总转账凭证的工作量较大。

43. 错【解析】利润表中的各项目的数据主要是根据各损益类科目的发生额分析填列。

44. 对【解析】企业的银行存款日记账余额与对账单余额不一致的原因：一是企业与开户行双方或其中一方记账有错误；二是存在未达账项。

45. 错【解析】账簿中书写的文字和数字上面要留有适当的空格，不要写满，一般应占格距的1/2。

46. 对。

47. 错【解析】随着经济业务的复杂化和借贷记账法的普及，“借”与“贷”抽象出来，不再表示任何经济意义，而单纯地成为借贷记账法记账方向的符号。

48. 对【解析】原始凭证不得外借，其他单位如有特殊原因确实需要使用时，经本单位会计机构负责人、会计主管人员批准，可以复制。

49. 错【解析】收入类科目的增加额在贷方，一般从借方转出。

50. 对【解析】除了准则指南予以明确的明细科目外，企业可以根据本单位实际情况决定是否需要设置明细科目，一级科目可以满足核算要求的，不必设置明细科目。

51. 对【解析】资产和权益在金额上始终是相等的，无论经济业务发生怎样的变化，都不会破坏“资产＝权益”即“资产＝负债＋所有者权益”的平衡关系。

52. 错【解析】商业汇票的付款期限最长不得超过6个月。

53. 错【解析】应该在12月31日按完工比例确认劳务收入。

54. 错【解析】本题考查资产负债表的项目计算。资产负债表中的“期末余额”栏项目的金额，其计算资料来源于以下几个方面：①根据总账账户余额直接填列；②根据几个总账账户的期末余额计算填列；③根据明细账户余额计算填列；④根据总账账户和明细账户余额分析、计算填列；⑤综合运用上述填列方法分析填列；⑥根据实际需要结合资产负债表附注内容和有关备查账簿等的记录分析填列。

55. 错【解析】本题考查财务会计报告的使用者。财务会计报告不仅有单位内部的使用者，也有单位外部的使用者。

56. 错【解析】本题考查各种账务处理程序的区别。各种账务处理程序的不同之处在于登记总分类账的依据和程序不同。

57. 错【解析】外来原始凭证都是一次凭证，自制原始凭证绝大多数是一次凭证。

58. 错【解析】总分类账的借、贷本期发生额和期末余额与所属明细分类账的借、贷本期发生额和期末余额之和核对相符。

59. 对【解析】本题考查现值计量的相关内容。

60. 对。

四、计算分析题

61.【解析】

（1）接受乙公司投入设备的会计分录：

借：固定资产　　300

　　应交税费——应交增值税（进项税额）　　51

　贷：实收资本　　351

（2）2011年度应计提的折旧额：

恒乐公司2011年度应计提的折旧额＝300×（1－5%）÷5＝57（万元）。

(3) 计提2011年度固定资产折旧的会计分录：

借：制造费用　　57

　贷：累计折旧　　57

(4) 处置设备的净损益：

恒乐公司处置设备的净损益 = 200 - (300 - 57 × 2) = 14（万元）。

(5) 处置设备净损益的会计分录：

借：固定资产清理　　14

　贷：营业外收入　　14

62. **【解析】**

(1) 购入股票的会计分录：

借：交易性金融资产　　160 000

　　投资收益　　350

　贷：银行存款　　160 350

(2) 销售商品，并结转销售成本的会计分录：

借：银行存款　　936 000

　贷：主营业务收入　　800 000

　　　应交税费——应交增值税（销项税额）　　136 000

借：主营业务成本　　600 000

　贷：库存商品　　600 000

(3) 用银行存款支付职工工资的会计分录：

借：应付职工薪酬　　100 000

　贷：银行存款　　100 000

(4) 计算分配职工工资的会计分录：

借：生产成本　　100 000

　　制造费用　　20 000

　　管理费用　　30 000

　贷：应付职工薪酬　　150 000

(5) 计提固定资产折旧的会计分录：

借：管理费用　　10 000

　　制造费用　　38 000

　贷：累计折旧　　48 000

第九天　冲刺训练　全真模拟（三）

全真套题演练 5

一、单项选择题（本题共 20 题，每题 1 分，共 20 分）

1. 下列不能记入材料采购成本核算的是（　　）

A. 运输费　　B. 包装费

C. 保险费　　D. 采购人员差旅费

2. 根据所属会计要素分类，下列会计科目全部归属于同一类会计要素的是（　　）

A. 库存现金，应收利息，预收账款，生产成本

B. 累计摊销，待处理财产损溢，长期待摊费用，固定资产清理

C. 累计折旧，利润分配，财务费用，本年利润

D. 管理费用，制造费用，销售费用，所得税费用

3. 下列明细分类账中，可以采用数量金额式明细分类账的是（　　）

A. 库存商品明细分类账　　B. 应付账款明细分类账

C. 管理费用　　D. 现金日记账

4. 确认办公楼租金 80 万元，用银行存款支付 10 万元，70 万元未付。按照权责发生制和收付实现制分别确认费用（　　）万元

A. 10，80　　B. 70，10

C. 80，70　　D. 80，10

5. 下列各项中，可以不附原始凭证的记账凭证是（　　）

A. 更正错误的记账凭证

B. 以库存现金发放工资的记账凭证

C. 职工临时性借款的记账凭证

D. 从银行提取库存现金

6. 下列属于有价证券的是（　　）

A. 外埠存款　　B. 股票

C. 信用证存款　　　　　　　　D. 信用卡存款

7. 下列费用中，不通过“应付账款”科目核算的是（　　）

A. 购进货物中的增值税进项税额　B. 应付的货物采购价款

C. 应付销货企业代垫的运杂费　D. 应付租金

8. 企业期末计算确定当期应交所得税，下列会计分录中，正确的是（　　）

A. 借记“所得税费用”科目，贷记“应交税费”科目

B. 借记“应交税费”科目，贷记“银行存款”科目

C. 借记“本年利润”科目，贷记“所得税费用”科目

D. 借记“所得税费用”科目，贷记“本年利润”科目

9. 记账后发现记账凭证和账簿中的会计科目正确，只是所记金额小于应记金额，应采用的更正方法是（　　）

A. 划线更正法　　　　　　　　B. 红字更正法

C. 补充登记法　　　　　　　　D. 以上任意一种方法

10. 与有形资产相比，无形资产除不具有实物形态外，还有一个重要的特点是（　　）

A: 能为企业长期使用

B. 不可以在多个会计期间为企业提供经济效益

C. 提供的未来经济效益远大于有形资产

D. 提供的未来经济效益具有不确定性

11. 企业年终决算前，需要（　　）

A. 对所有财产进行实物盘点

B. 对重要财产进行局部清查

C. 对所有财产进行全面清查

D. 对流动性较大的财产进行重点清查

12. 某公司期末“固定资产”账户借方余额为200万元，“累计折旧”账户贷方余额为80万元，“固定资产减值准备”账户贷方余额为30万元，“固定资产清理”账户借方余额为2万元。则该公司资产负债表中“固定资产”项目的期末数应为（　　）万元

A. 92　　　　B. 202　　　　C. 90　　　　D. 120

13. 甲公司是一家商贸公司，业务量不大，主要经销小麦。对其进行会计检查时，从库存商品总账上发现“现收7号凭证”有漏记销售收入的嫌疑。下列会计账务处理程序中，甲公司采用的是（　　）

A. 记账凭证账务处理程序　　　B. 汇总记账凭证账务处理程序

C. 多栏式日记账账务处理程序　D. 科目汇总表账务处理程序

14．下列各项中，属于企业资金运动起点的是（　　）

A．资金的使用　　B．资金的分配

C．资金的退出　　D．资金的筹集

15．下列各项中属于科目汇总表汇总范围的是（　　）

A．全部科目的借贷发生额

B．全部科目的借贷发生额和余额

C．汇总收款凭证、汇总付款凭证、汇总转账凭证的合计数

D．全部科目的借贷方余额

16．企业发生的罚款支出，应记入的科目是（　　）

A．管理费用　　B．制造费用

C．销售费用　　D．营业外支出

17．某公司原材料账户期末余额是10 000元，库存商品账户期末余额是20 000元，生产成本账户期末余额是5 000元，存货跌价准备账户期末余额是1 000元，固定资产账户期末余额是30 000元。资产负债表中的“存货”项目填列的金额为（　　）元

A．35 000　　B．29 000　　C．34 000　　D．64 000

18．会计科目与账户的联系表现在（　　）

A．两者体现的经济内容是一致的

B．两者结构一致

C．两者登记依据一致

D．两者均能记录、加工、整理、汇总会计信息

19．某公司银行存款日记账余额为56 000元，调整前银行已收、企业未收的款项为2 000元，企业已收、银行未收的款项为1 200元，银行已付、企业未付的款项为3 000元。该公司银行存款实用余额为（　　）元

A．56 200　　B．55 000　　C．58 000　　D．51 200

20．下列经济业务中，应填制转账凭证的是（　　）

A．职工借支差旅费3 000元

B．以现金800元购买办公用品

C．销售甲产品收入现金2 000元

D．购入设备一台，价款50 000元未付

二、多项选择题（本题共20题，每题2分，共40分）

21．下列各项中，属于原始凭证的有（　　）

A．职工名册　　B．收料单　　C．领料单　　D．购货发票

22. 下列各项中，可以作为企事业单位会计期间的有（　）

A. 年度　　B. 季度　　C. 月度　　D. 半年度

23. 下列各项中，属于总分类账与明细分类账平行登记要点的有（　）

A. 金额相等　　B. 依据相同　　C. 期间相同　　D. 方向相同

24. 下列各项中，属于一次凭证的有（　）

A. 收据　　B. 工资汇总表

C. 发货票　　D. 工资结算单

25. 下列各项中，应通过"应付职工薪酬"科目核算的有（　）

A. 应付职工奖金　　B. 应付职工生活困难补助

C. 应付职工工资　　D. 应付职工津贴补贴

26. 企业发生的下列各项费用中，应记入销售费用的有（　）

A. 销售商品应结转的商品成本　　B. 销售部门办公设备折旧费

C. 销售人员工资　　D. 销售商品广告费

27. 下列关于会计等式的说法中，正确的有（　）

A. "资产 = 负债 + 所有者权益"是最基本的会计等式，表明了会计主体在某一特定时期所拥有的各种资产与债权人、所有者之间的动态关系

B. "利润 = 收入 - 费用"这一等式动态地反映经营成果与相应期间的收入和费用之间的关系，是企业编制利润表的基础

C. "资产 = 负债 + 所有者权益"这一会计等式说明了企业经营成果对资产和所有者权益所产生的影响，体现了会计六要素之间的内在联系

D. 企业各项经济业务的发生并不会破坏基本会计等式的恒等关系

28. 下列做法中，属于对账的有（　）

A. 财产物资明细账账面余额与财产物资实存数额的核对

B. 库存现金日记账的期末余额合计与库存现金总账期末余额的核对

C. 账簿记录与原始凭证之间的核对

D. 总分类账簿与其所属明细分类账簿之间的核对

29. 资产负债表的下列项目中，需要根据其明细科目余额计算填列的有（　）

A. 应收账款　　B. 应收票据　　C. 应付账款　　D. 货币资金

30. 下列账户的本期发生额，应在利润表"营业收入"项目的"本期金额"中填列的有（　）

A. 营业外收入　　B. 其他业务收入

C. 主营业务收入　　D. 投资收益

31. 会计监督贯穿于会计管理活动的全过程，按监督实施的时机分，会计监督包括（　　）

A. 事前监督　　B. 政府监督　　C. 事后监督　　D. 事中监督

32. 财产清查的正确分类方法有（　　）

A. 全面清查和局部清查　　B. 定期清查和不定期清查

C. 全面清查和定期清查　　D. 定期清查和局部清查

33. 无形资产处置的会计处理中，结转净损益时，可能涉及的科目有（　　）

A. 管理费用　　B. 营业外收入

C. 营业外支出　　D. 其他业务收入

34. 下列说法中，正确的有（　　）

A. 汇总记账凭证分为汇总收款凭证、汇总付款凭证和汇总转账凭证

B. 汇总记账凭证是按每个科目设置，并按科目一方的对应科目进行汇总

C. 汇总记账凭证账务处理程序是根据汇总记账凭证登记总分类账

D. 汇总记账凭证账务处理程序适用于规模较大、经济业务较多的单位

35. 财务成果的计算和处理一般包括（　　）

A. 收入的确认　　B. 费用的计算和分配

C. 所得税的计算和交纳　　D. 利润分配或亏损弥补

36. 甲公司 2013 年 12 月 31 日“本年利润”账户的贷方余额为 300 000 元，根据公司法规定按当年净利润的 10% 提取法定盈余公积，按当年净利润的 5% 提取任意盈余公积，并决定向投资者分配利润 200 000 元。下列会计处理正确的有（　　）

A. 借：本年利润　　300 000
　　贷：利润分配——未分配利润　　300 000

B. 借：利润分配——提取法定盈余公积　　30 000
　　　　　　　——提取任意盈余公积　　15 000
　　　　　　　——应付利润　　200 000
　　贷：盈余公积——提取法定盈余公积　　30 000
　　　　　　　——提取任意盈余公积　　15 000
　　　　应付利润　　200 000

C. 借：利润分配——未分配利润　　245 000
　　贷：利润分配——提取法定盈余公积　　30 000
　　　　　　　——提取任意盈余公积　　15 000
　　　　　　　——应付利润　　200 000

D. 借：本年利润　　　　　　　　　　　　　　　300 000
　　贷：盈余公积——提取法定盈余公积　　　　　　　30 000
　　　　　　　——提取任意盈余公积　　　　　　　15 000
　　　　应付利润　　　　　　　　　　　　　　　200 000
　　　　利润分配——未分配利润　　　　　　　　　55 000

37. 海光机械制造公司在财产清查中，发现账外原材料一批，估计价值为80 000元，并按规定报经批准。会计机构对此应做的会计分录有（　　）

A. 借：待处理财产损溢　　　　　　　　　　　80 000
　　贷：原材料　　　　　　　　　　　　　　　80 000

B. 借：待处理财产损溢　　　　　　　　　　　80 000
　　贷：营业外收入　　　　　　　　　　　　　80 000

C. 借：原材料　　　　　　　　　　　　　　　80 000
　　贷：待处理财产损溢　　　　　　　　　　　80 000

D. 借：待处理财产损溢　　　　　　　　　　　80 000
　　贷：管理费用　　　　　　　　　　　　　　80 000

38. 对库存现金和应收账款进行清查时应采用的方法，下列说法中正确的是（　　）

A. 对库存现金的清查应采用倒挤法

B. 对库存现金的清查应采用实地盘点法

C. 对应收账款的清查应采用发函询证法

D. 对应收账款的清查应采用技术推算法

39. 下列关于利润的表述中，正确的有（　　）

A. 利润的确认只依赖于收入和费用

B. 利润是企业在一定会计期间的经营成果

C. 利润反映收入减去费用、直接记入当期利润的利得减去损失后的净额等

D. 通常情况下，如果企业实现了利润，表明企业的业绩得到了提升

40. 下列关于会计核算基本前提的表述中，正确的有（　　）

A. 持续经营和会计分期确定了会计核算的时间范围

B. 一个会计主体必然是一个法律主体

C. 货币计量为会计核算提供了必要手段

D. 会计主体确立了会计核算的空间范围

三、判断题（本题共20题，每题1分，共20分）

41．记账凭证账务处理程序、汇总记账凭证账务处理程序和科目汇总表账务处理程序的一般步骤中都包括根据原始凭证或汇总原始凭证编制收款凭证、付款凭证和转账凭证（或通用记账凭证）。（ ）

42．企业向银行借入短期借款，按月确认利息费用，根据合同按季度结算借款利息，会计核算中，企业可于支付借款利息时，将本季度借款利息支付当月的财务费用。（ ）

43．一套完整的财务报表至少应当包括资产负债表、利润表、现金流量表、所有者权益变动表和附注等部分。（ ）

44．财会部门或经办人，必须在会计年度终了后的第一天，将应归档的会计档案全部移交档案部门，保证会计档案齐全完整。（ ）

45．未达账项包括企业未收到凭证而未入账的款项和企业、银行都未收到凭证而未登记入账的款项。（ ）

46．会计账簿是指由一定格式账页组成的，以经过审核的会计凭证为依据，全面、系统、连续地记录各项经济业务的簿籍。（ ）

47．固定资产价值随其磨损逐渐地转移到制造成本和期间费用中，故“固定资产”账户应反映固定资产的实际价值。（ ）

48．对于财产清查后发现的盘盈资产，不必经有关股东大会或董事会，或者经理（厂长）会议或类似的权力机构批准，本单位的会计机构有权直接对有关账户作出处理。（ ）

49．平行登记，是指经济业务发生后，根据会计凭证，一方面要登记有关的总分类账户，另一方面要登记该总分类账户所属的各有关明细分类账户。（ ）

50．利润表中的“营业成本”项目，反映企业销售产品和提供劳务等主要经营业务的各项销售费用和实际成本。（ ）

51．在汇总记账凭证账务处理程序中，如果在月份内某一贷方科目的转账凭证不多时，也可以不编制汇总转账凭证，直接根据转账凭证登记总分类账。（ ）

52．会计记录的文字应当使用中文。在中华人民共和国境内的外商投资企业、外国企业和其他外国组织的会计记录，可以同时使用一种外国文字。（ ）

53．在公允价值计量下，资产按照现在购买相同或者相似资产所需支付的现金或现金等价物的金额计量。（ ）

54．企业生产车间以经营租赁方式将一台固定资产租给某单位使用，该固定资产的所有权尚未转移。企业对该固定资产仍应计提折旧，计提折旧时

应记入“制造费用”账户。(　　)

55. 备抵账户余额与被调整账户余额在同方向时，备抵账户起到附加作用。(　　)

56. 采用先进先出法核算发出存货的成本优点是物价上涨或下跌时，期末库存存货成本接近市场价格。(　　)

57. 采用累计原始凭证可以减少凭证的数量和记账的次数。(　　)

58. 所有者权益是企业所有者在企业资产中享有的经济利益，其金额为企业资产总额。(　　)

59. 复式记账法是以资产与权益的平衡关系作为记账基础，对于每一笔经济业务，都要在两个或两个以上相互联系的账户中进行登记，系统地反映资金运动变化结果的一种记账方式。(　　)

60. 备用金的核算分为定额备用金制和非定额备用金制两种。定额备用金制，是根据使用部门和人员的实际工作需要，先核定其备用金定额并依此拨付备用金，使用后再多退少补的制度。(　　)

四、计算分析题（本题共2题，每题10分，共20分）

61. 耀隆公司2013年度的有关资料如下：

①年初未分配利润为150万元，本年利润总额为400万元，适用的企业所得税率为25%（假定不存在纳税调整因素）。

②按税后利润的10%和5%提取法定盈余公积和任意盈余公积。

③向投资者宣告分配利润40万元。

要求：

（1）计算耀隆公司本期所得税费用。

（2）编制耀隆公司确认本期所得税费用的会计分录。

（3）编制耀隆公司提取盈余公积的会计分录。

（4）编制耀隆公司宣告分配利润的会计分录。

（5）计算年末未分配利润。

62. 大地公司2014年7月初有关账户余额如下：

账户名称	借方余额	账户名称	贷方余额
库存现金	800	短期借款	24 000
银行存款	31 000	累计折旧	5 200

（续上表）

账户名称	借方余额	账户名称	贷方余额
交易性金融资产	14 200	坏账准备	1 800
应收账款	35 000	应交税费	8 600
库存商品	88 000	应付账款	42 000
固定资产	270 000	实收资本	392 400
在建工程	80 000	未分配利润	45 000
合计	519 000	合计	519 000

大地公司7月份发生以下业务：

①对外销售商品900件，每件售价50元，每件成本40元，增值税率17%，款项已收，存入银行。

②向外单位采购商品一批，增值税专用发票上注明价款50 000元，增值税进项税额8 500元，货已入库，款未付。

③以银行存款支付本月借款利息200元。

④收到其他单位所欠货款15 000元，存入银行。

⑤开出转账支票支付前欠外单位货款30 000元。

要求：根据上述资料，计算大地公司2014年7月31日资产负债表项目的期末数：

（1）货币资金（　　）元。

（2）应收账款（　　）元。

（3）存货（　　）元。

（4）流动资产合计（　　）元。

（5）应付账款（　　）元。

参考答案及解析

一、单项选择题

1. D【解析】材料的采购成本是指企业物资从采购到入库前所发生的全部支出，包括购买价款、相关税费、运输费、装卸费、保险费以及其他可归属于采购成本的费用。采购人员差旅费记入管理费用。

2. B【解析】选项B累计摊销，待处理财产损溢，长期待摊费用，固定资产清理同属于资产要素和资产类会计科目。

3. A【解析】数量金额式账页适用于既要进行金额核算又要进行数量核算的账户，如原材料、库存商品等存货账户。

4. D【解析】权责发生制以权利和责任的发生来决定收入和费用归属期，应确认费用为80万元；收付实现制以实际支付的金额确认费用，应确认费用为10万元。

5. A【解析】除结账和更正错账可以不附原始凭证外，其他记账凭证必须附原始凭证。

6. B【解析】选项A、C、D都是其他货币资金。

7. D【解析】应付租金通过“其他应付款”账户核算。

8. A【解析】企业期末计算确定当期应交所得税的会计分录为：借：所得税费用；贷：应交税费。

9. C【解析】划线更正法适用于会计凭证正确，只是过账错误的更正；红字更正法适用于记账后发现记账凭证和账簿中的会计科目正确，只是所记金额大于应记金额的错账更正。

10. D【解析】无形资产除不具有实物形态外，提供的未来经济效益具有不确定性。

11. C【解析】企业年终决算前，需要对所有财产进行全面清查。

12. C【解析】该公司资产负债表中“固定资产”项目的期末数应 = 200 - 80 - 30 = 90（万元）。

13. A【解析】从库存商品总账上发现“现收7号凭证”漏记销售收入，说明总账是根据记账凭证登记的，因此该公司采用的是记账凭证账务处理程序。

14. D【解析】资金的筹集是企业资金运动起点。

15. A【解析】科目汇总表，是企业通过定期对全部记账凭证进行汇总后，按照不同的会计科目分别列示各账户借方发生额和贷方发生额的一种汇总凭证。

16. D【解析】企业发生的罚款支出，应记入营业外支出。

17. C【解析】资产负债表中的“存货”项目填列的金额 = 10 000 + 20 000 + 5 000 - 1 000 = 34 000（元）。

18. A【解析】会计科目与账户都是对会计对象具体内容的分类，两者核算内容一致，性质相同。会计科目是账户的名称，也是设置账户的依据。账户是会计科目的具体运用，具有一定的结构和格式，并通过其结构反映某项经济内容的增减变动情况及其余额。

19. B【解析】该公司银行存款实用余额 = 56 000 + 2 000 - 3 000 = 55 000（元）。

20. D【解析】选项 A 的会计分录为：借：其他应收款 3 000；贷：库存现金 3 000，应填制付款凭证；选项 B 的会计分录为：借：管理费用 800；贷：库存现金 800，应填制付款凭证；选项 C 的会计分录为：借：库存现金 2 000；贷：主营业务收入 2 000，应填制收款凭证。

二、多项选择题

21. BCD【解析】职工名册不属于原始凭证。

22. ABCD【解析】会计分期是指将一个企业持续经营的经济活动划分为一个个连续的、长短相同的期间，以便分期结算账目和编制财务会计报告。包括年度、月度、季度、半年度。

23. ABD【解析】总分类账户与明细分类账户平行登记的要点是：①方向相同；②期间一致；③金额相等；④依据相同。

24. ACD【解析】一次凭证应在经济业务发生或完成时，由相关业务人员一次填制完成。

25. ABCD【解析】“应付职工薪酬”账户核算企业根据有关规定应付给职工的各种薪酬，包括各种工资、奖金、津贴、补贴和福利费等。

26. BCD【解析】选项 A 属于销售产品成本，应记入主营业务成本。

27. BD【解析】“资产 = 负债 + 所有者权益”是财务状况等式，亦称基本会计等式和静态会计等式，是用以反映企业某一特定时期资产、负债和所有者权益三者之间平衡关系的会计等式。企业各项经济业务的发生不会破坏基本会计等式的恒等关系。“利润 = 收入 - 费用”是经营成果等式，也是用以反映企业一定时期收入、费用和利润之间恒等关系的会计等式。

28. ABCD【解析】对账就是核对账目，是对账簿记录所进行的核对工作，包括账证核对、账账核对和账实核对。

29. AC【解析】资产负债表中，应收账款项目根据“应收账款”科目所属有关明细科目的期末借方余额合计，减去“坏账准备”科目中有关应收账款计提的坏账准备期末余额后的净额填列。如果“应收账款”科目所属各明细科目期末有贷方余额，应在本表“预收账款”项目内填列；应付账款项目根据“应付账款”科目所属有关明细科目的期末贷方余额合计填列；如“应付账款”科目所属各明细科目期末有借方余额，应在本表“预付账款”项目内填列。

30. BC【解析】在利润表“营业收入”项目的“本期金额”中填列的有

主营业务收入和其他业务收入。

31. ACD。

32. AB【解析】财产清查的种类，按照清查范围分类，分为全面清查和局部清查；按照清查的时间分类，分为定期清查和不定期清查；按照清查的执行系统分类，分为内部清查和外部清查。

33. BC【解析】无形资产处置的会计处理中，结转净收益时，记入营业外收入；结转净损失时，记入营业外支出。

34. ABCD【解析】本题考查汇总记账凭证账务处理程序的相关知识。

35. CD【解析】收入的确认及费用的计算和分配不属于财务成果的计算和处理。

36. ABC。

37. CD【解析】发现账外原材料、原材料增加，应借记“原材料”，因此选项A错误；原材料是流动资产，发生盘盈，应冲减管理费用，因此选项B错误。

38. BC【解析】库存现金的清查是采用实地盘点法确定库存现金的实存数，然后与库存现金日记账的账面余额相核对，确定账实是否相符。往来款项的清查一般采用发函询证的方法进行核对。

39. BCD【解析】利润是指企业在一定会计期间的经营成果。通常情况下，如果企业实现了利润，表明企业的业绩得到了提升；反之，如果企业发生了亏损，表明企业的业绩下降。利润反映收入减去费用、直接记入当期利润的利得减去损失后的净额。利润的确认主要依赖于收入和费用，以及直接记入当期利润的利得和损失的确认。

40. ACD【解析】一个会计主体不一定是一个法律主体，如一个单位的内部机构可以是会计主体，但不是法律主体。

三、判断题

41. 对【解析】根据原始凭证或汇总原始凭证编制收款凭证、付款凭证和转账凭证（或通用记账凭证），是账务处理程序的基本步骤。

42. 错【解析】根据权责发生制核算原则，应按月确认利息费用，并记入当月的财务费用。

43. 对【解析】财务报表是对企业财务状况、经营成果和现金流量的结构性表述。财务报表至少应当包括下列组成部分：①资产负债表；②利润表；③现金流量表；④所有者权益变动表；⑤附注。财务报表上述组成部分具有同等的重要程度。

44. 错【解析】会计档案一般暂由本单位财务会计部门保管一年，期满后，由本单位财务会计部门编造清册移交本单位的档案部门保管。

45. 错【解析】未达账项，是指企业和银行之间，由于记账时间不一致而发生的一方已经入账，而另一方尚未入账的事项。

46. 对。

47. 错【解析】“固定资产”账户应反映固定资产的原始价值。

48. 错【解析】对于财产清查后发现的盘盈资产，应根据权限，将处理建议报股东大会或董事会，或者经理（厂长）会议或类似的权力机构批准。

49. 对【解析】平行登记是指对所发生的每项经济业务都要以会计凭证为依据，一方面记入有关总分类账户，另一方面记入所属明细分类账户的方法。

50. 错【解析】利润表中的“营业成本”项目，反映企业销售产品和提供劳务等主要经营业务的各项实际成本。

51. 对。

52. 对。

53. 错【解析】公允价值是指市场参与者在计量日发生的有序交易中，出售一项资产所能收到或者转移一项负债所需支付的价格。

54. 错【解析】根据会计核算配比原则，企业对该固定资产计提折旧时应记入“其他业务成本”账户。

55. 对【解析】备抵账户余额与被调整账户余额方向相反时，备抵账户起到抵减作用；备抵账户余额与被调整账户余额方向相同时，备抵账户起到附加作用。

56. 对。

57. 对【解析】累计原始凭证是指在一定时期内多次记录发生的同类型经济业务且多次有效的原始凭证。采用累计原始凭证可以减少凭证的数量和记账的次数。

58. 错【解析】所有者权益是指企业资产扣除负债后由所有者享有的剩余权益，其享有的经济利益不是企业资产总额。

59. 对。

60. 错【解析】定额备用金制，是根据使用部门和人员的实际工作需要，先核定其备用金定额并依此拨付备用金，同时规定其用款和报销期限，待用款单位实际支用后，凭有效单据向财会部门报销，财会部门根据报销数用现金补足备用金定额的制度。

四、计算分析题

61.【解析】（单位：万元）

（1）本期所得税费用 =400 ×25% =100（万元）。

（2）确认本期所得税费用的会计分录：

借：所得税费用　100
　贷：应交税费——应交所得税　100

（3）提取盈余公积的会计分录：

借：利润分配——提取法定盈余公积　30
　　　　　——提取任意盈余公积　15
　贷：盈余公积——提取法定盈余公积　30
　　　　　　——提取任意盈余公积　15

（4）分配利润的会计分录：

借：利润分配——应付股利　40
　贷：应付股利　40

（5）年末未分配利润 = 150 + （400 - 100） - 30 - 15 - 40 = 365（万元）

62.【解析】

（1）69 250。货币资金 = 货币资金期初余额 + 业务①收款 - 业务③付款 + 业务④收款 - 业务⑤付款 = 800 + 31 000 + 900 × 50 × （1 + 17%） - 200 + 15 000 - 30 000 =69 250（元）。

（2）18 200。应收账款 = 应收账款期初余额 - 业务④收款 - 坏账准备余额 =35 000 - 15 000 - 1 800 =18 200（元）。

（3）102 000。存货 = 存货期初余额 - 业务①销售商品 + 业务②购进商品 = 88 000 - 900 ×40 +50 000 =102 000（元）。

（4）203 650。流动资产合计 = 货币资金 + 交易性金融资产 + 应收账款 + 存货 =69 250 +14 200 +18 200 +102 000 =203 650（元）。

（5）70 500。应付账款 = 应付账款期初余额 + 业务②应付货款 - 业务⑤支付货款 =42 000 +50 000 +8 500 - 30 000 =70 500（元）。

全真套题演练 6

一、单项选择题（本题共 20 题，每题 1 分，共 20 分）

1. 企业期末结转利润时，下列各项中，（　　）不应将其科目余额转入“本年利润”科目

A. 财务费用　　B. 销售费用　　C. 管理费用　　D. 制造费用

2. 下列不属于账证核对的是（　　）

A. 日记账应与收、付款凭证相核对

B. 总账全部账户的借方期末余额合计数应与贷方期末余额合计数核对相符

C. 总账应与记账凭证核对

D. 明细账应与记账凭证或原始凭证相核对

3. 下列关于限额材料领用单性质的描述中，正确的是（　　）

A. 限额材料领用单是一种一次凭证

B. 限额材料领用单是一种二次凭证

C. 限额材料领用单是一种累计凭证

D. 限额材料领用单是一种汇总原始凭证

4. 对所发生的每项经济业务事项，都要以会计凭证为依据，一方面记入有关总分类账户，另一方面记入有关总账所属明细分类账户。下列选项中，正确表明该方法的是（　　）

A. 复式记账法　　B. 借贷记账法

C. 平行登记法　　D. 同时登记法

5. 下列交易或事项中，（　　）应确认为流动负债

A. 企业计划购买 A 公司发行的五年期债券

B. 企业拟销售一批家电产品，预收货款到账

C. 企业向银行借入五年期借款，借款已到账

D. 企业拟于 3 个月后购买设备一台，款项未付

6. 在借贷记账法下，会计科目哪一方登记增加数取决于（　　）

A. 会计科目的类别　　B. 会计人员的习惯

C. 会计科目的结构　　D. 会计科目所反映的经济内容

7. 下列属于企业非流动资产的是（　　）

A. 库存已两年的商品　　B. 无形资产

C. 长期应付债券　　D. 一年以上未收回应收账款

8. 需要永久保存的会计档案是（　　）

A. 现金日记账　　B. 原始凭证

C. 会计档案保管清册　　D. 银行对账单

9. 不属于资产基本特征的是（　　）

A. 是由过去的交易或者事项形成的

B. 是企业拥有或者控制的

C. 是企业将来要清偿的义务

D. 能够为企业带来未来经济利益

10. 某公司2010年支付广告费250 000元，应贷记“银行存款”科目，借记（　　）元

A. 制造费用　250 000　　B. 销售费用　250 000

C. 管理费用　250 000　　D. 财务费用　250 000

11. 大华公司购入一台需要安装的生产设备，取得的增值税专用发票上注明的设备买价为100 000元，增值税额为17 000元，支付的运输费为2 000元，设备安装时领用工程用材料价值为10 000元，购入该批工程用材料的增值税额为1 700元，设备安装时支付有关人员的工资为5 000元，假定该固定资产的增值税不允许抵扣。该固定资产的成本为（　　）元

A. 135 700　　B. 134 000　　C. 118 700　　D. 107 000

12. 编制财务报表时，以“收入－费用＝利润”这一会计等式作为编制依据的财务报表是（　　）

A. 利润表　　B. 所有者权益变动表

C. 资产负债表　　D. 现金流量表

13. 年终结账，将余额结转下年时（　　）

A. 不需要编制记账凭证，但应将上年账户的余额反向结平才能结转下年

B. 应编制记账凭证，并将上年账户的余额反向结平

C. 不需要编制记账凭证，也不需要将上年账户的余额结平，直接注明“结转下年”即可

D. 应编制记账凭证予以结转，但不需要将上年账户的余额反向结平

14. 关于现金日记账的登记方法的表述，错误的是（　　）

A. 每日终了，应分别计算现金收入和现金支出的合计数，结出余额，同时将余额同库存现金实有数核对

B. 现金日记账可逐月结出现金余额，与库存现金实存数核对，以检查每月现金收付是否有误

C. 凭证栏是指登记入账的收、付款凭证的种类和编号

D. 日期栏是指记账凭证的日期，应与现金实际收付日期一致

15. 下列不适用于建立备查账的是（　　）

A. 租入的固定资产　　B. 应收票据

C. 受托加工材料　　D. 购入的固定资产

16. 原始凭证按（　　）不同，可以分为外来原始凭证和自制原始凭证

A. 编制程序和用途　　B. 取得的来源

C. 填制手续和内容　　D. 格式

17. 下列经济业务中，能引起资产和负债总额同时增加的有（　　）

A. 收到其他单位归还的欠款，存入银行

B. 归还银行短期借款

C. 将现金存入银行

D. 购进商品一批，货款尚未支付

18. 甲公司“应收账款”科目期初借方余额 40 000 元，本期收回应收的货款 15 000 元，该科目期末为借方余额 60 000 元，则该公司本期必定还发生了（　　）

A. 应收账款增加 20 000 元　　B. 应收账款减少 20 000 元

C. 应收账款增加 35 000 元　　D. 应收账款减少 35 000 元

19. 下列各项中，属于流动负债的是（　　）

A. 预收账款　B. 应收账款　C. 应收票据　D. 应付债券

20. 某公司 2013 年 8 月份购入一台不需要安装的设备，因暂时不需要用，截至当年年底该公司会计人员尚未将其入账，这违背了（　　）要求

A. 重要性　B. 客观性　C. 及时性　D. 明晰性

二、多项选择题（本题共 20 题，每题 2 分，共 40 分）

21. 企业根据职工提供服务的受益对象进行职工薪酬分配时，可能涉及的会计科目有（　　）

A. 生产成本　B. 制造费用　C. 销售费用　D. 管理费用

22. 填制记账凭证应根据（　　）

A. 收款凭证　　B. 付款凭证

C. 自制原始凭证　　D. 外来原始凭证

23. 下列各项中，（　　）在记账凭证账务处理程序下应设置
A. 收款、付款、转账凭证或通用记账凭证
B. 科目汇总表或汇总记账凭证
C. 现金和银行存款日记账
D. 总分类账和若干明细分类账

24. 下列各项中，（　　）属于备查账簿
A. 应收账款明细账
B. 租入固定资产登记簿
C. 受托加工材料登记簿
D. 工作人员登记簿

25. 下列各项中，（　　）应确认为收入
A. 专利技术出售收入
B. 专利技术出租收入
C. 出售商品取得收入
D. 咨询公司咨询收入

26. 下列各项中，属于所有者权益类科目的有（　　）
A. 长期股权投资
B. 实收资本
C. 资本公积
D. 未分配利润

27. 下列属于流动负债的有（　　）
A. 预收账款
B. 预付账款
C. 应交税费
D. 应付职工薪酬

28. 对于下列会计要素，记账符号“贷”表示增加的有（　　）
A. 资产
B. 负债
C. 所有者权益
D. 收入

29. 制造费用是指为生产产品和提供劳务所发生的各项间接费用，包括（　　）
A. 生产车间管理人员的工资和福利费
B. 生产车间固定资产折旧费
C. 生产车间的办公费
D. 行政管理部门的水电费

30. “坏账准备”科目借方登记（　　）
A. 计提的坏账
B. 实际发生的坏账
C. 冲减的坏账
D. 已计提但尚未转销的坏账

31. 企业对购入原材料采用计划成本法核算时，需要设置的科目有（　　）
A. 原材料
B. 材料成本差异
C. 材料采购
D. 在途物资

32. 下列企业会计档案中，需要永久保管的有（　　）
A. 年度财务报告
B. 会计档案保管清册

C. 会计档案移交清册　　　　D. 会计档案销毁清册

33. 按照《会计档案管理办法》的规定，（　　）的保管期限为 15 年

A. 原始凭证　　　　B. 记账凭证

C. 银行对账单　　　　D. 汇总凭证

34. 以下关于汇总收款凭证和汇总付款凭证的编制表述中，正确的有（　　）

A. 汇总收款凭证，是指按“库存现金”和“银行存款”科目的借方分别设置的一种汇总记账凭证

B. 汇总收款凭证一般可 5 天或 10 天汇总一次，月终计算出合计数，据以登记总分类账

C. 汇总付款凭证，是指按“库存现金”和“银行存款”科目的贷方分别设置的一种汇总记账凭证

D. 汇总付款凭证将一定时期内全部现金和银行存款、付款凭证，分别按其对应贷方科目进行归类，计算出每一借方科目发生额合计数，填入汇总付款凭证中

35. 对于盘亏、毁损的存货，经批准后进行账务处理时，可能涉及的借方账户是（　　）

A. 其他应收款　　　　B. 营业外支出

C. 营业外收入　　　　D. 原材料

36. 填制记账凭证，可以不附原始凭证的有（　　）

A. 一张原始凭证涉及几张记账凭证时

B. 更正错误的记账凭证

C. 结转销售成本时

D. 期末结账的记账凭证

37. 按照记账凭证的审核要求，下列内容中属于记账凭证审核内容的是（　　）

A. 内容是否真实

B. 凭证所列事项是否符合有关的计划和预算

C. 凭证的金额与所附原始凭证的金额是否一致

D. 凭证项目是否填写齐全

38. 某公司月末编制试算平衡表时，因“库存现金”账户的余额计算不正确，导致试算平衡中月末借方余额合计为 168 000 元，而全部账户月末贷方余额合计为 160 000 元，则“库存现金”账户（　　）

A. 为借方余额　　　　B. 为贷方余额

C. 贷方余额多记 8 000 元　　　　D. 借方余额多记 8 000 元

39. 会计分期的意义有（　　）

A. 为企业选择会计处理方法、进行会计要素的确认和计量提供了基本前提

B. 为及时提供会计信息提供了前提

C. 为会计进行分期核算提供了前提

D. 为应收、应付、递延、待摊等会计处理方法提供了前提

40. 下列属于资金的运用的是（　　）

A. 偿还债务　　B. 购买原材料

C. 生产工人的工资　　D. 收回货款

三、判断题（本题共 20 题，每题 1 分，共 20 分）

41. 月末结转利润后，“本年利润”科目如为借方余额，表示自年初至本月累计发生的亏损。（　　）

42. 科目汇总表账务处理程序适用于各种类型的单位，尤其适用于经济业务较少的单位。（　　）

43. 财会部门对清查财产中发现的差异，应及时进行账簿记录的调整。（　　）

44. 监销人在销毁会计档案前，应当按照会计档案销毁清册所列内容清点核对所要销毁的会计档案；销毁后，应当在会计档案销毁清册上签名盖章，并将监销情况报告本单位负责人。（　　）

45. 汇总记账凭证账务处理程序适用于规模较大、经济业务较多的单位。（　　）

46. 银行存款日记账与银行对账单余额不一致的主要原因是记账错误和存在未达账项。（　　）

47. 启用订本式账簿时应当从第一页到最后一页顺序编定页数，不得跳页、缺号。（　　）

48. 本期发生额是一个期间指标，它说明某类经济内容的增减变动情况。（　　）

49. 科目的四个金额要素之间的关系可用下面的等式表示：期初余额 = 期末余额 + 本期增加发生额 - 本期减少发生额。（　　）

50. 进行产品生产时所发生的材料费用应记入产品的制造成本。（　　）

51. 企业以前年度亏损未弥补完，则不能提取法定盈余公积和任意盈余公积。（　　）

52. “应收账款”科目所属明细科目期末有贷方余额的，应在资产负债表

中的预收账款项目填列。（　　）

53. 采用科目汇总表账务处理程序，所需设置的账簿的种类和格式与记账凭证账务处理程序基本相同。（　　）

54. 实际工作中，具体会计科目设置，一般是从会计要素出发，将会计科目分为资产、负债、所有者权益、收入、费用、利润六大类。（　　）

55. 会计部门各种财产物资明细分类账的期末余额与财产物资保管或使用部门有关明细分类账的期末余额核对属于账实核对。（　　）

56. 会计凭证的保管是指从会计凭证的取得或填制时起至归档保管过程中，在单位内部有关部门和人员之间的传递程序。（　　）

57. 原始凭证的要素至少包括原始凭证名称、填制原始凭证的日期、经济业务内容（含数量、单价、金额等）、记账标记和凭证附件。（　　）

58. 每个单位都应设置备查账簿。（　　）

59. 持续经营是指会计主体将会按当前的规模和状态一直持续经营下去，不会停业、破产清算，也不会大规模削减业务。（　　）

60. 企业采用重置成本、可变现净值、现值和公允价值计量的，应当保证所确定的会计要素金额能够取得并可靠地计量。（　　）

四、计算分析题（本题共 2 题，每题 10 分，共 20 分）

61. A 公司为增值税一般纳税人，2014 年 12 月份发生下列业务：

（1）用银行存款支付公司下年度的报刊订阅费 1 200 元。

（2）从市场上购入一台设备，价值 100 000 元，设备已收到并交付生产使用，款项已通过银行支付。

（3）经计算本月应提固定资产折旧 20 000 元，其中，厂部使用的固定资产应提折旧 8 000 元，车间使用的固定资产应提折旧 12 000 元。

（4）用银行存款 240 000 元从其他单位购入一项专利权。

（5）采购原材料，价款 20 000 元，款项通过银行转账支付，材料尚未验收入库。

要求：根据上述资料，使用借贷记账法编制会计分录（本题不考虑增值税等因素）。

62. 紫鑫公司 5 月 1 日将飞越公司在 3 月 1 日出票、期限为 6 个月、面值 100 000 元、票面利率为 6% 的银行承兑汇票向银行贴现，贴现利率为 12%。要求：

（1）计算贴现期。

（2）计算票据到期值。

（3）计算贴现利息。

（4）计算贴现所得。

（5）写出相关会计分录。

参考答案及解析

一、单项选择题

1. D【解析】制造费用在期末应结转入“生产成本”科目。

2. B【解析】选项B属于账账核对。

3. C【解析】最具有代表性的累计凭证是“限额材料领用单”。

4. C【解析】平行登记法是指对所发生的每项经济业务事项都要以会计凭证为依据，一方面记入有关总分类科目，另一方面记入有关总分类科目所属明细分类科目的方法。

5. B【解析】选项A、D还没有发生，不属于会计核算内容；选项C属于非流动负债。

6. D【解析】采用借贷记账法，所有科目的借方和贷方按照相反方向记录，即一方登记增加额，另一方就登记减少额。至于“借”表示增加还是“贷”表示增加，则是由会计科目所反映的经济内容，即会计科目的性质决定的。

7. B【解析】库存商品、应收账款属于流动资产，长期应付债券属于非流动负债。

8. C【解析】本题考查会计档案的保管期限。现金日记账应该保管25年；原始凭证应该保管15年；银行对账单应该保管5年。

9. C【解析】选项C是企业的负债的基本特征。

10. B【解析】本题考查费用的核算。广告费记入销售费用借方，所以选项B正确。

11. A【解析】该固定资产的成本=100 000+2 000+10 000+5 000+17 000+1 700=135 700（元）。

12. A【解析】本题考查利润表的编制。

13. C【解析】本题考查结账的方法。

14. B【解析】现金日记账要做到日清月结，要每日终了时计算出现金收入和现金支出的合计数，结出余额，同时将余额与库存现金实有数核对。

15. D【解析】备查账簿也称辅助账簿，是指对某些在序时账簿和分类账簿等主要账簿中都不予登记或登记不够详细的经济业务事项进行补充登记时使用的账簿。选项D已经在分类账中记录得到充分反映，不需要建立备查账。

16. B【解析】原始凭证按取得的来源不同，可以分为外来原始凭证和自制原始凭证。

17. D【解析】本题考查经济业务对会计恒等式的影响。购进商品一批，货款尚未支付，借记库存商品，贷记应付账款，会引起资产和负债总额同时增加。

18. C【解析】本题考查“应收账款”账户的结构。应收账款期末余额＝期初借方余额＋本期借方发生额－本期贷方发生额，即60 000＝40 000＋本期借方发生额－15 000，所以本期借方发生额为35 000元。

19. A【解析】流动负债是指将在一年或者超过一年的一个营业周期内偿还的债务。流动资产指的是可以在一年或者超过一年的一个营业周期内变现或者耗用的资产。长期负债是指偿还期限在一年或者超过一年的一个营业周期以上的负债。选项B和选项C都属于流动资产，选项D属于长期负债，选项A属于流动负债。

20. C【解析】及时性要求企业对于已经发生的交易或事项，应当及时进行会计确认、计量和报告，不得提前或延后。对于不需要用的固定资产，企业也应该及时入账并按要求计提折旧，因此该公司的上述处理违背了及时性要求。

二、多项选择题

21. ABCD【解析】生产部门人员的薪酬记入“生产成本”、“制造费用”科目，管理部门人员的薪酬记入“管理费用”科目，销售人员的薪酬记入“销售费用”科目。

22. CD【解析】填制记账凭证的依据，必须是经审核无误的原始凭证。原始凭证按照来源不同，分为自制原始凭证和外来原始凭证。

23. ACD【解析】选项B中的科目汇总表是科目汇总表账务处理程序下应设置的，而汇总记账凭证是汇总记账凭证账务处理程序下应设置的。选项A、C、D都是记账凭证账务处理程序下应设置的。

24. BC【解析】备查账簿简称备查簿，是对某些在序时账簿和分类账簿等主要账簿中都不予登记或登记不够详细的经济业务事项进行补充登记时使用的账簿。例如租入固定资产登记簿、应收票据贴现备查簿、受托加工材料登记簿等。应收账款明细账应采用三栏式账簿，工作人员登记簿不属于会计账簿。

25. BCD【解析】出售专利技术，其取得的价款属于企业非日常活动产生的，是企业的利得。

26. BCD【解析】长期股权投资属于资产类会计科目。

27. ACD【解析】预付账款属于流动资产。

28. BCD【解析】资产类会计科目贷方登记减少数。

29. ABC【解析】选项D记入管理费用。

30. BC【解析】选项A、D在“坏账准备”科目贷方反映。

31. ABC【解析】在途物资是实际成本法下设置的科目。

32. ABD【解析】本题考查会计档案的保管期限。会计档案移交清册的保管期限是15年。

33. ABD【解析】本题考查会计档案的保管期限。按照《会计档案管理办法》的规定，企业原始凭证、记账凭证、汇总凭证的保管期限为15年。银行对账单的保管期限是5年。

34. ABC【解析】本题考查汇总收款凭证和汇总付款凭证的编制。汇总付款凭证将一定时期内全部现金和银行存款、付款凭证，分别按其对应借方科目进行归类，计算出每一借方科目发生额合计数，填入汇总付款凭证中。

35. ABD【解析】本题考查财产盘亏、毁损的账务处理。盘亏、毁损的存货报经批准后处理时：先将残料价值、可收回的保险赔偿和过失人赔偿，借记“原材料”、“其他应收款”等科目；剩余净损失中，属于非常损失部分，借记“营业外支出”科目，属于一般经营损失部分，借记“管理费用”科目；贷记“待处理财产损溢”科目。

36. BD【解析】更正错误的记账凭证和期末结账的记账凭证可以不附原始凭证。

37. ACD【解析】本题考查记账凭证审核的内容。记账凭证审核的主要内容包括内容是否真实、项目是否齐全、科目是否正确、金额是否正确、书写是否正确。

38. AD【解析】本题考查试算平衡的应用。库存现金为资产类账户，期末余额在借方，因为库存现金账户记录不正确，全部账户借方余额大于全部账户贷方余额8 000元，所以借方余额多记了8 000元。

39. BCD【解析】会计分期的意义包括为及时提供会计信息提供了前提；为会计进行分期核算提供了前提；为应收、应付、递延、待摊等会计处理方法提供了前提。

40. BCD【解析】偿还债务属于资金的退出。

三、判断题

41. 对【解析】会计期末，结转完各损益类科目后，“本年利润”科目如为借方余额，表示自年初至本月累计发生的亏损。贷方余额为实现的累计净利润。年度终了后，将“本年利润”科目的余额转入“利润分配——未分配利润”科目，“本年利润”没有余额。

42. 错【解析】科目汇总表账务处理程序是根据科目汇总表登记总账的，不直接根据记账凭证登记总账，其登记总账的工作量较少，所以适用于经济业务较多的单位。

43. 对【解析】在清查中发现差异，进行会计处理的步骤为：一是审批之前的处理；二是审批之后的处理。审批之后，进行差异处理，调整账项。

44. 对【解析】上述表述是监销人员监销的程序。

45. 对【解析】汇总记账凭证账务处理程序是根据汇总记账凭证登记总账的，所以其适应于规模较大、经济业务较多的企业。

46. 对【解析】企业的银行存款日记账余额与银行对账单余额不一致的原因：一是企业与开户行双方或其中一方记账有错误；二是存在未达账项。

47. 对。

48. 对。

49. 错【解析】期初余额+本期增加发生额−本期减少发生额=期末余额。

50. 错【解析】直接用于产品生产的材料费用应记入“生产成本”账户，车间一般物料消耗应记入“制造费用”账户，管理部门的材料耗费应记入“管理费用”账户，销售部门的材料费用应记入“销售费用”账户。

51. 对。

52. 对【解析】资产负债表中的预收账款项目，应根据“预收账款”账户和“应收账款”账户所属明细账的期末贷方余额合计数填列。

53. 对【解析】本题考查科目汇总表的特点。

54. 错【解析】会计科目按其所归属的会计要素不同，一般分为资产类、负债类、所有者权益类、成本类和损益类五大类。

55. 错【解析】会计部门各种财产物资明细分类账的期末余额与财产物资保管或使用部门有关明细分类账的期末余额核对属于账账核对。

56. 错【解析】会计凭证的传递是指从会计凭证的取得或填制时起至归档保管过程中，在单位内部有关部门和人员之间的传递程序。

57. 错【解析】本题考查原始凭证的基本内容。记账标记属于记账凭证的内容。

58. 错【解析】备查账簿并非每个单位都应设置，只需根据各个单位的实际需要来设置和登记。

59. 对。

60. 对。

四、计算分析题

61. 【解析】

(1) 用银行存款支付公司下年度的报刊订阅费的会计分录：

借：待摊费用　　1 200

　贷：银行存款　　1 200

(2) 购入设备的会计分录：

借：固定资产　　100 000

　贷：银行存款　　100 000

(3) 计提固定资产折旧的会计分录：

借：管理费用　　8 000

　　制造费用　　12 000

　贷：累计折旧　　20 000

(4) 购入一项专利权的会计分录：

借：无形资产　　240 000

　贷：银行存款　　240 000

(5) 采购原材料的会计分录：

借：在途物资　　20 000

　贷：银行存款　　20 000

62. 【解析】

(1) 贴现期为 4 个月。

(2) 票据到期值 = 票面值 + 面值利息 = 100 000 + 100 000 × 6% ÷ 12 × 6 = 103 000（元）。

(3) 贴现利息 = 到期值 × 贴现利率 × 贴现期 = 103 000 × 12% ÷ 12 × 4 = 4 120（元）。

(4) 贴现所得 = 到期值 − 贴现利息 = 103 000 − 4 120 = 98 880（元）。

(5) 票据贴现分录为：

借：银行存款　　98 880

　　财务费用　　1 120

　贷：应收票据——飞越公司　　100 000

10

第十天　最后冲刺　踏上征程

错题重温　查漏补缺

回顾一下习题中的错误部分，错题重温，查漏补缺。

全真套题演练 7

一、单项选择题（本题共 20 题，每题 1 分，共 20 分）

1. 下列经济事项中，（　　）会引起企业所有者权益总额发生变化

A. 提取盈余公积　　B. 用盈余公积弥补亏损

C. 用盈余公积转增资本　　D. 向投资者分配现金股利

2. 某增值税一般纳税人，购入甲材料一批，取得的增值税专用发票上记载的价格为 50 000 元，增值税额为 8 500 元，款项开出银行本票予以支付，材料同日验收入库。该公司的会计处理正确的是（　　）

A. 借：原材料——甲材料　58 500
　　贷：银行存款　58 500

B. 借：原材料——甲材料　50 000
　　应交税费——应交增值税（进项税额）　8 500
　　贷：库存现金　58 500

C. 借：原材料——甲材料　50 000
　　应交税费——应交增值税（进项税额）　8 500
　　贷：应付票据——银行本票　58 500

D. 借：原材料——甲材料　50 000
　　应交税费——应交增值税（进项税额）　8 500
　　贷：其他货币资金——银行本票　58 500

3. 下列项目中，不属于会计核算方法的是（　　）

A. 复式记账　　B. 成本计算

C. 财产清查　　D. 编制财务预算

4. 下列各账簿中，（　　）必须逐日逐笔登记

A. 费用明细账　　B. 应收账款明细账

C. 收入明细账　　D. 原材料明细账

5. 下列关于资产流动性的表述中，正确的是（　　）

A. 交易性金融资产的流动性强于银行存款

B. 固定资产的流动性强于银行存款

C. 应收账款的流动性强于交易性金融资产

D. 库存现金的流动性强于固定资产

6. 期末，企业将有关债权债务明细账账面余额与对方单位的账面记录进行核对，这种对账属于（　　）的内容

A. 账证核对　　B. 账账核对　　C. 账实核对　　D. 账表核对

7. 甲公司于2010年8月临时租入一套设备用于生产成品，9月份支付8、9、10三个月租金共计90 000元。对该项租金支出处理正确的是（　　）

A. 全额记入8月份的制造成本

B. 全额记入9月份的制造成本

C. 全额记入10月份的制造成本

D. 按一定的方法分摊记入8、9、10月份的制造成本

8. 原始凭证按照填制手续及内容不同，可分为（　　）

A. 会计凭证和记账凭证　　B. 自制凭证和外来凭证

C. 一次凭证和累计凭证　　D. 单式凭证和复式凭证

9. 下列内容中，不属于记账凭证审核内容的是（　　）

A. 凭证是否符合有关计划和预算

B. 会计科目使用是否正确

C. 凭证的金额与所附原始凭证的金额是否一致

D. 凭证的内容与所附原始凭证的内容是否一致

10. 企业经营期间，固定资产达到预定可使用状态后发生的长期借款利息支出，应记入（　　）账户核算

A. 制造费用　　B. 在建工程　　C. 财务费用　　D. 固定资产

11. 资产负债表中“长期借款”项目是根据（　　）

A. 总账账户的余额直接填列

B. 总账账户的余额计算填列

C. 明细账的余额计算填列

D. 总账账户的余额和明细账的余额计算填列

12. 科目汇总表账务处理程序与汇总记账凭证账务处理程序的共同优点是（　　）

A. 保持科目之间的对应关系

B. 简化总分类账登记工作

C. 进行了所有科目余额的试算平衡

D. 总括反映同类经济业务

13. 汇总收款凭证是按科目的（　　）进行设置的

A. 借方　　B. 贷方

C. 借方或贷方　　D. 借方和贷方

14. “待处理财产损溢”科目未转销的借方余额表示（　　）

A. 等待处理的财产盘盈

B. 等待处理的财产盘亏

C. 尚待批准处理的财产盘盈数大于尚待批准处理的财产盘亏和毁损数的差额

D. 尚待批准处理的财产盘盈数小于尚待批准处理的财产盘亏和毁损数的差额

15. 某固定资产原值100 000元，预计净残值1 000元，预计可使用8年，按双倍余额递减法计提折旧，则第一年的折旧金额是（　　）元

A. 25 000　　B. 24 750　　C. 24 000　　D. 20 000

16. 总分类科目一般按（　　）进行设置

A. 企业管理的需要　　B. 统一会计制度的规定

C. 会计核算的需要　　D. 经济业务的种类不同

17. A公司月初应付账款余额为80万元，本月购入材料一批，货款30万元，款项尚未支付，另支付上期购买商品的欠款50万元。则本月应付账款的余额为（　　）万元

A. 借方60　　B. 贷方100　　C. 借方100　　D. 贷方60

18. 盘盈的固定资产一般应记入（　　）账户

A. 本年利润　　B. 以前年度损益调整

C. 投资收益　　D. 其他业务收入

19. 本月完工入库一批产品，成本50 000元。该业务的正确会计分录为（　　）

A. 借：生产成本　　50 000
　　贷：库存商品　　50 000

B. 借：库存商品　　50 000
　　贷：银行存款　　50 000

C. 借：库存商品　　50 000
　　贷：生产成本　　50 000

D. 借：生产成本　　50 000
　　贷：银行存款　　50 000

20. 利润表中各项目的“本年累计数”反映的是（　　）

A. 期末余额　　B. 截至本月末的年内累计数

C. 本期实际发生额　　D. 年初余额加本期实际发生额

二、多项选择题（本题共20题，每题2分，共40分）

21. 下列项目中属于应付职工薪酬的有（　　）

A. 提取的工会经费　　B. 提取的福利费

C. 计提的工资　　D. 职工教育经费

22. 财产清查有许多分类方法，主要包括（　　）

A. 按财产清查的方法，分为实地盘点法和技术推算法

B. 按财产清查的时间，分为定期清查和不定期清查

C. 按财产清查的内容，分为重点项目清查和一般项目清查

D. 按财产清查的范围，分为全面清查和局部清查

23. 下列费用应记入存货采购成本的是（　　）

A. 装卸费　　B. 保险费

C. 入库前的整理挑选费　　D. 采购机构的经费

24. 可以根据总账账户期末余额直接填列的资产负债表项目有（　　）

A. 交易性金融资产　　B. 货币资金

C. 固定资产清理　　D. 实收资本

25. 下列关于明细分类账的表述中，正确的说法是（　　）

A. 明细分类账是根据二级账户或明细账户开设账页，分类、连续地登记经济业务以提供明细核算资料的账簿

B. 明细分类账所提供的资料也是编制会计报表的依据之一

C. 明细分类账一般采用订本式账簿

D. 有的明细分类账可以采用卡片式账簿

26. 填制记账凭证应根据（　　）

A. 收款凭证　　B. 付款凭证

C. 自制原始凭证　　D. 外来原始凭证

27. 下列经济业务中，能引起资产和负债总额发生变化的有（　　）

A. 取得银行贷款　　B. 偿还到期借款

C. 购进商品，货款未付　　D. 支付所欠税款

28. 下列各项中，属于无形资产的有（　　）

A. 房屋　　B. 专利权

C. 商标权　　D. 土地使用权

29. 下列关于会计计量属性的应用的表述中，正确的有（　　）

A. 重置成本多用于盘盈固定资产的计量

B. 可变现净值通常用于存货资产减值情况下的后续计量

C. 现值通常用于固定资产、无形资产等可收回金额的确定

D. 历史成本主要应用于交易性金融资产、可供出售金融资产的计量

30. 下列说法中不正确的有（ ）

A. 日记账必须采用三栏式

B. 总账最常用的格式为三栏式

C. 三栏式明细分类账适用于成本费用类科目的明细核算

D. 银行存款日记账应按企业在银行开立的账户和币种分别设置，每个银行账户设置一本日记账

31. 在记账凭证账务处理程序下，下列说法中正确的有（ ）

A. 记账凭证不可以采用通用凭证

B. 应该设置现金日记账、银行存款日记账、总分类账和明细分类账

C. 日记账可以采用三栏式

D. 应该根据原始凭证或原始凭证汇总表填制各种记账凭证

32. 下列费用中，应记入管理费用的有（ ）

A. 营业税　　B. 印花税　　C. 房产税　　D. 车船税

33. 下列属于会计计量属性的有（ ）

A. 公允价值　　B. 可变现净值

C. 现值　　D. 历史成本

34. 企业经济业务的发生，对“资产 = 权益”等式的影响表述正确的有（ ）

A. 资产与权益同时等额增加

B. 资产方等额有增有减，权益不变

C. 资产与权益同时等额减少

D. 权益方等额有增有减，资产不变

35. 单位会计机构向单位档案部门移交会计档案的程序包括（ ）

A. 编制移交清册，填写交接清单

B. 在账簿使用日期栏填写移交日期

C. 交接人员按移交清册和交接清单所列项目核算无误后签章

D. 编制会计档案销毁清册

36. 2010 年 11 月 12 日，丙公司向甲公司采购材料，按合同规定向甲公司预付货款 400 000 元。2010 年 11 月 30 日，丙公司收到甲公司按合同发来的材料，发票显示货款为 600 000 元，增值税额为 102 000 元，丙公司当即按合同规定用银行存款补付货款。丙公司对于该项经济业务的会计处理，正确的会计分录有（ ）

A. 借：预付账款——甲公司　　400 000
　　贷：银行存款　　400 000

B. 借：原材料　　600 000
　　应交税费——应交增值税（进项税额）　　102 000
　　贷：预付账款——甲公司　　702 000

C. 借：原材料　　600 000
　　应交税费——应交增值税（进项税额）　　102 000
　　贷：预付账款——甲公司　　400 000
　　　　应付账款——甲公司　　302 000

D. 借：预付账款——甲公司　　302 000
　　贷：银行存款　　302 000

37. 下列各项中，影响营业利润的项目有（　　）

A. 已销产品成本　　B. 原材料销售收入

C. 出售固定资产净收益　　D. 转让股票所得收益

38. 下列各项中，属于期末应计提折旧的固定资产有（　　）

A. 处于修理过程而停止使用的固定资产

B. 处于更新改造过程中而停止使用的固定资产

C. 提前报废的固定资产

D. 当月减少的固定资产

39. 账务处理程序的特征有（　　）

A. 与单位的经营特点和形式等情况相适应

B. 要能够及时、正确和完整地提供会计信息

C. 可以简化核算程序，提高工作效率，节约人力和物力

D. 有利于会计人员以及单位内部各部门之间的协作

40. 关于科目汇总表账务处理程序，下列说法中正确的有（　　）

A. 它可以大大减轻总账的登记工作

B. 它能使总账明确地反映账户对应关系

C. 它可以对各账户的当期发生额进行试算平衡

D. 它适用于规模大、业务多的大、中型企业

三、判断题（本题共20题，每题1分，共20分）

41. 存货盘盈一般是由收发计量或核算上的差错所造成的，故应相应地冲减营业外支出。（　　）

42. 无论是企业现时承担的义务，还是企业未来将要承担的义务，都应

该称为负债。(　　)

43. 在填写记账凭证时，收款凭证左上角的“借方科目”按收款的性质填写“库存现金”或“银行存款”。(　　)

44. 固定资产提足折旧后，如果能继续使用，可以再继续计提折旧。(　　)

45. 实际工作中，银行存款日记账与银行对账单即使都计算、记录准确，也可能出现二者余额不一致的情况。(　　)

46. 在贷方多栏式明细账中，平时如果有借方发生额，应该用红字在贷方中登记。(　　)

47. 会计基本假设是对会计核算所处的时间、空间环境等所作出的合理假设。(　　)

48. 三栏式账簿是指具有日期、摘要、金额三个栏目格式的账簿。(　　)

49. 从外单位取得的原始凭证应盖有填制单位的公章。(　　)

50. 记账凭证账务处理程序适用于规模较大、经济业务较复杂的企业。(　　)

51. 会计是以货币为主要计量单位，运用一系列专门方法，核算和监督任意单位经济活动的一种管理工作。(　　)

52. 企业当期实现的净利润通过“本年利润”科目核算，当期发生的净亏损不通过“本年利润”科目核算。(　　)

53. 向投资者支付分配的利润不影响所有者权益总额。(　　)

54. 利润表中收入类项目大多是根据收入类账户期末结转前借方发生额减去贷方发生额后的差额填列，若差额为负数，以“－”号填列。(　　)

55. 在借贷记账法下，成本类账户的借方登记增加数，贷方登记减少数，期末无余额。(　　)

56. 没有会计主体，就不会有持续经营；没有持续经营，就不会有会计分期；没有货币计量，就不会有现代会计。(　　)

57. 固定资产的大修理、中小修理等维护性支出，应在发生时记入固定资产账面价值。(　　)

58. 按照《企业会计制度》的规定，现金折扣和销售折让在实际发生时记入当期财务费用。(　　)

59. 各种账务处理程序下，会计报表的编制方法都是相同的。(　　)

60. 资产负债表是将企业某一时期的全部资产、负债和所有者权益项目进行适当分类、汇总和排列后编制而成的。(　　)

四、计算分析题（本题共2题，每题10分，共20分）

61. 康贝尔公司5月份发生下列经济业务：

（1）3日，销售产品一批，开出增值税专用发票价款100 000元，增值税销项税额17 000元，垫付运输费2 000元，款未收。

（2）16日，交纳上月增值税额20 000元，并支付税收滞纳金及罚款500元。

（3）20日，销售原材料10 000元，增值税额1 700元，收到银行汇票一张。

（4）31日，结转本月销售产品成本60 000元。

（5）31日，计提坏账准备400元。

要求：根据以上资料，编制相关会计分录。

62. 2014年5月，鸿威公司某生产车间生产完成A产品200件和B产品300件，月末完工产品全部入库。有关生产资料如下：

①领用原材料6 000吨，其中A产品耗用4 000吨，B产品耗用2 000吨，该原材料单价为每吨150元。

②生产A产品耗费的直接生产人员工时为5 000小时，B产品为3 000小时，每小时的标准工资为20元。

③生产车间发生管理人员工资、折旧费、水电费等100 000元，该车间本月仅生产了A和B两种产品，鸿威公司采用生产工人工时比例法对制造费用进行分配。

假定月初、月末均不存在任何在产品，要求：

（1）计算A产品应分配的制造费用。

（2）计算B产品应分配的制造费用。

（3）计算A产品当月生产成本。

（4）计算B产品当月生产成本。

（5）编制产品完工入库的会计分录。

参考答案及解析

一、单项选择题

1. D【解析】选项A、B、C属于所有者权益内部变动，不会引起所有者权益总额发生变化。选项D引起负债增加，所有者权益减少，所有者权益总额减少。

2. D【解析】本题考查材料购入的账务处理。

3. D【解析】会计核算方法主要包括设置账户、复式记账、填制和审核凭证、登记会计账簿、成本计算、财产清查和编制财务报告。

4. B【解析】固定资产、债权、债务等明细账应逐日逐笔进行登记；库存商品、原材料、产成品收发明细账以及收入、费用明细账可以逐笔登记，也可以定期汇总登记。

5. D。

6. C【解析】账实核对主要核对：①现金日记账账面余额与库存现金数额是否相符；②银行存款日记账账面余额与银行对账单余额是否相符；③各项财产物资明细账余额与财产物资的实有数额是否相符；④有关债权债务明细账账面余额与对方单位的账面记录是否相符等。

7. D【解析】本题考查权责发生制的要求。

8. C【解析】会计凭证按照编制的程序和用途不同，分为原始凭证和记账凭证。其中原始凭证按照填制手续及内容不同，分为一次凭证、累计凭证和汇总凭证。

9. A【解析】凭证是否符合计划和预算属于原始凭证合理性的审查。

10. C【解析】购建固定资产专门借入的款项所发生的利息，在所购建的固定资产达到预定可使用状态之前发生的，应当在发生时予以资本化，记入相应的固定资产成本，在所购建的固定资产达到预定可使用状态之后发生的，应当于发生当期确认为当期的财务费用。

11. D【解析】在资产负债表中，“长期借款”项目应根据“长期借款”总账科目余额扣除“长期借款”科目所属的明细科目中从资产负债表日起一年内到期，且企业不能自主地将清偿义务展期的长期借款后的净额填列。

12. B【解析】汇总记账凭证账务处理程序和科目汇总表账务处理程序两者都减轻了登记总分类账的工作量。

13. A【解析】本题考查汇总收款凭证的设置要求。汇总收款凭证按“库存现金”科目、“银行存款”科目的借方分别设置，并按其对应的贷方账户归类汇总。

14. D【解析】“待处理财产损溢”科目未转销的借方余额表示尚待批准处理的财产盘盈数小于尚待批准处理的财产盘亏和毁损数的差额。

15. A【解析】双倍余额递减法下，第一年的折旧金额 = 100 000 × 2 ÷ 8 = 25 000（元）。

16. B【解析】总分类科目也叫总账科目或一级科目，一般是按照财政部门制定的统一会计制度的规定设置。

17. D【解析】本月末应付账款余额 - 月初应付账款余额 + 本期增加发生额 - 本期减少发生额 = 80 + 30 - 50 = 60（万元），应付账款的期末余额在贷方。

18. B【解析】按照新会计准则，固定资产盘盈属于会计差错，应记入“以前年度损益调整”科目。

19. C【解析】完工产品验收入库，应编制的会计分录为：借：库存商品 50 000，贷：生产成本 50 000

20. B【解析】利润表是反映企业在一段时期内的财务成果的动态报表。其“本年累计数”反映的是各项目自年初起至本月末止的累计发生数。

二、多项选择题

21. ABCD【解析】职工薪酬包括以下内容：①职工工资、奖金、津贴和补贴；②职工福利费；③医疗保险费、养老保险费、失业保险费、工伤保险费和生育保险费等社会保险费；④住房公积金；⑤工会经费和职工教育经费；⑥非货币性福利；⑦因解除与职工的劳动关系给予的补偿；⑧其他与获得职工提供的服务相关的支出。

22. BD【解析】本题考查财产清查的分类。

23. ABC【解析】存货的采购成本包括购买价款、相关税费、运输费、装卸费、保险费以及其他可归属于存货采购成本的费用。不包括采购机构的经费。

24. ACD【解析】货币资金项目是根据总账账户的余额计算填列的。

25. ABD【解析】各种明细分类账一般可采用活页账形式。固定资产的明细账采用卡片形式。

26. CD【解析】填制记账凭证的依据，必须是经审核无误的原始凭证。原始凭证按照来源不同，分为自制原始凭证和外来原始凭证。

27. ABCD【解析】选项 A 使资产和负债同时增加，选项 B 使资产和负债同时减少，选项 C 使资产和负债同时增加，选项 D 使资产和负债同时减少。

28. BCD【解析】本题考查无形资产的定义。无形资产包括专利权、非专利技术、商标权、著作权、土地使用权等。

29. ABC【解析】交易性金融资产、可供出售金融资产采用公允价值计量。

30. AC【解析】日记账可以采用三栏式也可以采用多栏式，所以选项 A 是错误的。多栏式明细分类账适用于成本费用类科目的明细核算，所以选项 C 也是错误的。

31. BCD【解析】本题考查记账凭证账务处理程序的内容。记账凭证账务处理程序下可以采用通用记账凭证，也可以采用收款、付款、转账凭证。

32. BCD【解析】营业税通过“营业税金及附加”账户核算。

33. ABCD【解析】会计计量属性主要包括历史成本、重置成本、可变现净值、现值和公允价值等。

34. ABCD【解析】本题考查“资产＝权益”等式的恒等关系。

35. ABC【解析】本题考查会计档案的归档。单位会计机构向单位档案部门移交会计档案的程序包括编制移交清册，填写交接清单；在账簿使用日期栏填写移交日期；交接人员按移交清册和交接清单所列项目核算无误后签章。

36. ACD【解析】本题考查购入固定资产业务的核算。

37. ABD【解析】选项 A 记入“主营业务成本”，影响营业利润；选项 B 记入“其他业务收入”，影响营业利润；选项 C 记入“营业外收入”，不影响营业利润；选项 D 记入“投资收益”，影响营业利润。

38. AD【解析】因处于更新改造过程中而停止使用的固定资产已转入在建工程，应停止计提折旧；提前报废的固定资产不计提折旧。

39. ABCD【解析】账务处理程序的特征：与单位的经营特点和形式等情况相适应；要能够及时、正确和完整地提供会计信息；可以简化核算程序，提高工作效率，节约人力和物力；有利于会计人员以及单位内部各部门之间的协作。

40. ACD【解析】科目汇总表账务处理程序可以大大减轻总账的登记工作，可以对各账户的当期发生额进行试算平衡，适用于规模大、业务多的大、中型企业，但不能使总账明确地反映账户对应关系。

三、判断题

41. 错【解析】存货盘盈一般是由收发计量或核算上的差错所造成的，故应相应地冲减管理费用。

42. 错【解析】负债不包括未来将要承担的义务。

43. 对【解析】本题考查记账凭证的填写。

44. 错【解析】固定资产原值继续挂账，不做账务处理，等到该项固定资产报废时，再做清理转出账务处理。

45. 对【解析】造成不一致的原因有两种，其中之一就是存在未达账项，而未达账项是由企业与银行取得凭证时间不同所导致的。

46. 对【解析】对于只设有贷方的多栏式明细账，平时在贷方登记“主营业务收入”、“营业外收入”等账户的发生额，借方登记月末将贷方发生额一次性转出的数额，所以平时如果有借方发生额，应该用红字在多栏式账页的贷方中登记，以表示冲减。

47. 对。

48. 错【解析】三栏式账簿设有借方、贷方和余额三个基本栏目。

49. 对。

50. 错【解析】本题考查记账凭证账务处理程序的适用范围。记账凭证账务处理程序的缺点是登记总分类账的工作量大，所以它适合规模较小、经济业务较简单的企业。

51. 错【解析】会计是以货币为主要计量单位，运用一系列专门方法，核算和监督一个单位经济活动的一种经济管理工作。

52. 错【解析】期末，将本期发生的各项损益类科目结转记入“本年利润”科目，最终得到本期实现的净利润或发生的净亏损。

53. 对【解析】支付时的会计分录是：借：应付利润；贷：银行存款。所以说向投资者支付分配的利润不影响所有者权益总额。

54. 错【解析】本题考查利润表的编制。利润表中收入类项目大多是根据收入类账户期末结转前贷方发生额减去借方发生额后的差额填列，若差额为负数，以“－”号填列。

55. 错【解析】本题考查借贷记账法下会计账户的结构。成本类账户期末可能有余额。

56. 对。

57. 错【解析】固定资产的大修理、中小修理等维护性支出，不符合资本化的条件，因此应予以费用化，应在发生时直接记入当期损益。

58. 错【解析】按照《企业会计制度》的规定，现金折扣在实际发生时记入当期财务费用，销售折让应在实际发生时冲减当期销售收入。

59. 对【解析】各种账务处理程序下，会计报表的编制方法都是相同的。

60. 错【解析】资产负债表亦称财务状况表，表示企业在一定日期（通常为各会计期末）的财务状况（即资产、负债和所有者权益的状况）的主要会计报表。资产负债表利用会计平衡原则，将合乎会计原则的“资产、负债、所有者权益”交易科目分为“资产”和“负债及所有者权益”两大区块，在经过分录、转账、分类账、试算、调整等会计程序后，以特定日期的静态企业情况为基准，浓缩成一张报表。

四、计算分析题

61.【解析】

(1) 销售产品，款未收：

借：应收账款	119 000
贷：主营业务收入	100 000
应交税费——应交增值税（销项税额）	17 000
银行存款	2 000

(2) 交纳上月增值税，并支付税收滞纳金及罚款：

借：应交税费——应交增值税（已交税金）	20 000
营业外支出	500
贷：银行存款	20 500

(3) 销售原材料，收到银行汇票：

借：其他货币资金——银行汇票	11 700
贷：其他业务收入	10 000
应交税费——应交增值税（销项税额）	1 700

(4) 结转本月销售产品成本：

借：主营业务成本	60 000
贷：库存商品	60 000

(5) 计提坏账准备：

借：资产减值损失	400
贷：坏账准备	400

62.【解析】

(1) A 产品应分配的制造费用为 62 500 元。A 产品应分配的制造费用 = 100 000 ÷ (5 000 + 3 000) × 5 000 = 62 500（元）。

(2) B 产品应分配的制造费用为 37 500 元。B 产品应分配的制造费用 = 100 000 ÷ (5 000 + 3 000) × 3 000 = 37 500（元）。

(3) A 产品当月生产成本为 762 500 元。A 产品当月生产成本 = 4 000 × 150 + 5 000 × 20 + 62 500 = 762 500（元）。

(4) B 产品当月生产成本为 397 500 元。B 产品当月生产成本 = 2 000 × 150 + 3 000 × 20 + 37 500 = 397 500（元）。

(5) 产品完工入库的会计分录：

借：库存商品	1 160 000
贷：生产成本	1 160 000